지역의 시간

황태규의 지역혁신성장론

지역의 시간

황태규

굿
플러스
북

3장 전북의 회생전략

들어가며

지역과 고향, 그리고 국가의 균형발전은 내 삶의 지주가 되었던 단어들이다. 지방자치제가 실시되던 1995년 당시에 나는 기업경영을 평가하는 기업 전문가였다. 서울에서 생활하지만 고향에 대한 향수가 깊었다. 그래서 지방자치제에 대한 기대와 희망으로 지역의 문제를 고민하기 시작했고, 《신사고로 펼치는 지방시대》라는 책을 냈다. 책 서문에 솔직한 나의 바람들을 적었다. '고향에 가서 살고 싶지만, 현재 고향에는 내가 할 수 있는 일이 없다. 이 책이 지역을 마케팅하는 데에 도움이 되고, 그래서 지역이 활성화된다면 내가 내려가서 할 수 있는 일이 생기지 않을까?'

지방정부가 막 출범하기 시작한 때라서 대부분의 지자체에서는 행정조직을 만드는 것이 당장 해결해야 할 고민이었다. 학자들 사이에서도 행정조직 운영방법에 대한 논의만 무성했을 뿐이었다. 어느 누구도 지역경제를 활성화시킬 수 있는 실질적인 해결책을 제시하지 못하고 있던 때였다. 마침 지역을 주제로 한 내 책이 나오자 각 지자체에서 구매가 일어났다. 특히 지역경제, 지역특화전략, 지역마케팅이라는 타이틀을 달고 있었기 때문에 주목을 받게 되었고, 나는 이 주제로 지역에 가서 강의를 하게 되었다. 나와 지역과의 새로운 인연은 이렇게 시작되었다.

계속하여 《브랜드코리아》, 《국토이노베이션 시대가 열린다》, 《균형발전시대 지역마케팅전략》, 《살기좋은 지역만들기》 등 지역발전에 관한 책을 몇 권 더 발간했다. 이런 집필활동이 연결고리가 되어 2006년에는 대통령자문기관인 '국가균형발전위원회' 정책연구실에서 근무하면서 지역정책과 제도를 만들었다. 이후 한국농어촌공사 농촌활력본부^{현 농어촌자원개발원}에서는 농산업지원을 담당했고, 그때서야 비로소 지역 곳곳의 현장을 자세하게 살펴볼 수 있게 되었다. 그러다가 2009년, 도시마케팅분야 전문가로 우석대학교에 오게 되었다.

지역에서는 서울로 가는 길을 '돌아오지 않는 강'이라고 한다. 하지만 나는 돌아왔다. 첫 번째 책의 서문에 쓴 바람처럼 지역에 내려가서 할 일이 생겼기 때문이다. 혁신도시에 공공기관을 이전시킨 일, 전북에 국가식품클러스터를 유치한 일, 무주에 태권도원을 건립한 일 등 직·간접적으로 전북의 새로운 자산을 만드는 일에 관여해왔기 때문에 지역에 가서 새로운 발전모형을 만들 수 있다는 생각에 가슴이 벅찼다.

오자마자 나는 현장을 찾아다니며 다양한 사례를 접했다. 첫 번째 사례는 장수군이었다. 농가 70%를 중산층으로 만들겠다고 시작한 장수군의 5·3프로젝트는 지방정부의 노력 여하에 따라 농업인 70%가 실질적 중산층이 될 수 있다는 것을 보여준 국내 최초의 목표소득정책이었다. 다음은 완주군의 혁신적인 유통시스템 로컬푸드, 고창군의 섬세한 귀농귀촌정책, 지역을 살려야 한다는 지정환 신부의 숭고한 정신이 살아 있는 임실군의 이야기는 실로 감동 그 자체였다. 현장에 가서야 비로소 중앙에서 바라보던 시각에 오류가 있었음을 감지했다. 내 고향 전북은 작지만 강한 지역이었고, 부족하지만 게으르지 않았다. 나는 중앙에서 우리 지역의 우수한 사례들이 인정받을 수 있도록 다방면으로 노력했고, 한편으로는 전북의 사례들이 더욱 정밀하게 진행될 수 있도록 연구했다. 특히 지역문제를 공유하기 위해 언론에 칼럼과 사설을 연재했고, 뉴스진단에서는 현재 지역이 안고 있는 문제의 대안을 제시하기도 했다. 방송, 특강, 자문 등 분주하게 뛰어다니며 현장에서 8년의 시간을 보냈다. 8년은 내게 청춘과도 같았다.

마침 지역에 대한 고민과 정책들을 책으로 내보지 않겠느냐는 주변의 요청이 있었다. 그동안 전북이 만들어 놓은 자산 위에 무엇을 더 얹어야 하는지, 과감하게 잘라내야 하는 것은 무엇인지에 대해 성토했던 내용들을 정리해야겠다는 책임감이 있었기 때문에 그동안의 경험과 감동, 그리고 지역에 대한 고민들을 담아보기로 했다. 원고를 정리하던 중이었는데 2017년 5월, 청와대 균형발전비서관으로 가게 되었다. 새로운 정부의 균형발전정책, 교통·SOC정책개발과 더불어 17개 시·도의 대통령지역공약을 실현시키는 것이 균형발전비서관실의 업무였다. 더 강력한 지역을 만들어야 한다는 일념으로 지역금융과 지역대학활성화, 지역글로벌전략, 지역교통체계개편에 관한 정책을 만들었다. 지역민들의 생활비절감과 지역 중소기업의 생산원가를 줄일 수 있는 현실적인 정책도 구상했다. 짧은 기간이었지만 지역혁신성장의 거점인 혁신도시를 활성화하기 위한 혁신도시특별법개정안도 국회를 통과했다. 새 정부 출범 이후 6개월 만에 144개 공약 중 30%가 넘는 공약을 예산에 반영하는 등 대통령의 지역공약을 실현시키기 위해 최선을 다했다. 특히 전북도 관련해서는 새만금개발공사설립, 새만금수목원 등 그간의 숙원사업을 점검하여 새로운 전기를 맞이할 수 있도록 틀을 만들었다.

내가 다시 지역으로 내려온 이유는 현장에서 성과를 거두어야겠다는 생각을 했기 때문이다. 그간의 노력으로 국가균형발전과 전북도 발전의 기초가 마련되었으니, 현장에서 그 정책들을 실행에 옮겨야 할 때가 바로 지금이라고 판단했다. 모두가 알고 있듯이 정권의 시간은 유한하다. 지역의 혁신성장 성과를 만드는 일 또한 내 소명이기에 더 늦기 전에 지역으로 돌아오기로 결심한 것이다. 현 정부 지역정책의 핵심은 '지역이 독립적으로 기획하고 실천하는 지역주도정책'이다. 그래서 현장은 중요하다. 모처럼 주어진 전북의 시간을 놓치지 않기 위해 이제 지역, 그리고 지역주민과 함께하고자 한다.

　돌아와서 첫 번째 한 일은 미처 마무리 짓지 못했던 이 원고를 정리하는 일이었다. 이 책에서는 '전북'이 공간적·역사적으로 어떤 가치를 지니고 있으며, 공간과 역사가 결합해서 만든 '전북문화'는 또 어떤 가치를 가지고 있는지에 대해 점검하였다. 이런 가치들을 제대로 지켜가고 있는지에 대한 반성과 아울러 향후 전북의 부흥을 위한 새로운 대안에 대해서도 살펴보았다. 각 시·군에 대해서는 기존 자원과 새롭게 생성된 자원 중심으로 방향을 설정하고 개인의 의견을 제시하였다. 미처 다 담지 못한 이야기도 있지만 이 책을 계기로 지역의 미래를 함께 이야기할 수 있고, 이 책이 지역의 새로운 길을 모색하는 데에 조금이나마 보탬이 되길 바란다.

2018년 4월

황태규

추천사

추천사
....

경제인문사회연구회 이사장 **성경륭**

황태규라는 사람은 가끔 나를 놀라게 하는 재주를 가졌다. 균형발전비서관으로 일을 잘하고 있나보다 생각했는데, 어느 날 지역에 내려가 할 일이 생겼다면서 현장으로 돌아가겠다는 편지를 보내왔다. 그러더니 이번에는 책이다. 추천사를 부탁받아 책의 내용을 살펴보던 중 '지역의 시간'이라는 말이 내 심장을 뛰게 만들었다.

이것은 지역설계도이다. 지역이 지역답게 발전하려면 현 시점에서 무엇을 어떻게 해야 하는지 자세하게 그려져 있다. 내가 오랫동안 알아왔던 황태규 교수의 머리와 가슴이 책 한 권에 담겨 있다는 사실에 나는 또 놀라고 있다. 지식과 경험의 컬래버레이션이라는 것이 바로 이런 것이 아닐까? 그의 재능은 냉철함에서 시작된다. 모든 문제의 원인을 외부에서 찾지 않고 항상 내부에서 먼저 찾는다. 그것은 자기반성이다. 지역의 현안을 해결하는 것도 지역에서 해야 한다고 주장한다. 그것이 그가 강조하는 지역자존심이자 지역자존감이다. 그는 현장에 가서 현장을 얘기한다. 그의 철학은 항상 현장중심에서 나온다. 그래서 그에게는 현장실행프로그램이 무엇보다 중요한 것이다.

책을 통해 그가 왜 지역으로 다시 가겠다고 했는지 이해할 수 있었다. 바로 《지역의 시간》이다. 지금이 국가균형발전정책을 실현하기 위한 적기이자 그 시간이 유한하다는 그의 말에 깊이 공감한다. 정권은 언젠가 다시 바뀔 것이기 때문이다. 한정된 기간 내에 실행 가능한 모델을 만들어놓지 않으면 또 얼마나 기다려야 할지 모른다. 그래서 황 교수가 잰걸음으로 달려와 가장 먼저 한 일이 바로 이 책을 세상에 내놓는 것이었다.

책은 그가 한 지역에 대해 오랫동안 관찰하고 고민한 기록이다. 가감 없이 지역의 환부를 드러내는 것으로 시작하여 지역의 특화산업전략으로 끝을 맺는 연결 구조를 보면 얼마나 탁월한 통찰력을 가지고 있는지를 알 수 있다. 그가 말하고 있는 산업은 단순한 장사가 아니다. 왜냐하면 이 책에 제시된 모든 전략들이 지역의 정체성과 지역문화에 기반을 두고 있기 때문이다. 보통은 정체성을 강조하는 것으로 끝나기 쉬운데 이 책에서는 지역의 정체성과 지역의 산업을 직결시키는 작업까지 마쳤다는 것에 큰 의미가 있다. 황 교수는 지역자원들의 결합은 곧 지역을 특화할 수 있는 강력한 힘이 된다는 점을 강조하고 있다. 부분을 보면 작은 일에 성공하고, 통으로 보면 큰일에 성공한다. 작은 성공은 단기적이지만 큰 성공은 지속적인 힘을 지닌다. 이것이 바로 우리가 그렇게 바라던 '지속적인 성장동력'인 것이다.

물론 이 책에 쓰인 것이 모든 문제의 해답은 아니다. 하지만 한번 더 다듬으면 각 지역에서도 교본처럼 활용할 수 있을 만큼 값진 책이 될 것이라고 생각한다. 황 교수가 "지역에 필요한 것은 전문가가 아니라 전략가"라고 말한 적이 있다. 그 말이 맞는 것 같다. 부족한 자원으로 자립해야 하는 지역이기에 생존전략이 필요한 것이다. 우리는 그동안 지역 간 경쟁구도를 만드는 일에 많은 수고와 시간을 허비했다. 경쟁에서는 한쪽만 이기지만 경쟁력을 지니면 모두가 이길 수 있다. 포용은 협력을 통해 모두가 이기는 방법이다. 지역의 정체성과 문화를 감싸 안고 각 산업들의 연결 고리를 찾아 유기적으로 묶어내어 지역산업특화의 틀을 구축하는 것, 그것이 바로 포용인 것이다. 황태규 교수는 지역을 통通으로 보았고, 나는 국가의 미래정책이 포용에 있다고 본다. 그런 점에서 우리의 생각은 일맥상통하다.

황 교수는 지금을 '지역의 시간'이라 했다. 긴박감이 느껴지지 않는가? 전북의 정겨움을 좋아하는 사람으로서 전북의 재탄생을 기대한다. 그리고 주저함 없이 모든 지역에 이 책을 추천하고 싶다.

추천사

대통령직속 국가균형발전위원회 위원장 **송재호**

황태규 교수는 오랜 동지다. 참여정부시절부터 국가균형발전정책에 대한 초석을 닦는 일을 함께했고, 이후에도 '지역미래포럼'을 만들어서 10년 동안 꾸준히 지역에 대한 연구와 현장 활동을 했다. 문재인 정부에서 나는 국가균형발전위원회 위원장직을, 황 교수는 균형발전비서관직을 맡게 되어 또다시 전문가로서 함께 일할 기회를 맞이했다.

그는 일을 잘하는 사람이다. 아니, 기존의 틀에 안주하려 하지 않고 늘 새로운 것을 만드는 데 열정을 쏟아붓는 사람이다. 주중에는 밤을 새워 일했고, 주말에는 전국 방방곡곡을 뛰어다녔다. 그는 현장에 답이 있다고 믿는다. 그리고 지역이 곧 국가라고 강조한다. 그래서 우리는 그를 '지역의 사람'이라고 생각한다.

그의 업적 중 하나는 '국가균형발전 특별법 개정안'을 마련했다는 것이다. 참여정부 때 만들어진 균형발전특별법은 이명박 정부에서 균형발전 대신 지역발전이라는 용어로 대체하면서 본래의 의미가 변색되었다. 균형발전과 지역발전은 용어로만 보면 비슷한 것 같지만 내용은 확연히 다르다. 균형발전 정책의 핵심은 불균형해소와 지역의 가치에 중심을 둔 자립형 지방화이고, 지역발전정책의 핵심은 단순한 지역경쟁력강화였다. 결국 지향점이 달랐던 것이다. 그래서 지난 10년, 지역은 자립에서 멀어졌고, 중앙정부의존도는 더욱더 심화되었다. 지역이 살아야 나라가 바로 선다. 이명박 정부 이후 사라져버린 균형발전 개념을 참여정부수준으로 복원하기 위한 것이 바로 '국가균형발전 특별법 개정안'이다.

우리는 알고 있다. 잘못된 것을 바로잡거나 사라진 것을 복원하는 일이 더 어렵고, 거기에 더 많은 시간과 비용을 지불해야 한다는 것을. 그래서 더 강력한 의지와 정책이 필요하다는 것도. 그런 의미에서 황 교수의 이 책은 매우 중요한 기폭제가 될 것이라 믿어 의심치 않는다. 전북은 행복한 지역이다. 지역을 고민하는 전문가는 많지만 지역을 사랑하는 전문가는 흔치 않다. 고민하는 단계를 뛰어넘어야 비로소 사랑할 수 있기 때문이다. 한 지역의 역사, 문화, 교통, 산업 등 전 분야에 걸쳐 이렇게 깊이 고민하고, 대안을 찾아내려고 안간힘을 쓰는 사람을 나는 아직껏 보지 못했다. 그래서 전북은 행운을 갖고 있다.

'왜 지역이 낙후될 수밖에 없었는가?'라는 질문과 반성으로 시작한 이 책은 지역의 정체성과 문화, 자산과 산업을 지역특화산업으로 묶는 전략서이다. '낙후지역 생존전략에 대한 교과서'라 불러도 좋을 만큼 촘촘하다. 실현 가능한 아이디어도 눈길을 끌었다. 특히 혁신도시산업전략, 지역금융, 지역국제경제협력, 지역대학활성화 등은 황 교수이기 때문에 가능한 전략이라고 생각한다. 현 정부의 새로운 균형발전정책 핵심전략이 잘 정리된 내용들이기 때문이다. 비록 대상이 전북이긴 하지만 모든 지역에 적용이 가능할 것으로 보인다. 견고한 틀만 갖춰져 있으면 나머지는 어렵지 않기 때문에 여기까지 작업을 마쳐준 황 교수에게 국가균형발전위원회 위원장으로서 고마운 마음이 크다. 그러나 수고했다는 말보다 할 일이 많으니 더 수고해달라는 말을 먼저 전하고 싶다. 담장이 아무리 길어도 어딘가에는 문이 있을 것이니 거기까지 함께 가야 하지 않겠는가!

추천사

JB금융지주 회장 **김한**

2017년 8월, 청와대에서 전화가 걸려왔다. 하고 싶은 얘기가 있으니 회사 근처로 오겠다고 했다. 바쁘기는 했지만 상대가 청와대 사람이라서 내가 가는 것이 나을 것 같았다. 청와대 근처 식당에서 황태규 비서관을 처음 만났다. 황 비서관은 자신의 소개가 끝나자마자 지역에 대한 얘기를 꺼냈다. 지역경제를 살리는 일을 하기에는 국가예산만으로는 부족하다고 했다. "지역 내 금융을 활용할 수 있는 방법을 찾고 있습니다. 지역을 위해 이것은 매우 중요한 일입니다. 전북은행에서 선도적으로 지역펀드에 관련된 사업을 했으면 좋겠습니다." 부탁을 마친 황 비서관은 내 이야기를 들으면서 간간이 메모를 했다. 짧은 만남이었지만 남의 얘기를 잘 듣는 사람, 적어서 간직할 줄 아는 사람이어서 인상적이었다. 그 이후 소식이 들려왔다. 황 비서관이 금융위원회와 국민연금관리공단에 지역은행과 협력할 수 있는 방안을 찾아달라는 부탁을 했다고 한다. 한 달 후 다시 전화가 왔다. 부산에서 열리는 균형발전박람회에서 '지역기반 관계금융의 지역 내 선순환 방법'에 대한 내용으로 발표를 해달라는 것이었다. 그때 느낄 수 있었다. 황태규 비서관은 자신의 생각과 의지를 실현시키는 데에 무리하지 않고 하나씩 차근차근 단계를 밟아가는 끈

질긴 사람이라는 것을 말이다. 두 번째 만남은 전주에서 있었다. 황 비서관이 김제에서 열리는 종자박람회 행사 기간 중에 농촌진흥청장, 식품연구원장, 농업실용화재단 이사장과의 만남을 주선한 것이다. 조찬 모임에서 그가 한 얘기는 한마디였다. "전북에 계시는 여러분이 함께하실 수 있는 방법을 찾아 주셨으면 합니다." 우리는 농생명산업과 식품산업에 연관 지을 수 있는 지역 특화금융상품에 대한 얘기를 나눴다. 그리고 지난 1월 그의 문자를 받았다. 현장에서 지역혁신성장의 성과를 거두고자 지역으로 돌아온다는 내용이었다. 오랜 지기는 아니었지만 반가웠다.

2월에 국가균형발전특별법 개정안이 국회를 통과했다는 소식을 들었다. 개정안 중에 '지역금융활성화' 부분이 새롭게 들어가 있는 것을 확인하고는 나도 모르게 깜짝 놀랐다. 그리고 3월, 황태규 비서관이 쓴 한 권의 책을 받았다. 《지역의 시간》이었는데 여기에도 지역금융에 관한 내용이 들어 있었다. 이번에는 놀라움이 아니라 감동이었다.

비록 짧은 기간 몇 번 안 되는 만남이었지만 그가 어떤 사람인지 짐작할 수 있다. 내가 아는 그는 행동하는 사람이다. 지역에 필요한 것이 무엇인지 아는 사람이다. 나는 지역의 경제흐름을 놓치지 않아야 하는 금융인이기에 이 책의 많은 부분에서 공감했다. 특히 지역경제 활성화의 핵심인 산업전략은 아주 희망적인 이야기였다. 지역경제의 새로운 비전을 세우는 데에 있어서 그가 제시한 전략이 필요할 것이라고 생각한다. 부디 이런 전략들이 지역혁신의 동력이 되기를 바라며, 지역금융도 지역의 발전에 특별한 역할을 하며 함께 성장하기를 바란다.

제1부

지역회생 골든타임

1장

왜 전북은
낙후를 면하지
못하는가

[스스로 낙후지역이라 말하는 전북]

　전북에 와서 지낸 지난 8년 동안 사람들의 입을 통해 전북의 자존감이나 자긍심에 대해 들어본 적이 거의 없다. 언론에서는 스스로 낙후지역이라고 자처하면서 언제나 전북이 꼴찌를 면치 못하고 있다는 지역관련 통계를 발표했다. 주민이나 행정도 마찬가지였다. 투덜대기만 했지 구체적인 처방도, 뚜렷한 대안도 내놓지 못했다. 그저 힘이 없어서 그렇다고, 중앙정부가 홀대해서 그렇다고, 전북 출신의 중앙관료가 없기 때문이라며 칭얼대는 것으로 끝이었다.

　지역 정치인들은 한술 더 떠서 자신들이 힘이 없는 이유를 남의 탓으로 돌리기 일쑤였다. 경상도와의 비교는 그렇다고 치겠지만 심지어 전남이나 광주에서 발목을 잡고 있어서 전북 발전이 어렵다는 말은 좀처럼 수긍하기 힘든 대목이다. 리더들이 남의 탓을 하는 데에 익숙해져 있으니까 언론이나 도민들도 남의 탓 하는 것을 부끄러운 줄 모르게 되어버린 것이다. 전북인의 능력은 부족하지 않으나 남이 도와주지 않아서 못하는 것이라면, 과연 어떻게 전북인의 자질이 우수하다고 말할 수 있겠는가?

　전북은 국가경제발전과정을 볼 때 타 지역에 비해 소외된 측면이 있었기 때문에 지역경제기반이 취약했던 것은 사실이다. 그러나 내부의 원인도 만만치 않다. 지니고 있는 것조차 자원화하지 못했던 것들이 수두룩하다. 지난 수십 년 동안의 복잡했던 한국경제가 유독 전북에만 가혹하게 불이익을 준 것은 아니다. 모두가 어려웠고, 누군가는 이겨내기도 했다. 그러니 이제는 불평을 접고 전북이 겪고 있는 어려움에 대한 원인을 찾아 해결해 나가야 한다.

[아직도 공간개발정책에 집중하는 전북]

전북은 자산이 없고 힘이 없었던 것일까, 아니면 머리가 없었던 것일까? 여기서의 머리는 두 가지를 의미한다. 하나는 어떻게 지역을 발전시킬 것인가에 대한 치열한 고민이 없었다는 것이고, 다른 하나는 지역을 이끌고 갈 통찰력 있는 리더가 없었다는 것이다.

'새만금' 사례를 보면 쉽게 알 수 있다. 전북은 지난 30년 동안 새만금사업에 얽매어 꼼짝 못 했다. 새만금은 선거 때마다 되풀이되는 공약에 이용되었다. 모두가 새만금 하나면 충분할 것처럼 떠드는 사이에 새만금은 전북인의 신앙이 되어버렸다. 결국 새만금은 전북의 모든 이슈를 삼켜버렸고, 우리는 새만금을 오직 경제적 가치와 전북의 표심을 향한 정치적 가치만으로 평가했다. 공간정책이 최우선인 지역은 불행하다. 왜냐하면 국토개발사업이 지역발전을 선도하던 시대는 이미 지나갔기 때문이다. 새만금처럼 새롭게 조성되는 광활한 공간이 지역의 생활자원으로 활용되려면 적어도 수십 년의 세월이 필요하다는 걸 우리는 이제야 알게 되었다. 전북은 새만금만 바라보다가 온전히 30년을 놓치고 말았을 뿐만 아니라, 환경파괴와 지역 내 갈등이라는 심각한 후유증을 감내해야 했다.

현재 전북에 필요한 것은 공간개발이 아니라 산업자원개발이다. 새만금개발이라는 꿈이 지방자치라는 새로운 시대를 집어삼킨 채 무호흡상태로 있었기 때문에 전북은 새로운 산업구조를 만들려고 노력하지 않았고, 점점 자생력을 상실해갔다. 지역경제의 자생력은 산업생태계 구성 여부와 직결된다.

산업생태계란 기업과 정부, 연구소, 대학 등 다양한 경제주체가 유기적인 협업을 통해 기존산업을 혁신하여 새로운 것을 만들어내는 시스템을 말한다. 전북은 해방 이후 단 하나의 산업생태계도 스스로 완성해본 적이 없는 유일한 지역이다. 타 지역에서 바이오산업, 마이스산업, 정보통신, 에너지신산업, 항공산업, 스마트관광, 해양관광 등 지역 특유의 산업생태계를 구축하는 동안 전북은 새만금만을 바라보고 있었다.

최근에 들어서야 탄소산업과 농·생명분야를 지역육성산업으로 집중하고 있지만 지역의 경제 활력을 제고하고 잠재성장률을 끌어올리기에는 아직 역부족이다. 성장 동력으로서 힘을 발휘하려면 앞으로도 충분한 시간이 필요하다.

[실용학문과
실용문화가
적은 전북]

덕진공원에 '법조 3성'이라는 동상이 있다. 법조인 동상을 세우는 지역은 극히 드물다. 법조타운에도 법조인 동상은 없다. 법조인 동상을 문제 삼으려고 꺼낸 말이 아니다. 문제는 지역엘리트들의 관심이 어디에 집중되어 있느냐는 것을 지적하고 싶어서다. 엘리트들의 관심이 법과 권력에 치중되면 그만큼 실용학문이나 실용문화에 대한 관심이 부족해지기 마련이다. 실용학문이 늦다는 것은 바로 지역의 낙후성을 반증한다. 낙후성을 극복하기 위해서는 우리가 아직도 행정이나 사법조직의 엘리트만을 존중하는 문화를 보유하고 있는 것은 아닌지 돌아볼 필요가 있다.

굴뚝 없는 산업으로 각광받고 있는 관광산업만 보아도 전북이 실용학문에 있어 얼마나 뒤처져 있는 지 알 수 있다. 우리 지역 대학에 관광학과가 개설된 것은 영남보다 15년이나 늦었다. 관심이 없으니 인재를 키워내지 못했고, 산업으로도 성장시키지 못한 것이다. 뿐만이 아니다. 음식의 도시라고 자처하면서도 전북 음식에 대한 문화를 정립하고 홍보하는 데 소홀했다. 예를 들면 안동에는 안동간고등어의 명인 '간잽이'가 있다. 안동은 전통적인 유교의 고장임을 주장하는 지역이면서도 기능인인 간잽이를 최고의 전문가로 존중받도록 하는 문화를 만들었다. 우리 지역에서도 음식 명인을 지정하기는 하지만 아직까지도 음식 전문가를 존중하는 문화를 만들지는 못했다.

경제적 풍요를 누리는 지역의 특징은 비교적 간단하다. 실용학문이 융성하는 곳이다. 지역을 벗어나 국가적으로나 세계적으로 경쟁력을 갖추기 위해서는 지역대학을 실용학문에 특화된 대학으로 키울 필요가 있다. 지역대학이 지닌 어려움을 토로하기 전에 실무형 인재를 양성하는 '실용학문의 메카'가 되기 위해 나선다면 국가도 지원을 할 것이고, 지역대학도 국가에 힘을 보탤 수 있게 된다. 현재 필요한 학문과 현재 필요한 산업에 소홀하면 늘 뒤처지는 대학과 뒤처지는 지역이 될 수밖에 없다는 사실을 상기해야 한다.

[관념적인 축제, 관념적인 사업]

실용의 반대 개념은 관념이다. 전북에서 진행되고 있는 축제나 사업에는 관념적인 명칭이 많다. '소리축제'의 경우를 보자. 소리축제가 사람들 머릿속에 뚜렷하게 각인되지 못하는 이유는 장르가 없기 때문이다. 모든 음악을 다 아우르겠다는 뜻이겠지만, 축제의 명칭은 정체성이 명확해야 관객과 관광객을 흡입할 수 있다. 뭐든 다 잘한다는 음식점은 자칫 잘하는 것이 없는 음식점으로 비칠 수 있는 것과 같다. 순창의 '장류축제'도 마찬가지다. '~류'라는 하나의 범주를 축제의 명칭으로 사용하는 것은 부적합하다. 그냥 '고추장축제'라고 하면 될 것을 굳이 학문적인 용어를 사용함으로써 축제의 개성마저 잃어버린 꼴이 되고 말았다. 고추장축제에서 된장을 팔면 어떻고, 전통간장을 팔면 어떤가? 음식축제에 사람을 부르기 위해서는 감각을 자극하는 실용적인 언어가 더 효율적이다.

전북이 관념적 사고에 갇혀 있다는 사실은 축제의 예산 배분에서도 확연히 드러난다. 영화제에 수십억 원의 예산이 배정되는 반면 비빔밥축제 예산은 몇 억에 불과하다. 영화제가 지역산업에 미치는 영향보다 전북의 실질적 산업인 음식관광과 비빔밥축제가 지역경제에 미치는 영향이 훨씬 큰데도 말이다. 최근 전주에서는 문화특별시를 표방하는 정책을 만들고 있다고 한다. 이 부분도 또한 경계해야 한다. 경주시, 부천시, 창원시 등지에서도 이미 문화특별시라는 용어를 사용하고 있고, 엄밀히 따져보면 각자의 문화가 없는 지역은 없다. 따라서 '문화'라는 두루뭉술한 용어로는 개성도 나타내지 못할뿐더러 경쟁력도 가질 수 없다.

전북이 지니고 있는 문화 중에서 우리가 자신 있게 특화시킬 수 있는 산업분야가 무엇인지 신중하게 고민한 후 지혜로운 판단을 내려야 한다. 지나치게 범위를 넓히거나 범주를 주제로 삼는 등 관념적인 도시전략이나 축제가 되어서는 안 되기 때문이다.

[전북의 고질병, 패배의식]

내가 태어나고 자란 곳이 전북이고, 서울에 살면서도 늘 그리운 것은 고향에서 사는 것이었다. 전북에 돌아와 지난 8년 동안 애향심을 갖고 지역을 살펴본 기분은 씁쓸했다. 크고 작은 문제에 부딪힐 때마다 사람들 입에서는 툭

하면 '힘이 없다'는 말들이 버릇처럼 나왔다. 그야말로 '패배의식'이다. 힘이 없기 때문에 아무것도 할 수 없다는 판단을 하는 순간 지역은 더 이상 나아갈 동력을 잃는다. 그래서인지 정책은 새로운 것이 없었고, 자꾸 남들이 이미 했던 일만 따라서 하려고 했다. 지역경쟁력이 없는 이유가 바로 거기에 있었다.

　힘이 없다는 것을 알기 때문에 패배주의에 빠지는 것이지 힘이 없다는 사실을 모르는 상태에서는 패배를 선언할 하등의 이유가 없다. 그런데 힘이 없다는 사실만 알았지 왜 힘이 없는가에 대해서는 말하지 않는다. 더구나 지역 패배주의의 결과에 대해서는 그 누구도 고민하지 않는다. 지역이 패배의식에 사로잡히게 될 때 나타나는 현상은 폐쇄성이다. 시간이 흐를수록 방어적 성격이 짙어지고, 개방성과 수용성이 약화되면 또다시 지역주의에 빠지게 되는 악순환을 거듭하게 된다. 이 사슬을 어떻게 끊어야 하는가?

2장

전북의
회생조건

[한반도의 경제적·문화적 수도권, 전북]

　패배의식에서 벗어나기 위해서는 지역의 가치가 무엇인지를 찾는 일이 먼저다. 이명박 정부는 지역발전정책의 핵심사업으로 '광역권사업'을 전개했다. 대통령직속위원회에서 열린 광역권별 발표 때 호남권 발표자는 '호남은 1백년 전 한반도 경제적 수도권'이라는 이야기를 했다. 그 근거로 당시 한반도 인구의 1/4이 호남에 살았다는 통계를 내놓았다. 호남권에서 이루어진 다양한 산업적인 가치가 그의 주장을 뒷받침해주었다.

　호남은 경제적 수도권일 뿐만 아니라, 문화적으로도 수도권이었다. 한반도에서 벼를 심기 시작한 이래 가장 번성한 수도작 농경문화를 이루고 있었기 때문이다. 또한 백제는 중국으로부터 문물을 수용하여 재창조하는 문화콘텐츠제국이었다. 그 문화가 일본에 고스란히 전해졌는데, 이때를 한류의 시작점으로 볼 수 있을 정도로 문화적 파급력은 실로 대단했다.

　그러나 호남은 우월한 경제적·문화적·산업적 가치 때문에 오히려 힘든 일을 치르기도 했다. 백제의 땅 호남은 당대 최고의 군대인 당나라 군대와 전쟁660년을 한 곳이다. 동아시아의 패권을 장악하기 위해 10만이 넘는 군사가 배를 타고 백제를 침략해 왔을 때 주류산성에서 마지막 전쟁을 치른 곳이다. 호남의 맨 끝인 진도에는 삼별초군을 격파하려고 세계 최고의 군대로 불렸던 몽고군대가 쳐들어 왔고, 청일전쟁에서 이긴 일본군과 우리 민중들이 전쟁을 벌인 곳도 우리 지역이다. 호남에서 이런 일이 일어날 수밖에 없었던 이유는 명확하다. 바로 호남이 가지고 있는 '쌀'이라는 최고의 산업자산이 있었기 때문이다.

[한반도의 글로벌 문화허브, 전북]

경제적인 풍요는 품격 있는 예술문화를 양산한다. 넉넉한 삶에서 풍류가 흐르고, 그 풍류가 생활 전반에 널리 퍼질 때 비로소 예술문화를 형성한다. 전북에 전국의 문화인들이 모여들었던 이유도 지역의 경제성과 무관하지 않다. 호남지역이 '예향'으로 불리는 이유는 문화예술인이 많고, 문화적인 활동이 활발하기 때문이다. 전주는 호남에서도 대표적인 예향이다. 예술인 숫자가 많기도 하지만, 예술문화를 누리고 배우려는 사람들이 전국에서 모여들었기 때문이다. 전북에는 타 지역에서 찾아볼 수 없는 문화적 업적들이 많다. 판소리만 해도 동편제와 서편제가 모두 전북에 뿌리를 두고 있다. 전라도 땅을 가로 질러 흐르는 섬진강을 가운데 두고 동쪽 지방에서는 동편제, 섬진강의 서쪽 지방에서는 서편제가 전해지고 있다.

백제는 한반도에서 대외교류가 가장 활발했던 국가 중 하나였다. 서해와 남해로 이어지는 긴 해안선과 큰 강이 있어 해양교역의 중심이었다. 최근 우석대 공자아카데미에서는 '한국 속의 중국'이라는 프로그램을 만들었는데, 주로 전북에 있는 중국문화를 찾아내서 전시하는 내용이었다. 이 전시회에서 확인할 수 있었던 것은 전북에는 어느 지역보다 월등하게 중국과 관련된 유적이 많다는 점이다. 대표적인 유물은 관성묘인데 서울과 전북에만 있다. 관성묘는 중국 삼국지에 나오는 관우 장군을 신으로 모시는 신당으로 임진왜란 때 주로 만들어졌다. 이 묘는 중국문화에 중심을 둔 호국신앙이 우리나라에 들어와 불교·유교 등 다양한 성격이 혼합된 관제신앙이 민간신앙으로 발전하는 과정을 보여주는 독특한 사례이다. 이외에도 조선시대 건축물인 전주객사의 '풍패지관'은 조선왕조의 국권을 상징하는 것으로서 중국 사신이 적어놓은 현판이며, 명나라 관료와의 이야기를 담고 있다.

중국과의 활발한 교류를 통해 다양한 기술이 전해졌고, 이 기술을 바탕으로 발달한 백제문화는 다시 일본으로 전해졌다. 백제 사람들은 배 만드는 기술이 뛰어나 직접 일본에 가서 배를 만들어 주었다는 기록도 있다. 부안 '죽막동유적'은 일본으로 오가는 배의 안전을 기원하기 위해 제사를 지낸 흔적이 있는 유적이다. 백제는 동아시아 해상 무역권을 장악한 4세기 후반 이후부터 일본과 본격적으로 교류하면서 한학, 유학, 불교, 예술, 건축 등 선진기술과 문물을 전해주었다. 특히 우리 역사의 최고 예술품으로 세계인이 칭송한 상감청자를 대규모로 생산했던 곳이 부안이다.

이렇듯 문화의 기반은 공간이다. 전북은 글로벌문화에 있어 구체적이고 다양한 역사적 공간과 스토리를 가지고 있다. 각 지역마다 자신들이 한반도 문화의 중심지라고 주장하는데, 그것은 역사의 어느 시점에 중심을 두고 평가하는가에 따라 달라질 수 있다. 하지만 해외교류 측면에서 보면 백제는 어느 시대의 어느 나라와 견주어 봐도 단연 우수하다. 비옥한 땅에서 생산된 문화를 바탕으로 활발한 해상교류를 통해 문물을 유입하고, 고유의 문화로 발전시켜 다시 일본에 전했던 글로벌문화의 뿌리는 바로 백제다.

[새로운 제도를 만들 수 있는 전북인]

호남은 1백년 전까지 한반도의 문화허브 역할을 했다. 그래서인지 전주는 '가장 한국적인 도시'라고 불린다. 어느날 문득 정말 전주가 가장 한국적인가에 대한 궁금증이 생겼다. 문화란 원래 상호교류로 인한 변동성이 있기 때문에 고유한 문화를 찾아보기 힘들다. 전북이 지닌 한국적인 문화라는 것이 단지 생활문화와 예술문화의 축적성에 한정되어 있다면, 전북을 가장 한국적인 도시라고 주장하기에는 근거가 너무 궁색하다. 왜냐하면 다른 지역에서도 나름대로 전통성을 잘 보존해오고 있는 문화가 많이 있기 때문이다. 전북은 '가장 한국적인 도시'라는 근거를 제시할 수 있도록 전국 유일의 것을 찾아야 한다.

시대를 거슬러 올라가 전북이 만든 제도와 정신문화에 대해 생각해보자. 전주화약이 이루어졌던 '전라감영'과 세계기록유산인 조선왕조실록을 지키고 보존한 '전주사고'는 그 누구도 부정할 수 없는 우리만의 문화자산이다. 전주화약은 동학혁명 당시에 농민군이 전주성을 점령하고 직접 정부와 맺은 협약으로서, 자치기구인 집강소를 설치하여 민과 관이 주민자치를 시작했다. 이를 두고 상당수의 전문가들은 '한반도 근대민주주의의 효시'라고 한다.

전북은 시대가 원하는 민주적인 제도, 즉 새로운 제도를 만들어내는 용기 있는 사람들의 땅이다. 또한 전북은 국가의 중요한 기록을 온몸으로 지켜낸 곳이다. 우리 지역의 선비인 안의와 손홍록 등은 임진왜란 때 '조선왕조실록'의 소실 위험을 느껴 전쟁이 끝날 때까지 3년 반 동안 전국을 떠돌며 실록을 지켜냈다. 실록은 손실 위험을 대비해 네 곳에 사고를 두어 보관하였는데, 전쟁 중에 서울, 성주, 청주 세 곳의 실록은 모두 소실되었다. 유일하게 전주사고의 실록만이 남아 있으며, 이는 대한민국 최초 세계기록유산에 등재되었다.

전북은 가장 힘들고 어려울 때에도 나라의 역사가 끊어지지 않게 하려고 목숨을 걸고 실록을 지켜낸 고장이다. 전북은 소중한 역사를 지키려는 깨어 있는 사람들이 살았던 땅이다. 전북이 가장 한국적인 이유는 이처럼 시대를 앞서가는 새로운 제도를 만들어내고, 나라의 소중한 것들을 지켜내려는 정신이 살아 있기 때문이다. '가장 한국적인 도시'라는 그 수식어가 부끄럽지 않다.

[기적을 만든 문화관광지 한옥마을]

전주는 원래 관광도시가 아니었다. 별다른 특징이 없어 오랫동안 그저 조용한 교육도시로 불렸다. 그러나 지금은 한옥마을 덕분에 대한민국을 대표하는 문화관광도시가 되었다. 불과 몇 년 만에 유명한 관광지가 된 사례는 세계 어느 곳에서도 찾아보기 힘들다. 유럽의 문화관광도시는 역사적 관광지가 대부분이고, 새롭게 급부상한 문화관광지가 있다면 이탈리아의 폼페이처럼 새로운 유물 발굴을 통해서 형성된 곳이다. 아니면 캄보디아의 앙코르와트처럼 밀림에 묻혀 있다가 서양의 탐험가에 의해 발견되는 경우다.

전주한옥마을은 이 두 가지 경우에 속하지 않는다. 1930년대에 형성된 한옥마을은 1990년대 중반까지는 일반인들의 생활공간이었다. 2000년대 후반에 와서야 관광지로 정비하기 위해 한옥 신축을 늘리기 시작했고, 그때까지만 해도 큰 유명세 없이 한옥을 선호하는 사람들이 생활하는 정도였다. 2012년 이후 입소문이 퍼지면서 뜨거운 관광지가 되었다.

역사가 짧은 전주한옥마을이 문화관광지가 된 저변에는 지자체의 남다른 노력과 특징 있는 지역정책이 있었다. 전주는 지자체 실시 이후 생태하천을 살린 최초의 지자체였다. 여러 지역에서 전주천을 벤치마킹하여 자신들의 도심하천을 살렸고, 전주시의 정책은 도심하천정책의 바이블이 되었다. 전주시는 도시를 다시 살리려는 정책으로 가장 먼저 생태하천 복원사업을 시작했고, 그다음에 한옥마을을 통한 도심문화재생을 시도했다.

현재 전주한옥마을은 방문객 1천만 명을 넘겼다. 제주도의 관광객 숫자가 1백만에서 5백만에 도달하기까지는 20년이 걸렸는데, 전주한옥마을은 불과 6년 만에 달성했다. 이제 전주시는 누가 봐도 관광도시다. 따라서 앞으로의 도시설계는 관광도시라는 관점에서 이루어져야 한다. '관광사업'을 주력사업으로 관리해야 하는 시점에 이른 것이다.

[국가균형발전정책의 산물, 혁신도시]

참여정부 때 균형발전정책의 일환으로 수도권에 집중되어 있는 공공기관들을 지역으로 나누어 내려 보내는 정책을 시작했다. 이를 '혁신도시'라 명명했고, 공공기관과 관련된 산업적 부분을 특화하여 각 지역에 새로운 산업을 만들려는 목적으로 추진되었다. 현재 전북에는 농촌진흥청을 위시하여 12개 기관이 내려와 있다. 혁신도시를 단순하게 지방 세수증대와 인구증가 등의 도시개발 차원으로만 이해해서는 안 된다. 우리가 혁신도시에 주목해야하는 이유는 혁신도시가 지니고 있는 산업적 가치 때문이다. 혁신도시 정책은 지역균형발전의 거점화가 목적이기 때문에 지역이 이전 기관과 협력하여 성과를 내야 그 목적을 달성하는 것이다. 전북에는 중요한 식품산업 관련 공기관이 들어와 있으므로 그 가치를 활용해야 한다.

예를 들어 농·생명산업의 핵심기술을 개발하는 농촌진흥청과 함께 농·생명산업을 만들어야 하는 것이다. 그리고 식품연구원과 함께 전북의 식품산업을 업그레이드시켜야 한다. 한국국토정보공사와는 6조원이 넘는 공간정보산업을 함께 키워나가야 한다. 출판문화산업진흥원과 함께 하면 완판본과 기록문화의 가치를 지닌 전주를 출판문화산업의 메카로 만들 수 있다. 전기안전공사와 함께 전기안전과 관련된 다양한 전기안전장치와 기구에 대한 산업을 고민해야 한다. 또한 한국 최고의 자산보유기관인 국민연금관리공단과 함께 금융산업활성화도 꾀할 수 있어야 한다. 지방공무원 교육전문기관인 지방행정연수원은 한국지방공무원 교육뿐만 아니라 세계의 지방공무원 교육을 책임지는 공공부문 교육 메카가 되도록 함께 고민도 해봐야 한다.

혁신도시를 통해서 할 수 있는 일이 생각보다 많다. 해야만 하는 일도 있다. 이런 귀한 자산을 제대로 인식하지 못하고 어느 지역에서나 다 하는 공상적인 첨단산업을 신성장동력으로 삼는 우를 범하지 않기를 바란다. 산업정책은 실질적인 지역자원을 이용하여 개발될 때라야 온전하게 지역의 것이 된다. 그런 의미에서 혁신도시는 공상적인 산업정책을 실질적인 산업정책으로 전환시킬 수 있는 좋은 기회가 될 것이며, 더불어 다양한 산업생태계를 만들 수 있는 절호의 기회가 될 것이다.

[전국을 놀라게 한 지역정책들]

지자체 실시 이후 20여 년 동안 전북의 몇몇 지역에서는 놀라운 일들이 벌어지고 있었다. 우리가 패배주의에 빠져 풀이 죽어 있을 때, 그 그늘 밑에서도 희망의 싹을 틔우고 꽃을 피웠던 지역들이다. 작지만 강한 우리 지역의 이야기를 해볼까 한다.

70% 중산층이 가능하다는
사실을 입증한 장수의 목표소득정책

첫 번째는 가난했던 산골마을을 부자동네로 만든 장수군의 '5·3프로젝트'

다. 전 농가의 70%를 중산층으로 만들겠다고 시작된 장수군의 정책은 일정한 목표소득을 정하고 주민이 그 목표소득을 달성할 때까지 교육하고 지원하는 목표소득정책이다. 5천만 원 이상의 소득을 얻는 농가 3천 가구^{전체 농가의 70%}를 만들겠다는 그 정책이 우리 지역에서 탄생하여 의미 있는 성과를 거두었다. 타 지역에서 실시된 1억 이상 고소득 농가 만들기 정책과는 비교할 수가 없다. 소득양극화 때문에 1억 이상 농가는 정책이 뒷받침되지 않아도 일정 부분 생겨나게 되어 있어 큰 의미가 없다. 그러나 장수군의 경우는 전 농가를 대상으로 하는 정책을 개발하고 실행하여 성공을 거둔 것으로 전 세계적으로도 드문 사례다. 장수군은 목표를 달성하기 위해 농업경영인 회생제도, 사과특화, 한우특화 등 다양한 정책으로 농업인을 이끌었다. '우리가 꿈꾸는 70% 중산층이 가능하다'는 것을 바로 우리 전북에서 보여준 것이다.

30% 고령농과 한계농을 위한 완주의 농업유통혁신정책

두 번째는 완주군의 혁신적인 농산물유통시스템 '로컬푸드정책'이다. 로컬푸드정책은 단순한 소득정책이나 경제정책이 아니다. 장수군의 정책이 전체 주민의 70%를 중산층으로 만드는 소득정책이었다면, 완주군의 로컬푸드정책은 30%의 한계농과 고령농을 위한 정책이다. 규모가 작아 도매시장에 물건을 내다 팔 수 없는 소농들은 로컬푸드매장을 통해서 비로서 실질적인 소득을 얻게 되었다. 로컬푸드정책의 효과는 소득증대에 그치는 것이 아니다. 고령농업인과 한계농업인의 노동 의욕을 높이고 있고, 노인들의 질병도 감소하는 등 복지정책으로서의 가치도 크다. 현재 로컬푸드정책은 협동조합으로 시작해서 다시 연계협동조합으로 진화를 거듭하고 있다.

떠나가는 농촌의 새로운 인적자원 유치전략, 고창의 귀농귀촌정책

세 번째는 고창군의 '귀농귀촌정책'이다. 우리는 최근까지도 농촌의 이농현상이 심화되어 머지않아 농촌지역에 인구가 고갈될 것으로 예측했다. 하지만 그 예측은 빗나갔다. 통계청에서 발표한 통계자료에 의하면 수도권은 이미 3년 전부터 인구유입보다 인구유출이 더 많아지기 시작했다. 2010년에 수도권의 전·출입 인구가 같았다가, 2013년부터는 마이너스로 돌아섰다. 2017년도에 잠시 1만여 명이 유입되었으나, 이제 20세기와 같은 수도권인구집중은 기대하기 어렵다는 것을 전체적인 통계가 보여주고 있다.

지역별로 살펴보면 충청권은 중앙부처가 세종시로 이전하면서 인구유입이 늘어났고, 경상권은 유출인구 비율이 높은 편으로 나타났다. 다행히 호남권은 제로에 접근하고 있다. 인구유입으로 호남에서 가장 주목받는 곳은 고창군이다. 고창군은 최근 귀농귀촌프로젝트로 연속 3년간 전국 1위를 차지했고, 지난해에는 2천 4백여 명이 유입되었다. 최근 10년 사이에는 귀농귀촌인구가 고창군 전체 인구의 10%를 차지할 정도로 인구유입의 속도가 빠른 곳이다. 고창군은 지난 2007년 전북 최초로 귀농인 지원조례를 제정하고 귀농귀촌 전담부서를 설치했다. 귀농귀촌인이 직접 귀농귀촌협의회를 설립하여 귀농귀촌인의 눈높이에 맞는 다양한 귀농귀촌 정책을 펼쳤고, 2017년에도 소비자가 선택한 귀농귀촌 최적지란 평가를 얻었다. 이런 결과는 귀농귀촌인들의 정착률을 높이기 위해 지역민과의 화합을 유도하고, 일자리 창출과 창업 알선 등 다각도로 노력했기 때문에 가능했다. 전북은 고창군의 사례를 통해 '농촌인구증가'라는 중요한 경험을 하게 되었다.

외국식품을 새로운 지역자산으로 만든 임실치즈

네 번째는 임실군의 '임실치즈브랜드'다. 전쟁 후 지독한 가난을 극복하기 위해 지정환신부로부터 시작된 임실치즈는 50년의 역사를 가지고 있다. 임실치즈는 한국 최초이자 한국 최고의 치즈라는 위상으로 서양의 식품을 향토식품으로 발전시키는 데 성공했으며, 치즈테마파크를 비롯하여 치즈축제를 성공시킴으로써 이제는 지역브랜드로 확고히 자리 잡았다. 무에서 유를 창조하기까지의 실험과 도전정신은 임실치즈사업의 철학이 되었으며, 현재 임실군은 치즈 하나만으로도 1천억 원 이상의 지역사회 경제효과를 거두고 있다.

모두가 낙후지역이라서 경쟁력이 없다고 푸념하는 사이에도 위와 같이 몇몇 지역에서는 묵묵히 자신들만의 자산을 만들어 성공시켜왔다. 목표소득정책에 앞장선 농업인들이 '신지식인 상'을 받고, 벤치마킹 대상이 되어 전국에 수많은 '로컬푸드' 매장을 열게 하고, 지자체가 '귀농귀촌 1번지'라는 명성을 얻고, 한국 최고의 브랜드제품을 생산하는 지역이 바로 우리 지역이다.

전북은 먼 곳에 있는 벤치마킹 대상지를 물색할 것이 아니라 이와 같이 지역들이 어떻게 지역자산을 생성하고, 그 자산에 어떻게 새로운 가치를 부여했는지를 자세히 들여다봐야 한다. 자랑스럽지 않을 수 없을 것이다. 전북을 리셋하고자 한다면, 새롭게 디자인하고자 한다면, 작지만 강한 우리 지역의 이야기를 다시 들어보자.

3장

전북의
회생전략

문화편

[상징공간과 상징문화를 복원하라]

전북의 대표 상징공간을 찾아라

　지역의 이미지를 형성하는 데는 여러 가지 요인들이 있는데 특히 '공간'은 역사와 문화의 특징을 나타내는 중요한 요소이다. 그래서 상징조형물을 설치하거나 상징공간을 조성하여 역사적 사건을 기념하기도 하고, 지역에 영향을 끼친 인물들을 재조명하기도 한다. 과연 전북에는 전북을 상징하는 대표공간이 있는가? 있다면 그 공간의 핵심가치는 무엇인가?

　어떤 사람은 '새만금'을, 어떤 사람은 '모악산'을 상징공간으로 생각할지도 모른다. 그러나 아직까지도 새만금은 미래자산에 불과하다. 중앙정부의 정치적인 목적으로 시작된 새만금사업은 장밋빛 청사진만 보여주었을 뿐 지난 30년 동안 우리에게 아무것도 주지 못했다. 원래는 1991년에 시작해서 2011년에 끝나는 계획이었는데, 2012년에 다시 마스터플랜이 세워졌다. 계획만 무성한 개발사업이라는 비아냥거림이 끊이지 않음에도 불구하고 우리는 그 과대포장에 현혹되어 전북의 대표상징공간으로 혼동하기에 이르렀기 때문에 염려가 된다. 상징이 없다는 것은 곧 지역의 좌표가 없는 것과 같다고 볼 수 있다. 좌표를 잃으면 지향점을 놓치게 마련이므로 흐트러진 좌표를 바로 잡는 일을 먼저 해야 한다. 상징공간과 기념공간의 핵심가치는 정신을 회복시키고 문화공간을 복원함으로써 지역민들의 정서를 안정시키는 것이다. 그러므로 상징공간에 대한 혼동과 좌표의 부재는 전북인이 가장 시급하게 복구시켜야 하는 과제이기도 하다. 이제라도 전북의 정신과 전북의 문화를 상징하는 공간을 확고히하여 상징공간으로서의 가치를 알리고 기념해야 한다. 그것이 바로 전북재창조의 시작이 될 것이다. 광주와 전남은 언제 어디에서나 '광주정신'을 이야기한다. 그렇기 때문에 광주와 전남의 상징공간은 '금남로와 5.18민주묘지'이며, 이 공간은 '민주화의 성지'라는 도시 이미지를 대변한다. 이런 공간을 통해 민주화를 갈망하는 영혼들의 거룩함이 공식화되고, 비장함이 더욱 생생해졌다. 게다가 광주는 진실이 살아 있는 역사 교육장으로 만들기 위해 민주묘지를 광주시티투어의 첫 번째 코스로 지정했다. 광주를 찾는 사람들은 5.18민주묘지에 들러 참배하고 민주정신의 가치를 되새긴다. 광주 사람이 아니어도 광주의 정서에 빠져들지 않을 수 없다.

전북에는 무엇이 있는가? 전북에는 뿌리 깊은 민주정신, 동학혁명정신이 있다. 우리는 때때로 그 중요성을 언급하면서도 아직 기념일조차 확정하지 못했고, 동학의 의미를 기념할 만한 대표 상징공간도 만들지 못했다. 광주 방문의 시작점이 5.18민주묘지에 있듯이 전북 방문의 시작점을 찾아서 그곳을 한반도 근대민주주의 시작점으로 만들자. 그리고 새로운 이름을 붙여 '민주문화유산 1호'로 지정하자.

모악산을 대표 상징공간으로 만들자

전국에는 수려하기로 이름난 산이 많다. 그러나 평야지대의 산은 외형의 크기나 아름다움보다 그 산이 지닌 의미가 특별하다. 전북의 모악산이 그렇다. 끝없이 펼쳐진 호남평야는 한 국가의 곡창으로서 고비마다 서러움이 많았다. 평야지대에 우뚝 서 있는 유일한 산, 땅에 기대어 살던 우리가 힘들 때마다 오랫동안 우러러본 산이 바로 모악산이다. 때문에 모악산은 단순한 명산이 아니라 영산이라 불린다. 모악산은 동학혁명, 정여립의 대동단 등 의미 있는 역사적 사건을 품고 있다. 불교의 금산사와 귀신사, 개신교의 금산교회, 천주교의 수류성당, 증산교의 동곡약방 등 각종 종교성지가 그대로 남아 있어 한국을 대표하는 종교시원지이자 종교문화의 보고다. 모악산은 문화적 가치뿐만 아니라 많은 동식물들의 서식지로 생태적인 가치도 높다. 특히 도민들이 가장 많이 찾는 산으로 생활체육의 요람이다. 하지만 김제와 완주 그리고 전주의 경계를 이루고 있어 체계적으로 관리되지 못하고 있다. 가까운 무등산을 보자. 광역단체가 주도하여 도립공원에서 국립공원으로 만들었고, 현재는 세계유산 등재를 위해 준비하고 있다. 또한 무등산공유화재단을 만들어 시민 공유자산으로 만드는 제도를 실행하고 있다.

전북도민들의 마음의 고향은 호남평야의 젖줄을 만들어 내고 있는 모악산이다. 이런 모악산을 전북의 정체성과 도민의 자부심을 표출하는 전북의 대표 상징공간으로 만들어야 한다. 우리는 민중문화의 텃밭인 모악산을 자연자산뿐만 아니라 정신문화자산으로도 관리하고 보존해야 한다. 이에 전북 대표 상징공간 조성을 위한 5개년 계획을 제안한다. 첫째, 전북인의 정신을 담은 축제 '모악대제전'을 만들자. 둘째, 면밀한 생태자원 조사를 거쳐 자원보호를 위한 방안을 찾자. 셋째, 문화자산으로서의 가치를 재정립하자. 넷째, 주변의 마을공동체 등과 연계한, 지속 가능한 관광계획을 수립하자. 마지막으로 순환교통체계, 경관훼손시설물 개선, 편의시설 확충 등의 내용이 담겨 있는 섬세한 공간을 설계하자. 이를 위해서는 먼저 모악산 전북대표 상징공간 조성을 위한 조례를 만드는 일이 필요하다.

전라감영을 민주주의 상징공간으로 만들자

오랫동안 전주시의 의제였던 전라감영 복원 문제는 옛 전북도청를 철거하는 것으로 일단락됐다. 전라감영의 역사와 옛 도청사의 역사를 양팔 저울에 올려놓고 시름하느라 너무 많은 시간을 낭비했다. 양쪽 다 의미 있는 역사공간이기에 현존하는 옛 청사를 부수고 감영을 복원하는 일은 진통을 겪을 수밖에 없는 일이긴 했다. '문화재 복원은 역사를 바로 세우는 일'이라는 전주시장의 말은 건축물보다는 정신적 가치에 무게를 싣고 있는 것으로 보인다. 그렇다면 전라감영복원사업은 건축물 복원과 동시에 역사적 의미와 가치를 함께 복원하는 것을 원칙으로 해야 한다. 문제는 이런 취지를 담아낼 방법이 무엇인가를 찾아야 한다는 것이다.

전라감영의 가치는 '호남 문화의 중심이자 대한민국의 근대민주주의가 시작된 핵심 공간'이라는 점에 있다. 전라감영은 동학농민혁명 당시 동학혁명군이 정부와 '전주화약'이라는 민주적 계약을 성사시키고, 이 계약을 실천하기 위해 세운 집강소의 총본부가 있던 곳이다. 많은 학자들이 전주화약과 집강소설치를 한국 근대민주주의 출발점이라 칭하고 있는 만큼 전라감영복원사업은 그 가치를 제대로 표현해낼 수 있어야 한다. 따라서 숭고한 민주적 가치를 만든 사람들에 대한 기념공간을 만들 필요가 있다. 프랑스 개선문의 꺼지지 않는 불처럼 한민족의 민주정신이 영원히 타오르는 공간을 만드는 것이다. 그리고 이 공간을 '민주문화유산'이라는 이름으로 '전국화'하자. 전주화약을 맺은 날짜에 맞춰 복원준공식을 하면서 전라감영이 '대한민국 민주문화유산1호'임을 선언하자. 민주화를 위해 노력하고 희생한 사람들을 기리는 '집강소민주대상'이라는 상을 만들어 시상도 하자. 그날을 대한민국 근대민주주의 기념일로 선포한다면 전주시민과 전북도민뿐 아니라 대한민국의 민주시민 전체가 후원하는 형태를 갖추도록 유도할 수 있을 것이다.

또한 핵심가치를 표현할 공간에 대해서는 시민들의 자발적인 아이디어를 모아서 시민의 힘으로 완성하게 하자. 복원사업에 시민이 참여하는 것이야말로 '민주주의 가치복원'의 참된 의미를 실현하는 일이 될 것이다. 민주정신을 계승하고 발전시켜서 민주도시라는 지역의 자존감을 세울 수 있도록 해야겠다. 그리고 전라감영복원사업으로 그때의 영광이 재현되기를 기대한다면 역사·문화·예술·관광을 이어주는 종합적인 기획이 있어야 한다. 해묵은 과제한 건을 해치웠다는 속 빈 업적만 남길 생각이 아니라면 전주시는 더 고민해야 한다.

UN에 안의·손홍록 기록관리자상을 만들자

2016년 제18차 세계기록관리협의회ICA, International Congress on Archives 총회가 한국에서 열렸다. 프랑스와의 경쟁 끝에 회원국 만장일치로 한국이 선정되었는데 경쟁상대국이 세계 최고 금속활자본인 직지심경과 외규장각 도서를 가져간 프랑스였으니 역사의 아이러니가 아닐 수 없다. 우리는 프레젠테이션에서 국제회의 개최 경험과 우수한 인프라, 최첨단 전자기록관리 체계 구축 등을 강조해 참석자들로부터 큰 호평을 받았는데, 특히 우리나라 기록관리의 오랜 역사와 우수성이 참석자들을 감동시켰다고 한다. 우리에게는 다소 생소한 조직인 국제기록관리협의회는 1950년 발족되었고, 전 세계 195개 국가에서 1천 5백여 회원이 가입하여 활동하고 있는 기록관리 분야 최대 국제기구로서 올림픽과 같이 4년마다 열린다. 한국은 기록문화의 강국으로 인식되어 있으며, 조선시대 실록은 세계적으로 우수 기록 사례로 알려져 있다. 한국은 이번 총회를 통해 조선왕조실록, 직지심경, 훈민정음 등 한국의 우수한 기록문화 전통을 전 세계에 알리고, 전자기록관리 등 IT 분야의 강점을 집중 부각시켜 유관산업의 육성에도 크게 기여한 것으로 보인다. 하지만 조선왕조실록을 지켜낸 우리 지역 출신인 안의와 손홍록에 대한 관심을 이끌어 내지 못했고, 기념에 대한 논의가 없어서 아쉬움이 남는 대회였다.

'기록이 없으면 역사도 없다'는 말처럼 역사적 사건을 기록하는 일은 사건 생산과도 맞먹는 작업이다. 기록을 보존하는 일이 그만큼 높은 가치를 지닌다는 뜻이다. 한국 최초로 세계기록유산에 등재된 것은 《조선왕조실록》이다. 정읍에는 임진왜란 당시 소멸 될 위기에 처한 《조선왕조실록》을 몸소 지켜낸 선비들의 이야기가 있다. 전쟁 중에 목숨을 걸고 사료를 지키려 애쓴 선비들의 활동은 역사 드라마 소재로 충분할 만큼 다이내믹했다. 하지만 그들의 행보는 내장산의 단풍에 가려 아직도 조용하기만 하다. 그간 정읍은 칠보 출신의 안의와 손홍록의 역사를 기리는 제를 지내기도 하고, 이를 문화관광분야로 확대시키려는 시도를 하긴 했지만 구체적인 행사나 문화기념사업을 기획하지 못했기 때문에 뜻하는 성과를 거두지 못했다.

어느 여행전문가는 '전북은 다른 지역과 차별화 시킬 수 있는 위대한 역사를 가지고 있는데, 그것은 바로 민초들이 자진해서 조선왕조실록을 지킨 역사'라고 말했다. 필자도 이 말에 공감하며 이런 전북의 역사에 '소중한 것을 지킬 줄 아는 전북인'이라는 이야기를 덧붙였다. 제 몸 하나 간수하기도 어려운 전쟁 중에 있으면서도 정읍의 선조들만큼은 후손들을 위해 기록을 지켰기 때문이다. 더욱이 민초들이 자진해서 벌인 사료보호활동은 세계기록관리의 역사를 훑어봐도 찾을 수 없을 정도다. 근대 이전의 세계사 기록은 그 시대 지배층의 역사로 인식될 뿐이었지 후손들에게 넘겨줘야 할 소중한 가치로 인식되지 않았으니까.

전북은 이런 소중한 역사가 있는 곳이다. 지역의 후손으로서 할 일과 그 가치에 걸맞은 일을 찾아보기로 하자. 첫째, 역사적 사실을 기리는 행사를 시작하자. 행사의 핵심은 규모나 초청인사가 아니라, 선조들의 뜻을 헤아리는 경건한 예를 갖추는 것이다. 제가 끝나면 선조들이 걸었을 그 길을 걸어보자. 한결같은 애국애족의 마음으로 오르고 내렸을 등성이들을 따라 걷는 답사도 의미가 있을 것이다. 조선왕조실록은 임진왜란 때 전주사고에서 출발하여 정읍 내장산 그리고 아산, 황해도 해주 그리고 강화도, 평안도 영변에 있는 묘향산 보현사에 이르게 된다. 당시의 안의와 손홍록의 길을 답사코스로 개발하여 학생들과 전문가, 시민들이 함께 걷는다면 '조선왕조실록로드'가 된다. 물론 북한지역 답사는 쉽지 않다. 하지만 '민족의 역사문화의식 함양'을 취지로 북한지역의 답사를 요청한다면 그 자체만으로도 이슈가 될 것이다. 먼저 답사가 가능한 우리 지역에서만이라도 조선왕조실록로드를 개발하여 당시를 재현해보는 것도 가치 있는 일이 될 것이다.

둘째, '안의·손홍록상'을 만들자. 기록을 지키기 위해서 노력한 학자나 기록관리 수준을 증진시킨 전문가에게 주는 상이다. 유네스코에서는 문맹률을 줄이는 데 노력한 사람에게 '세종대왕상'을 수여한다. 이처럼 '안의·손홍록상'을 마련하여 기록관리의 중요성을 일깨워주자. 빌 게이츠는 36장짜리 다 빈치의 필사본 노트를 3백 4십억 원에 구매했다고 한다. 기록의 가치를 알고 있었기에 가능한 일이었을 것이다. 사람들은 이 일을 '현대의 천재가 과거의 천재에게 보낸 멋진 헌사'라고 했다. 빌 게이츠가 멋져 보이는 이유는 부자가 큰돈을 주고 유물을 구입한 것이 아니라 낡은 자필 노트에 담긴 다빈치의 생 각과 생각의 틀을 구매한 것이기 때문이 아닐까?

전북의 주력산업 중 하나는 관광산업이다. 전북투어패스, 문화예술 활성 화, 문화유산 세계화 실현, 국제대회 유치 등 굵직한 틀을 잡고 전북토탈관 광에 집중하고 있다. 그러나 타 지역과 차별화된 관광상품을 구상하기는 쉽 지 않다. 우리만 가지고 있고, 우리만이 할 수 있는 소재를 발굴해야만 가능 한 일이기 때문이다. 그런데 《조선왕조실록》과 관련된 관광상품은 전북만이 만들어낼 수 있는 유일한 관광자원이다. 잘 활용하여 콘텐츠를 생성해낸다면 세계적인 문화유산을 관광자원으로 활용하는 소중한 사례가 될 것이다.

[식품문화
중심지역으로 재탄생하라]

맛있는 전북

전북에는 다른 지역에서 볼 수 없는 풍경이 있다. 바로 지평선이다. 수천 년 동안 한반도의 곡창이었던 호남평야는 가슴 아픈 수탈의 현장이기도 했지만 그 바탕에는 풍요가 있었다. 전북지역이 한국음식을 대표하는 지역으로 성장할 수 있었던 것도 호남평야가 있었기 때문이다. 넉넉한 먹거리에 아낙네들의 솜씨가 더해져서 '맛의 본고장'으로 불리게 된 것이다. 재료와 솜씨만 뛰어난 것이 아니다. 한국 대표음식도 전주비빔밥이고, 서민들의 영원한 해장국도 전주콩나물국밥이다. 전주 여행은 '전주가면 무엇부터 먹을까'라는 행복한 고민에서 시작된다고 하니 '맛있는 전북'이라는 말이 맞다. 사실 한옥마을 관광의 핵심도 음식관광이다. 이쯤 되면 전북은 음식관광지로 진화하고 있다고 봐도 무리가 없다.

전북의 모든 지역에는 국내 으뜸으로 꼽히는 특산물들이 있고, 내로라하는 지역식품브랜드들도 즐비하다. 결국 음식과 식품이 지역산업의 중추적 역할을 하고 있는 것이나 마찬가지다. 전북은 이를 바탕으로 '대한민국식품수도'를 지향하고 있다. 그러나 식품수도가 되기 위해서는 산업적 측면을 고려하기 전에 먼저 전북의 식문화를 연구하고, 바른 먹거리문화도 만들어가야 한다. 정말 맛있는 음식은 눈과 혀로만 느끼는 것이 아니라 고유의 문화가 있고 안전성이 보장되는 것이라야 한다. 음식과 식품의 전통적인 문화 기반을 다진 후에 식품산업을 융성시켜야 한다. 식문화의 기초가 바로서야 산업이 탄탄해지기 때문이다.

제2의 로컬푸드, 동네빵집

도심에서나 볼 수 있었던 프랜차이즈는 이제 작은 동네까지 파고들었다. 프랜차이즈제과점이 전국적으로 확대되면서 동네빵집들이 거의 문을 닫았다.

정부의 대기업 프랜차이즈 규제와 중소기업청의 '지역 명품 빵집지원 약속' 등이 있었지만 동네빵집은 여전히 살아남기가 어렵다. 그러다보니 소상공인·시민단체·언론사가 함께 동네빵집살리기에 나서기도 했다.

전북에는 전국적으로 이름이 난 풍년제과와 이성당이라는 양대산맥이 있다. 몇몇 개인 빵집도 동네에 뿌리내리고 안정적으로 성장하고 있어 그나마 맛의 고장인 전북의 자존심을 지켜주고 있다. 그러나 이미 전주·완주만 해도 상권의 40%전주시는 57% 이상을 프랜차이즈가 석권하고 있다고 한다. 우리가 동네빵집을 그리워하는 이유는 동네빵집이 추억의 장소이자 각기 다른 개성 있는 맛을 제공해 주기 때문이다. 그런 빵집들이 처음에는 동네상권에서 밀려나지 않기 위해 싸웠고, 프랜차이즈제과점의 막강한 세력을 뚫기 위해 다시 힘겨운 싸움을 해야만 한다. 이제는 개인이 문을 열었다고 모두 동네빵집이 되는 것은 아니다. 프랜차이즈와의 경쟁에서 살아남으려면 확실한 차별화가 이루어져야 하기 때문이다. 식품에 있어 지역특화의 핵심은 바로 지역의 맛이다. 전북의 맛을 복구하고, 소비자의 신뢰를 얻을 수 있는 '동네빵집 귀환'에 앞서 아래 세 가지 사항은 반드시 점검했으면 한다.

첫째는 공공부문의 관심이다. 어렵게 시작된 동네빵집살리기운동이기에 우리 지역에서 성공할 수 있도록 지방자치단체가 도와야 한다. 둘째는 양심 있는 빵집 주인이다. 동네빵집살리기 공동체 플랜을 따라갈 수 있는 의식이 있어야 하고, 좋은 재료로 승부하겠다는 의지가 있어야 한다. 셋째는 깨어 있는 소비자다. 생산자의 진정성을 알아주는 소비자가 있어야만 계속해서 질 좋은 상품이 생산될 수 있기 때문이다.

모든 일에는 흐름이라는 게 있다. 움직임이 있을 때 몸을 실으면 좀 더 빨리 목적지에 도달할 수 있다. 동네빵집이 살아남도록 소상공인연합회와 지방자치단체 등이 나서서 깨끗하게 가게를 리모델링해주고 있다. 다양한 노하우를 전수해주는 프로젝트 등도 전국으로 확산하고 있다. 동네빵집살리기운동과 우리 지역의 로컬푸드운동은 분명 큰 물살이다. 전북은 어느 곳에서도 성공한 적이 없는 '로컬푸드사업'을 성공시켜서 한국 로컬푸드문화의 중심지가 되었다. 소비자가 믿을 수 있는 농산물을 공급하는 농민이 있었기 때문이다. 신뢰가 신화를 탄생시킨 것이다. 전북이 여기에 만족하지 않고 제2, 제3의 로컬푸드사업을 이어가길 바란다. 그 두 번째 작품이 동네빵집이면 좋겠다.

울산시는 모든 공무원이 '생일케이크동네빵집구매운동'을 한다. 연세대학교 학생들은 스스로 학교앞빵집살리기운동에 나서 매출을 30%나 올렸다. 아침마다 직접 빵을 굽던 동네빵집, 풍부한 맛과 저렴한 가격의 동네빵집이 그립다면 대기업 프랜차이즈만 원망할 일이 아니다. 전북의 공무원과 전북의 학생들, 주부들도 발을 맞춰 뛰어야 한다. 제2의 로컬푸드 신화를 동네빵집부활사업으로 만들어가자.

전북음식문화역사 발굴

전북은 과연 음식의 고장인가 다시 반문해 보자. 지금까지 알려진 바에 의하면 전주비빔밥이 유명해진 이유를 두가지로 들 수 있다. 모 기업 회장이 전주비빔밥 맛에 반해 서울의 백화점에 입점시킨 후 국풍81행사에 전주의 향토음식으로 출품한 것이다. 행사참여자들로부터 높은 호응을 받으면서 유명세를 타기 시작하여 현재는 한식의 대표주자가 되었다. 뿐만 아니라 콩나물국밥을 위시해 피순대, 막걸리, 초코파이, 가맥, 로컬푸드, 농가레스토랑 등도 전국적으로 이름을 알렸다. 하지만 전주=음식이라는 등식을 성립시키기에는 아직 부족한 것이 있다. 단품의 유명세에 비하여 이런 음식문화를 형성하게 된 배경과 역사연구가 제대로 정립되지 못한 측면이 있다. 다시 말하면 '전북에는 이런 음식역사와 음식문화가 있다'고 내놓을 만한 근거가 부족하다는 것이다. 기초가 되는 문화가 단단하지 못하면 지속성을 유지하기 어려운데, 전북은 음식도시라는 이름값에 비해 식품관련 문화콘텐츠기반은 약한 편이다. 위기가 찾아오면 오래 버티지 못하고 쇠락할 위험을 안고 있다고 봐야 한다.

음식은 전국적으로 퍼져가고 있는 체인화로 인해 지역 특유의 매력이 급속도로 약화되고 있다. 음식의 맛 또한 평준화 되고 있기 때문에 소비자가 시간적·경제적 소비를 감수하면서까지 굳이 먼 길을 찾아갈 이유가 없어졌다. 그러나 음식문화는 다르다. 현장에 가야만 체감할 수 있는 것이니만큼 음식관광지의 조건 중 가장 중요한 것은 바로 그 지역의 음식문화인 셈이다. 전북이 막강한 음식들의 유명세를 지속시키려면 이 점을 놓쳐서는 안 된다.

전북은 식품과 음식에 있어 매우 훌륭한 자원을 지닌 축복의 땅이다. 게다가 농촌진흥청과 식품연구원, 한국농수산대학, 국립농업과학원, 국립식량과학원 등 식품관련 공공기관이 혁신도시로 이전해 오면서 식품수도 구상을 더욱 명확히 할 수 있게 되었다. 전북이 테마로 잡은 농·식품산업을 확장시킬 수 있는 구조를 거의 갖춘 셈이다.

관련기관과의 연계, R&D자금 유치 등이 도움이 되긴 하지만 그것만으로 음식·식품산업 도시가 될 수 있는 것은 아니다. 다른 지역에서 우리보다 더 많은 자금을 투자한다면 우위의 자리를 내놓게 되고야 말 것이다. 더구나 전국적으로 맛이 평준화되고 있기 때문에 문화기반을 공고히 하지 않으면 머지 않아 한계점에 다다를지도 모른다.

따라서 많은 시간을 들여 만들어낸 역사성 있는 소재와 남들이 쉽게 흉내낼 수 없는 유일한 소재를 발굴하여 투자해야 한다. 더 깊이 연구를 하면 더 풍부한 아이디어가 나오겠지만 일단 머릿속에 떠오르는 몇 가지를 적어보도록 하겠다.

첫째, 지역의 음식역사를 발굴하자. 경북에서는 종갓집 조리서인 '수운잡방'과 한글조리서인 '음식디미방'을 발견해 재현함으로써 전통음식의 대를 이어가는 음식관광지로 손꼽히고 있다. 우리 지역은 맛으로 경쟁하고 있으나 음식역사와 음식문화연구에 뒤지고 있는 형편이어서 정통성에 대해 끊임없이 도전을 받을 것이다. 식품역사의 기록을 찾는 일을 서둘러 실행해야 한다.

둘째, 현존하는 기록을 콘텐츠화하고 현재의 식품산업도 정리하자. 예를 들면 익산 함라지역에서 허균이 쓴 '도문대작'을 지역음식문화로 관리하고, 허균의 자취와 기록을 중심으로 음식문화를 콘텐츠화 할 수 있는 연구가 필요하다. 그리고 현재는 미래의 과거이기 때문에 진행 중인 식품산업들을 체계적으로 관리하는 것도 중요하다. 예를 들면 한국동물성발효식품의 원조인 임실치즈, 새로운 지역브랜드가 된 장수사과와 한우, 수산발효식품인 곰소젓갈, 순창의 장류산업 등 현대식품사를 정리할 필요가 있다.

셋째, 식품관련 문화콘텐츠 개발을 지원하자. 한 가지 예를 들면 '음식문화출판지원제도'같은 것이다. 지역전문가나 음식명인이 책을 출판할 경우에 자금을 지원해주는 제도 등을 만들게 된다면 전북은 음식만 파는 도시가 아니라 음식문화를 생성하고 확대해가는 도시가 되는 것이다. 단계적으로 음식과 관련된 영화, 음악, 사진 등으로 확대해 나가면 된다.

특히 이러한 문화콘텐츠 핵심자산으로 '무엇을 만들 것인가'를 고민해야 한다. 이제는 음식 몇 가지로 이름을 알리는 일에 만족해서는 안 된다. 유네스코 음식창의도시로서의 자존심과 가치를 지키기 위해 한국의 음식문화와 음식역사를 간직한 도시로 재탄생해야 한다. 따라서 전북에 '음식도서관' 또는 '식품도서관' 건립을 제안한다. 국내외 음식·식품자료를 모아서 관리하자는 것이다. 뿐만 아니라 음식명인과 전문가들의 저술활동을 지원과 식품관련 자료를 발굴하여 엮어 내는 등 기록물 생산·관리로 음식기록문화의 산실을 조성하자. 직접적인 상품으로서의 음식도 중요하지만 식품관련분야의 기록·보전사업이야말로 음식문화콘텐츠의 핵심사업이 될 수도 있다. 음식문화콘텐츠산업은 지역의 브랜드가치를 높이는 데 필요할 뿐만 아니라 새로운 시장과 일자리를 만드는 창조산업이기도 하다. 현재 전북도가 진행 중인 '동북아시아 농·생명허브조성사업'에 음식문화산업부분을 포함시키면 좋을 것 같다.

식품수도 위상에 맞는 국제대회개발

'발효'를 주제로 하는 세계 유일의 국제박람회 '전주국제발효식품엑스포'가 전라북도의 식품산업 경쟁력을 높이고 있다. 현장매출 실적도 높아졌고, 수출 상담도 활발하게 진행되고 있다고 한다. 세계시장에서 우리 발효식품의 인지도가 상승하고 있다고 볼 수도 있어서 전북이 식품산업을 이끌어가는 데 제법 힘이 실리게 되었다. 그러나 실적이 나아졌다고 해서 안주하면 안 된다.

전북은 작은 행사에 강한 반면, 굵직한 국제행사를 치른 경험이 없다. 수도권에서 멀리 떨어져 있는 전라남도는 F1그랑프리, 여수엑스포, 순천정원박람회 등 의 매머드급 행사를 거뜬히 치러냈다. 이와 견주어볼 때 전북은 마이스산업에 있어 핵심을 놓치고 있는 게 아닌지 생각해 봐야 한다. 전북은 큰 물길 앞에 서면 늘 힘이 없다는 핑계를 앞세우기 때문에 배를 띄우지 못한다. 다른 산업은 몰라도 음식과 식품산업은 국내 최고의 행사를 치를 만한 저력을 이미 가지고 있다. 힘이 없는 것이 아니라 강점을 놓치고 있는 것이다.

가을마다 과일·축산물·수산물·음식·가공식품·건강식품 등을 소재로 크고 작은 축제들이 곳곳에서 열린다. 이렇게 다양한 행사가 동시다발적으로 생성되는 곳으로는 아마 전북이 최고일 것이다. 방문객 수도 해마다 기록을 갱신하고 있고, 농식품 관련 공공기관들도 이전해 왔다. 이 세 가지 요소를 조합한다면 대규모 국제행사를 기획할 수 있고 또 거뜬히 성공시킬 수 있다.

그런 관점에서 최근 도의회 세미나에서 발표된 '전주세계한식대회'에 주목해 보자. '전주세계한식대회'는 단순한 한식요리대회가 아니라, 한국음식과 관련한 전 범위의 산업을 포괄하여 전시하고 판매하는 행사라고 한다. 한식 관련 요리대회·가공식품·식기·조리복·조리기구·전자제품밥솥, 김치냉장고 등·레스토랑인테리어·식탁디자인·테이블웨어·영화·음악·책 등 한식과 관련된 전 산업을 컨벤션 형식에 담는다는 것이다.

'전주세계한식대회' 발표 내용을 보면 한국의 식생활과 관련된 의식주를 '한식'이란 큰 주제로 묶고 있다. 범위를 확장하면 韓食이 아니라 韓式인 것이다. 따라서 전북이 농식품허브로서의 새로운 출발을 선언하는 의미를 지니며, 한국전통문화에 관한한 국내 어느 지역에서도 기획하지 못할 초대형 프로젝트라 할 수 있겠다.

현재 세계한식요리대회, 세계한식홍보대회, 한식의 날 선포 등 한식을 중심으로 다양한 행사들이 열리고 있다. 서둘러서 전북이 식품수도 슬로건에 걸맞은 행사를 개발하지 못한다면 한국음식의 대표도시라는 명성은 빛을 잃을 것이고 관련된 산업발전은 요원해질지도 모른다.

전주세계한식대회의 미래,
예상 뛰어넘은 '전주세계한식대회'에 갈채를

2020년 9월 23일부터 10월 22일까지 한 달 동안 전북 전주에서 '세계한식대회'가 열렸다. 세계한식대회는 전주시가 2년 전부터 준비해온 행사로 기존의 지방요리축제나 요리경연대회와는 다른 차원이다. 성과 또한 예상을 훨씬 뛰어넘는 수준이어서 행사 시작부터 마무리하는 날까지 국내는 물론 해외 취재진들이 끊이지 않았다. 이와 같은 관심과 열기는 철저하게 준비하고, 홍보하고, 참여를 독려하는 데에 수고를 아끼지 않은 관계자들과 살아서 움직이는 전통도시를 만들자는 전주시민의 단합된 열정의 결과로 평가받고 있다. 그동안 전주는 비빔밥축제와 대사습놀이, 전주영화제 등의 행사를 치루면서 이처럼 세계적 규모의 축제를 성황리에 마칠 만큼 단단한 근력을 키워낸 것이다. '세계한식대회'가 다른 대회와 비교되어 회자되는 이유는 '한식'이라는 중심 테마 아래 관련된 모든 분야를 아우르고 있을 뿐만 아니라, 한식산업에 대한 새로운 방향과 가능성을 제시해주었기 때문이다. 대회의 규모도 컸지만 예술, 문화, 건축, 상업에 이르기까지 '음식문화'에 연결된 고리들을 사슬처럼 엮어낸 프로그램이 인상적이었다는 것이 주된 평가였다. 대회구성 내용과 지역산업에 끼친 영향들을 간추려 보면 다음과 같다.

첫째, 대회의 구성이다. 경연의 종목을 보면 단순히 향토특산품을 이용한 요리대회가 아니라 한식을 구성하고 있는 다양한 부분에 대한 경연을 포함하고 있다. 예를 들어 한식 세계화의 선두주자 격인 불고기, 비빔밥, 김치, 잡채, 전통주 등 한식요리부분에 대한 평가에서부터 식재료를 구성하는 농수산물은 물론 식기와 조리기, 테이블웨어, 한식레스토랑의 인테리어에 이르기까지 한식과 연관되어 있는 전 장르를 모아 대경연을 펼쳤다.

둘째, 대회의 규모이다. 1년 내내 축제와 같은 대회가 열렸다고 해도 과언이 아닐 만큼 지방예선과 해외예선이 방방곡곡에서 열렸다. 해외에서 근무하는 한식조리사들은 어려운 여건 속에서도 선의의 경쟁을 벌였고, 각국 대사관 대결에서는 자국의 자존심을 걸고 치열한 각축전이 벌어지기도 했다. 요리대회의 경우는 3월에 각 대륙별 예선전을 거쳐 9월에 전주에서 마지막 본선을 치르는 형식으로 진행되었다. 범세계적으로 예선을 거쳐 총 90개국에서 선수만 10만 명이 참여했다.

셋째, 대회의 프로그램이다. 이 대회가 방문객의 호기심 충족과 흥미 유발에 성공할 수 있었던 것은 연계프로그램 덕분이라고 봐야 한다. 특히 외국 방문객의 경우에는 만족도가 아주 높았다. 대회 기간 동안에 우리 음식을 소재로 한 영화가 매일 상영되었고, 전주시 극단들이 연합해서 올린 연극은 매 회 매진이 될 정도였다. 음식 관련 도서와 사진·그림·도예 전시회 등이 전주 시내 곳곳에서 열렸고, 음식 노래를 모은 버스킹대회와 재미있는 먹방 UCC대회에는 많은 젊은이들이 참여해서 열기를 돋우어주었다. 한식문화상품에 대한 평가가 우수해서 세계한식대회가 한식문화콘텐츠산업의 확장에 중요한 역할을 한 것으로 평가받았다.

넷째, 대회의 비용이다. 기존의 대회나 축제와는 달리 공공예산에만 의탁하지 않고 상당부분을 공식후원사의 후원금과 조직위원회의 사업으로 충당

했다고 한다. CJ, 대상 등 국내 식품기업과 네슬레와 같은 글로벌 식품기업이 적극적으로 홍보와 후원에 동참하였다는 것도 이색적이다. 김치냉장고와 전기밥솥 등을 생산하는 기업, 조리기구와 식기류 등을 생산하는 기업들이 후원했다. 조직위원회가 권리를 가지고 있는 출판과 영상물 콘텐츠 판매가 가능해지면서 중앙정부나 지방정부의 과도지출 우려를 일축시켰다. 10년 이내에 정부 지원 없이 자치적 흑자 행사로 전환할 계획도 가지고 있다고 한다.

다섯째, 산업화부분에 대한 기여이다. 이 대회를 통해 한식세계화가 가능성이 높은 품목이 선정되고, 농산물에 대한 평가도 이루어졌다. 특히 전주는 매년 '올해의 한식인'을 선정하여 이들을 격려하고 기념하는 행사를 했다. 수상자들은 1회의 수상에 멈추지 않고 명인의 명예를 부여한 전주시와 지속적인 연계를 도모하여 전주를 세계적 미식관광지로 부각시키기 위한 활동을 하고 있다. 그 영향으로 전주음식은 세계시장에 한식프랜차이즈화를 최단 기간에 성공시켰다는 극찬을 받게 되었다. 콩나물국밥브랜드는 중국에만 1백 개가 넘었고, 비빔밥의 경우는 아프리카 대륙에서 10호점을 오픈했다. 대회임에도 불구하고 박람회적인 성격이 짙어서 특히 한식 재료에 대한 수출도 1백억 달러를 예상할 수 있게 되었다.

여섯째, 지역산업에 미친 영향이다. 전주에서 진행하고 있는 한스타일 관련 산업들이 전체적으로 큰 영향을 받고 있다. 대표적 사례를 꼽는다면 한옥이다. 한국음식점선발대회에서 예상 밖의 성과가 나왔다. 외국의 건축가로부터 '한옥이 주는 온화하고 평온한 느낌은 좌식의 불편함을 감수할 만하다'는 극찬이 나왔다. 상을 받은 한식당은 잡지사 기자들로부터 쉴 새 없이 카메라 플래시를 받았다. 한지전통공예의 경우는 한식탁경연대회를 통해 섬세하고 기품 있는 우리의 기량을 가감 없이 발휘했다. 특히 한지산업은 테이블웨어와 결합하면서 산업적 가치가 더 커졌다. 한국공예의 절정인 수공예품 전시장에서는 묵묵히 전통기술을 지켜온 장인들의 솜씨가 빛났다. 전통자수가 새겨진 식탁보는 유럽인들의 시선을 모았고, 모시와 삼베 같은 천연 소재는 유독 관심을 받았다. 현장에서 시범을 보인 천연염색 과정에서는 취재진의 질문 공세가 이어졌고, 한옥마을에 휘날리는 찬란한 염색 천들은 그 자체가 예술이 되었다.

마지막으로 지역경제에 미친 영향이다. 이제 전주는 명실공히 음식뿐만이 아니라 한식산업의 메카로 자리를 굳혀가고 있다. 최근에는 한식학교가 문을 열어 전문적인 전통음식요리사를 양성하고 있다. 한식을 배우려는 해외 유학생도 매년 증가 추세이다. 음식뿐 아니라 건축이나 공예를 배우기 위해 모여드는 젊은이들로 전주는 그 어느 때보다 활기차다. 대회 출전 레시피를 활용한 한식레스토랑도 문을 열었다. 프랑스미슐랭스타 선정을 목표로 꾸준히 노력 중이다. 한옥마을에는 한식당인테리어전문샵이 등장했다. 전주한지는 냅킨을 비롯하여 쟁반과 찻상을 계속적으로 생산해야 할 만큼 주문량이 많아서 한식테이블웨어산업이 가장 큰 비중을 차지할 정도로 규모가 확대되었다.

사실 전주는 세계한식대회가 개최되기 전까지는 전주영화제와 비빔밥축제, 대사습놀이가 최고의 축제였다. 이 세 가지가 지역이미지를 구축하는 데 큰 힘이 되었다는 사실은 누구나 인정한다. 하지만 지역경제에 미치는 영향은 우리의 기대와 바람을 충족시켜주지는 못했다. 방문객 숫자와 프로그램의 성공 여부에 관한 평가로 끝나는 경우가 대부분이었다. 이제는 평가도 달라져야 하고, 목표도 달라져야 한다. 추구하는 가치도 그림이 커져갈수록 커져야 하는 것이다.

'세계한식대회'를 통로로 전주는 세계를 향해 직접 문을 두드리게 되었다.

전통 장류에서는 이미 'Made in Korea'를 대신하여 'Made in Jeonju'라는 표기가 등장하여 세계시장을 항해하기 시작했다. 세계한식대회를 통해 넓고 견고해진 프레임은 지역 이라는 범주를 벗어나 세계시장에서 계속적으로 새로운 뉴스들을 만들어 낼 것이다.

관광편

21세기에 접어들어 문화관광지로 유명세를 떨친 곳을 꼽으라면 단연 전주
한옥마을이다. 전북관광의 새로운 지평은 전주한옥마을에서 시작되었다고
보아도 과언은 아니다. 전주에는 한옥마을보다 먼저 도심재생에 성공한 예가
있다. 전주시는 시내를 관통하는 전주천을 생태하천으로 복원했다. 자연형
하천으로 재생된 전주천을 기반으로 계속적으로 전통문화재생사업이 추진
되었으며, 그 결과 아름다운 한옥마을이 등장하게 된 것이다. 이런 것이 바로
시대정신이다. 하천이 스스로 길을 만들 듯이 자연생태계가 회복되자 자연스
럽게 전통문화를 보존하려는 의지들이 모여 한옥마을이라는 꽃을 피우게 된
것이다. 그래서 전북관광은 관광객의 숫자로 평가받기 보다는 지속 가능한
관광지를 만들려는 끊임없는 노력으로 평가받아야 한다.

[전북관광정책에 시대정신을 담자]

전북은 관광객 1억 명 유치를 목표로 달리고 있다. 토탈관광, 패스라인 등
다양한 관광시스템을 동원하여 관광 차원을 한 단계 높이고자 분주하다. 내
용을 보면 전통문화의 원형과 자연생태자원, 농경문화 등의 자산을 결합시켜
전북관광지를 벨트화하겠다는 것이 요지다. 또한 각 지역에 1개 이상의 관광
명소를 조성하여 도내 특정 관광지에 편중된 관광객을 14개 시·군으로 분산
하고 관광객 체류시간 연장을 통해 지역경제의 선순환 구조를 유도하겠다는
것이다. 생태관광에 대한 관심과 더불어 최초로 '농촌관광지원센터'를 만들

어 농촌관광에도 집중하고 있다.

이로써 웬만한 구조는 갖춘 셈이다. 그러나 표현 그대로 '토탈관광'의 의미를 확실히 하기 위해서는 조금 더 시간을 갖고 정밀한 실행계획을 세울 필요가 있다. 관광객의 욕구가 갈수록 다양해지고 까다로워지고 있기 때문이다. 따라서 하드웨어를 조성하기 전에 무엇을 담고, 어떻게 전달하고, 어떤 감동을 줄 것인가 대한 고민이 필요하다. 그 고민은 시대정신이 담겨있는 비전을 세우는 일로부터 시작되어야 한다. 당장은 방문객의 숫자가 중요하게 여겨질지 모르지만 지속 가능한 가치를 만들기 위해서는 반드시 시대가 원하는 정신과 철학이 담겨있어야 한다.

첫째는 생태관광, 즉 자연과의 공존이다. 산악·해양관광과 더불어 내륙의 물길도 중요한 생태자산으로 다뤄져야 한다. 이미 4대강이 망가진 상황이다 보니 섬진강은 강의 생태계를 온전히 유지하고 있는 유일한 강이 되었다. 특히 전북은 섬진강상류지역으로 옛 강의 정취가 제법 남아 있는 곳이다. 이런 섬진강을 전북의 새로운 생태관광 아이콘으로 가꾸고 지켜나가야 한다.

둘째는 관광교통, 즉 친환경교통수단 개발이다. 관광지의 환경개선작업은 리모델링이나 공간확장, 증축의 형태로 끝나서는 안 되고 교통수단까지 포함시켜야 한다. 특히 한옥마을의 경우는 보완형태가 아니라 특단의 조치가 필요하다. 교통난 해소를 위해 외곽에 친환경주차장을 만들어야 한다. 주차장에서 한옥마을에 이르는 길에는 전기버스나 트램과 같은 친환경교통수단을 개설하고, 팔달로에는 대중교통전용도로를 확보하는 등 획기적인 개선이 필요하다.

셋째는 프로그램, 지역성이 살아있는 프로그램이다. 주민이 주도하는 관광프로그램을 개발한다면 지역의 생활문화를 주민을 통해 고스란히 전달할 수 있게 된다. 거주자는 관광객을 배려하고 관광객은 거주자를 배려하는 프로그램개발이 필요한 시점이다. 그것이 21세기 관광산업의 새로운 시대정신이며, 전북이 강점으로 내세우고 있는 문화적 가치를 지속 가능하게 하는 것이다. 전북관광이 수치에 연연해하지 않고, 수사적인 정책에서 벗어나야만 비로소 성숙기를 맞이하게 되는 것이다. 부디 시대정신을 담은 구체적인 실천의지를 실현함으로써 전북관광이 새로운 빛을 발하기를 기대한다.

섬진강을 생태문화마을 체험벨트로

2013년에 섬진강을 끼고 있는 영·호남 11개 자치단체가 섬진강 환경문제 해결과 발전 의지를 담은 '섬진강 선언문'을 발표했다. 섬진강을 건강한 하천으로 만들겠다는 의지를 표명하는 선언문은 공동발전을 도모하자는 내용과 정부 주도의 종합계획을 수립하라는 요구도 함께 담겨있다. 전북에서 시작된 강물을 받아들이는 바다는 경남 남해군이다. 화개장터가 영호남의 접점이라면 섬진강은 영호남을 잇는 225km의 긴 이음줄이다. 강변을 터전으로 살아가는 마을을 지키기 위해 강을 살리는 것을 전제조건으로 개발계획을 세운다는 것은 여러 모로 의미 있는 일이다.

강은 물이 흐르는 길이다. 땅 위를 흐르면서 생활 터전을 제공하고, 많은 이야기를 탄생시킨 국민 정서의 젖줄이다. 우리는 4대강 사업으로 인해 생태적으로나 경제적으로 많은 것을 잃었다. 남은 것은 생태계 복원이라는 길고도 어려운 과제뿐이다. 다행히 섬진강만큼은 아직까지 훼손이 덜 된 채 제 물길을 유지하고 있다. 하구언 댐이 없어 바닷물과 민물이 아무런 장애 없이 만날 수 있는 곳이라 비교적 균형적인 생태계를 유지하는 곳이기도 하다. 섬진강은 진안군 백운면의 데미샘에서 발원하여 바다에 이르기까지 여러 마을을 지난다. 이 마을들은 산업화 물결이 미치지 않아 다른 큰 강 유역에 비해 상대적으로 낙후되어 있는 대신 고유의 자연을 고스란히 간직하고 있다. 그래서 가난한 고향의 모습 그대로 그리움의 대상이 되어 시와 노래를 만들어 내고 있다. 강줄기를 따라 서편제와 동편제가 나오고, 흥부와 춘향, 심청의 스토리가 탄생했다. 섬진강은 무엇과도 바꿀 수 없는 생태적 가치와 문화적 가치를 가지고 있다는 사실을 상기하자.

전북은 섬진강의 발원지이며, 14개 지자체 중 5개 지자체가 강을 끼고 있고, 유역의 44%가 전북에 속한다. 이것만으로도 섬진강발전계획에 전북이 앞장서야 하는 충분한 이유가 된다. 그래서 전북은 책임감을 가져야 한다. 강물은 흐르는 대로 두는 것이 옳기 때문에 강을 파헤쳐서 만드는 대규모 지역개발은 필요하지 않다고 본다. 따라서 이 계획은 마을공동체를 중심으로 하는 농촌관광 측면에서 마을생태체험벨트 개발정책으로 전개되는 것이 바람직하겠다. 농촌관광은 생태체험과 문화체험이 결합한 것이기에 지속 가능한 관광요소이다. 외적 요인에 치중한 기존의 개발 방법을 따라서는 안 되고, 내적 동력을 이용할 수 있는 전략을 세워야만 강도 살고 마을도 살 수 있다.

전주동물원을 지역브랜드 자산으로

전주동물원이 생태와 교육기능을 살린 공간으로 재탄생할 예정이다. 동물들에게는 생태터전을, 사람들에게는 교육 및 휴식공간을 제공하는 리모델링

사업이다. 진작 했어야 할 일이지만 지금이라도 적극적으로 움직이고 있으니 다행이다. 1978년에 개원한 전주동물원은 1970년대 이후 오랫동안 시민들의 휴식처였고, 학생들에겐 훌륭한 교육장이었다. 그래서 전북인들의 추억이 많이 묻어 있는 곳이다. 하지만 만성적인 예산 부족으로 동물들의 서식환경을 개선시켜주지 못했고, 편의시설도 현대화하지 못했다. 리모델링이 진행되고 있다고 하니 몇 가지 제안을 덧붙이고자 한다.

첫째는 동물들의 서식환경이다. 동물을 키우거나 바라보는 사람의 관점이 아니라 동물중심의 환경계획 수립이 필요하다. 동물에게 안락한 공간이라야 진정한 교육적 기능을 살릴 수 있다. 둘째는 동물과의 교감 문제다. 사람들의 체험욕구를 충족시키면서 동시에 동물들의 생활을 침해하지 않는 방법을 찾아야 한다. 셋째는 동물원의 경영 방안이다. 계산적인 경영 방안에 대한 논의보다는 스토리를 만들어 방문객들을 감동시킬 수 있도록 감성운영에 대한 논의가 필요할 것으로 보인다. 같은 볼거리라도 잘 짜인 스토리를 갖게 되면 그 가치가 달라지기 때문이다.

한 가지 예를 보자. 경영 악화로 폐쇄위기에 있던 일본 홋카이도에 있는 아사히야마동물원은 사육사들의 반짝이는 아이디어로 일본의 3대 동물원이 되었다. 아사히야마동물원의 재탄생은 시설을 거창하게 리모델링해서 만들어진 것이 아니다. 위기의식에서 출발한 아이디어가 바탕이 됐는데 동물과 고객에 대한 애정이 발상의 전환을 가져왔다. 동물원이 언제 문을 닫게 될지 모르는 상황에서도 사육사들은 모임을 통해 관람객들에게 동물들의 자연스러운 모습을 보여줄 수 있는 새로운 전시 방법에 대해 연구했다. 그리고 한 사람의 사육사가 한 종류의 동물을 계속적으로 돌봄으로써 동물들의 습성을 자세히 관찰하고 친필로 관찰일지를 써서 관람객들에게 소개했다. 그 과정에서 억지스럽게 연출한 동물쇼가 아니라 최대 고객인 아이들의 상상을 현실화한 '하늘을 나는 펭귄'이 탄생했다. 천편일률적인 동물 전시의 틀을 깨고 동물의 움직임을 극적으로 보여주는 '행동 전시'라는 새로운 전시방법이 이 동물원을 유명하게 만든 것이다. 창조의 출발점은 바로 애정과 관심이다. 고객의 입장에서 동물원의 존재이유를 찾고 가치를 찾아야 한다. 동물이 가장 동물답게 살 수 있는 곳이라야 교육적 의미와 가치가 있는 것이다. 동물원은 동물을 관찰하는 곳이 아니라 동물과 교감할 수 있는 곳이어야 바람직하다.

우리의 관심은 아이디어를 찾아내고 그것을 실현하는 것으로 끝나서는 안된다. 지역사회가 함께 협력할 수 있어야 빼어난 경영 전략이 나올 수 있다. 아사히야마동물원은 중학생 이하의 어린이에게는 무료로 개방한다. 무료개방은 동물원과 지역사회, 그리고 학교가 밀접한 관계를 맺고 있다는 것을 의미한다. 동물과의 공감은 1회 견학으로 얻어지는 것이 아니기 때문에 무료개방을 통해 자주 접할 수 있도록 하고 있는 것이다. 그럼에도 관람료 수입만으로 운영이 가능한 공영동물원이 되었다. 교육적 기능을 극대화하려면 이정도는 돼야 하지 않겠는가.

생태동물원이 되려면 자연서식지와 비슷한 환경을 조성해야 하는데 전주동물원이 비좁기 때문에 어려움이 있다. 그렇다면 비교적 생태환경이 나은 완주지역과 협력하여 별도의 토종동물원을 만드는 방법도 찾아보면 좋을 것이다. 부디 이번 기회에 동물원의 가치를 재발견하여 전주동물원이 전북의 새로운 생태자산으로 거듭날 수 있기를 기대한다.

삼양다방을 시민문화공유명소 1호로

몇 해 전에 국내에서 가장 오래된 삼양다방이 문을 닫게 될 위기가 있었다. 전주 사람은 물론 타 지역 사람들까지 이 소식을 접하고 안타까워했다. 그런데 새 건물주가 나서서 삼양다방 복원을 약속했다. 삼양다방의 소생은 명소를 지키고자 하는 높은 시민의식을 보여준 사례다. 시민단체 '도시재창조시민포럼'과 '동문예술의 거리 추진단'의 지속적인 복원의지, 건물주의 문화의식 등 시민활동에 힘입어 재탄생된 것이기 때문이다. 낡고 불편한 것들이 사라진 자리에는 새로운 것들로 채워진다. 새것은 화려하고 편리하다. 그러나 역사성을 지닌 것들은 절대 새로운 것으로 대신할 수 없다. 전주는 전국 최고령으로 60년을 넘긴 삼양다방을 지킴으로써 가장 한국적인 도시로서의 자존심을 다시 지켜냈다.

역사성을 지키자는 이유 하나로 최고의 상업시설에 위치하고 있는 사유재산을 시민공유공간으로 변화시키는 일은 흔하지 않다. 주변을 돌아보면 오랜 역사를 가진 많은 문화시설들이 상업주의에 밀려 문을 닫았다. 서울시민과 언론들이 '제발 어르신들의 문화를 지켜 달라'고 애원했던 서울 서대문아트홀도 역사의 뒤안길로 사라졌다. 이런 상황에서 전주가 삼양다방을 복원했다는 소식은 감동이 아닐 수 없다. 이후에 사람들의 관심의 초점은 '삼양다방을 어떻게 복원할 것인가'에 맞춰졌다. 건물주와 시민들은 모든 집기와 고벽돌 등을 보관해두었다가 재건축 후 리모델링에 사용하여 역사성 유지에 최선을 다했다. 그리고 일정 금액의 입회비를 내는 별도의 삼양다방회원제도가 생겼고, 단순한 다방이 아니라 문화공간으로서의 역할을 위한 다양한 프로그램이 운영되고 있다. 물론 개인의 재산이기 때문에 지속성에 대한 우려가 없는 것은 아니다. 하지만 한옥마을을 되살린 도시재생의 경험을 비추어볼 때 전주 시민들에게 그리 어려운 일이 아니다.

삼양다방 복원의 의미는 무엇인가? 그 의미와 가치를 알고 있다면 복원 이후에 우리가 해야 할 일들을 찾아야 한다. 삼양다방은 비록 문화재는 아니지만 시민들의 오랜 정서와 생활문화를 담고 있는 공간이다. 그래서 가칭 '시민문화공유명소'라는 칭호를 부여하고 지속적으로 보호할 수 있는 방안을 찾았으면 한다. 명소로 지정될 경우에는 사유재산일지라도 약간의 개발제한조건을 두되 특별지원을 한다면 본래의 의미를 살린 공간으로 지켜갈 수가 있다. 필요하면 관련 조례를 만들어 운영대상을 선정하는 등 추진절차를 밟으면 된다. 지원부분은 공공과 시민이 책임을 나눌 수 있도록 하자. 그렇게 되면 전주에는 제2, 제3의 삼양다방이 생길 것이다. 옛것을 지키고 살리는 힘은 전주가 지닌 최고의 강점이다. 전주가 아름다운 이유는 내일이면 사라질지 모르는 소중한 것을 지킬 줄 아는 사람들이 사는 곳이기 때문이다. 최근에 전주시에서 삼양다방을 전주미래유산으로 지정하고 관리한다고 하니 참 다행스러운 일이다.

청년문화정신 한복데이 그리고 한복산업클러스터

2012년에 전북의 청년들이 '한복데이'를 만들었다. '한복데이'는 전주한옥마을에서 한복을 입고, 한식을 즐기며, 전통놀이로 하루를 즐기자는 취지에서 시작한 작은 축제다. 첫 발상은 한 청년의 도전정신에서 시작되었다. 어떻게 하면 한옥마을을 더 한국적인 장소로 만들 수 있을까 고민하다가 한복을 생각해 낸 것이다. 한옥과 가장 잘 어울리는 것은 한복이니 한옥마을을 관광하는 사람들에게 한복을 입힐 수만 있다면 정말 멋진 그림이 나올 것 같았다. 지금이야 한복대여점이 성황을 이루고 있지만 당시만 해도 한복은 결혼식이나 아이 돌잔치 때 한두 번 입고 마는 예복이었다. 처음에는 장롱 깊숙이 넣어 둔 한복을 꺼내 오기 위해 기부를 받기 시작했고, 차차 유료로 대여해서 입을 수 있는 화려한 한복들이 나오게 되었다.

청년문화는 기성세대의 그늘 아래 하위개념으로 인식되고 있는 경우가 많다. 그런데 전북청년들을 보라. 기성세대가 하드웨어에 급급해하고 있을 때 보란 듯이 복고문화운동을 일으켜 성공시켰다. 그들의 창의력은 기성세대의 고정관념을 과감하게 무너뜨렸다. 그들은 국가기념일이나 지역축제일에 부분 행사로 끼워 넣지 않고 '한복데이'라는 이름으로 독립된 축제를 기획했다. 전주를 기점으로 한복관광은 전국으로 확대되어 새로운 관광 트렌드를 만들었다.

전주가 가장 한국적인 도시라는 타이틀을 가지게 된 이유는 전통적인 의식주문화 중에서 음식과 주거문화를 선점했기 때문이다. 남아 있는 것이 복식문화였다. '한복데이'는 기성세대가 활성화시키지 못한 부분을 짚어 내서 그들만의 방식으로 접근하였다. 전통한복의 소중함과 아름다움을 말이나 글로써 어필하지 않고 직접 입도록 하는 방법을 선택한 것이다. 일명 돌직구다. 또한 행정의 지원을 기대하거나 기다리지 않았다. 일일이 한복점을 찾아다니며 뜻을 밝히면서 홍보했고, 일반인들을 상대로 수백 벌의 한복을 기증 받기도 했다. 이들의 행동은 일시적인 퍼포먼스가 아니었고 인기몰이 행사도 아니었다.

그렇게 6년이 흐르는 동안 한복데이는 SNS를 타고 전국에 번져갔으며, 내국인·외국인 가릴 것 없이 전주한옥마을을 비롯하여 서울의 고궁과 한옥마을을 한복으로 곱게 물들이고 있다. 기성세대가 꼬박꼬박 관광객의 숫자를 세는 동안 청년들이 큰 물살을 만들어 낸 것이다. 더 놀랄 일은 전주청년들의 멈추지 않는 모험과 도전정신이다. 그들은 전주를 한복문화산업의 메카로 만들고 싶어 한다. 처음에는 한복을 재활용하는 임대업을 시작하는 과정에서 청년일자리를 창출했다. 이제는 한복제작기술을 보유한 어르신들과 지역의 의상학과 학생들이 한복관련사업에 참여할 수 있도록 다양한 방안을 모색하고 있다. 그 구상이 바로 '한복문화산업클러스터'이다. 청년들의 열정과 힘으로 이만큼 왔으니 이제 전북도 청년들과 함께 가야 한다. 한복임대업과 한복수선업, 더 나아가 한복디자인사업에 대한 그들의 기획이 실현될 수 있도록 '한복문화산업클러스터'라는 구도 아래 지방정부가 적극 지원하는 형태로 나아가야 한다.

[한옥마을]

한옥마을의 문제점

한옥마을 방문객이 1천만을 돌파하였다. 기록 갱신은 기뻐할 일이지만 주말이면 방문객 포화 상태로 인한 주차 문제로 주변 거리가 몸살을 앓는다. 게다가 전문가들 사이에서는 '관광지로서의 한옥마을 수명주기'가 거론되고 있다. 수면 위에 드러나 있는 몇 가지 문제들 외에도 아직 드러나 있지 않은 문제가 많다는 뜻이다. 이 문제를 해결하지 않을 경우에는 점차적으로 쇠퇴할 수밖에 없다고 지적하고 있다.

　전주 한옥마을은 이미 전북관광의 허브로 자리 잡고 있기 때문에 한옥마을에 위기가 오면 전북지역관광이 동반 쇠락할 가능성이 높다. 한옥마을의 위기는 전주만의 문제가 아니기 때문에 전북관광의 위기 차원에서 관리해야 한다. 노출된 문제점을 해결하기 위해서는 긴급 조치가 필요하다. 생명력을 유지하고 연장시키기 위한 새로운 문화관광상품 개발도 절실하다. 이에 한옥마을 수명주기 연장을 위한 방법을 모색해보려 한다. 더 많은 사람들과 더 깊은 연구가 필요한 중요한 사안이지만 그동안 정리하고 있었던 개인적인 생각들을 간추리면 다음과 같다.

한옥마을의 가치

|21세기형 문화관광 모델| 21세기를 문화의 시대라고 한다. 21세기에 들어 새롭게 등장한 관광지로서 1천만이 넘는 관광객을 맞이한 곳은 전주한옥마을이 유일할 것이다. 도시재생사업의 완결판이라고 할 수 있는 전주한옥마을은 하나의 독립된 자원으로서 문화관광이라는 영역을 개척하고 성장하면서 발전했다. 문화의 시대에 딱 맞는 문화관광 모델이 된 것이다.

|전북의 유일한 관광허브 구축| 전북관광의 허브는 어디일까? 아직 교통인프라가 충분하지 않아 지역연계성은 미약하지만 전주한옥마을임이 확실하

다. 한옥마을이 관광지로 부상하기 전에는 전북대표관광지라고 내세울 만한 관광지가 없었다. 남원 지리산관광권, 부안 변산반도국립공원, 정읍 내장산, 무주 리조트가 있지만 외곽지역에 있어서 허브 역할을 기대하기 어려웠다. 그런 전북에 대규모 관광객을 유혹할 수 있는 관광지가 전주 도심에 생긴 것이다. 전주한옥마을이 전북의 유일한 관광허브를 구축하면서 전북토탈관광 계획이 가능해졌다. 그러니 전주한옥마을은 단순히 전주시만의 공간이 아니라 전북의 공간이라고 봐야 한다.

| 사계절 관광지 | 대부분의 관광지는 계절적 요인에 크게 영향을 받는다. 특히 우리나라는 기후 특성상 여름과 가을에 관광객이 집중된다. 하지만 한옥마을관광은 계절에 크게 구애받지 않는다. 타 관광지와 관광자원이 다르기 때문이다. 한옥마을 관광자원의 핵심은 자연이 아니라 '문화'이다.

| 관광도시라는 타이틀 | 전주에는 특별한 산업자원이 없다. 팔복동 산업단지를 제외하면 이렇다 할 만한 산업자원이 없다는 것이다. 그래서 특별할 것이 없는 평범한 도시에 붙여주는 명칭을 달고 있었다. 교육도시, 소비도시, 문화예술도시라고 불렸다. 그런 전주에 한옥마을은 전통관광도시라는 타이틀을 안겨주었다.

| 도심관광자원 | 대부분의 관광지는 도시외곽지역에 형성된다. 특히 민속마을이나 전통마을의 경우는 더 그렇다. 안동의 하회, 경주의 양동, 아산의 외암 등 민속전통마을은 모두 다 도시외곽에 있다. 그래서 도시 내에 있는 다른 자원과 결합하는 것이 쉽지 않다. 지역경제에 직접적으로 영향을 미치는

상업자원과의 연계는 더욱더 어렵다. 하지만 전주한옥마을은 도심에 있기 때문에 도시 내 타 상업자원과의 유기적 결합이 가능하여 도시 전체가 관광도시로 진입할 수 있는 가능성이 높다.

한옥마을의 위기

| 시설의 위기 | 언급한 대로 한옥마을은 단기간에 급부상했고, 애당초 1천만 명이라는 방문객을 상대로 설계되지 않았기 때문에 공공편의시설이 턱없이 부족하다. 가장 문제가 심각한 것은 주차장이며, 쉼터와 화장실 등의 시설도 지속적으로 보충되어야 한다.

| 안전관리의 위기 | 한옥마을은 대부분 목조주택이다. 더구나 많은 상업시설들이 화기를 사용하는 음식점으로 구성되어 있기 때문에 항상 화재에 노출되어 있다. 몇 해 전에 '화재경계지구'로 지정되어 그나마 다행이기는 하지만 인구밀집지역이어서 화재뿐만 아니라 각종 재해와 전염병 같은 질병 등의 응급상황에 대비하기 위한 위기관리시스템도 갖춰야 한다. 또한 음식점이 주상권을 형성하고 있기 때문에 식중독이나 기타 먹거리 안전에 문제가 발생할 경우 한옥마을은 물론 전주시 전체 요식업에 큰 타격이 올 것이라 예상된다.

| 콘텐츠의 위기 | 콘텐츠 위기 중의 핵심은 한옥마을의 정체성에 관한 부분이다. 상업화 물결로 인해 문화예술인들이 떠나고 있고, 전통문화의 핵심 콘텐츠들이 상처를 입고 있다. 특히 관광지로서의 한옥마을이 특별한 관광상

품을 새롭게 만들어내지 못하면 그 또한 쇠락의 원인이 될 것이다.

위기의 한옥마을에 대한 대안

| 시설의 위기 | 한옥마을이 관광지로 급성장했다는 것은 제주도와 비교하면 쉽게 알 수 있다. 제주도 관광객이 1백만에서 5백만으로 오르기까지는 20년이 걸렸는데, 한옥마을은 6년 만에 도달했다. 20년 동안 차츰 부족한 시설을 늘려갔을 제주도와 한옥마을을 다시 비교해보자. 한옥마을은 수요를 예측하지 못할 정도로 급성장했기 때문에 시설이 턱없이 부족할 수밖에 없다. 그 중에서도 주차 문제가 가장 시급하다. 얼마 전부터 외곽에 임시주차장을 운영하고 있으나 여전히 주차난은 해소되지 않았다. 근본적인 문제를 해결하지 못하고 있기 때문이다. 현재의 주차장은 한옥마을 주민과 장애인주차장으로 제한하고, 외곽에 주차장 시설을 별도로 만들어야 한다. 그래서 아예 멀리 떨어져 있는 색장동 근처에 친환경주차장을 만드는 구상을 해보았다. 그곳에서부터 한옥마을 까지는 친환경트램을 타고 오도록 하면 된다. 트램이용료 수입으로 한옥마을 내 다른 공공시설물을 늘려나가는 방법을 선택하면 좋을 것 같다. 시설 부족으로 인한 위기는 얼마만큼의 시설을 공급하느냐의 문제로 풀어갈 것이 아니라 향후 들어갈 천문학적인 시설비의 선순환자본구조까지 구상해야 한다.

| 안전관리의 위기-위기관리 시스템 구축 | 현재 전주시에는 관광지의 위험 발생에 대한 예방과 조치를 담당하는 콘트롤타워가 없다. 대형 자연재해나

화재, 식중독과 같은 전염병을 통합적으로 관리할 수 있는 시스템이 필요하다. 일본 기후현에 있는 시라가와라는 민속마을에서는 대대적으로 화재예방훈련을 한다. 늦은 가을날 스프링클러에서 힘차게 뿜어져 나오는 물줄기는 단풍과 어우러져 장관을 이룬다. 화재에 약한 가옥들을 보호하기 위해 수압을 높인 것이었는데 이 거대한 물기둥들이 아름다운 풍경을 만들어냈다. 마을에서는 소방훈련을 관광객들에게 공개하여 관광상품으로 활용했다. 군이 해외 사례를 끄집어낸 이유는 마을 전체에 방재시설을 갖추어야 하고, 소방훈련실시를 의무적으로 해야 한다는 점을 강조하기 위해서다. 시라가와민속마을의 경우는 재해로부터 온전하게 마을을 지키기 위한 소방훈련이었지만 훈련과정 자체가 관광상품이 된 특별한 경우다.

전주한옥마을은 2014년에 화재경계지구로 지정되어 화재에 대한 예방이 강화되었다. 이것만으로는 부족하다. 모든 재해로부터 안전한 공간으로 만들어야 한다. 한옥마을 인근을 가칭 '전통문화보전 재해예방특별구역'으로 정하고 '한옥마을 재해통합관리조례'를 만들 필요가 있다. 조례에는 첫째, 지역주민과 상업시설 종사자에게 재해예방 및 위생관리교육을 실시한다. 둘째, 국가문화재에 준하는 가치를 가진 공간에는 법정소방시설 이외의 특별 관리를 해야 한다. 셋째, 재해발생 시 신속 대응할 수 있는 시스템을 구축한다는 내용을 담아야 한다. 그리고 시라가와처럼 한옥마을도 재해예방의 날을 지정하여 사회적 가치를 지닌 관광객 참여형 축제라는 관광자원을 하나 더 만들어내자.

| 콘텐츠의 위기-정체성 유지 및 콘텐츠 생성 | 한옥마을자체의 정체성을 보여줄 수 있는 콘텐츠를 유지하고 개발해야 한다. 문화공간으로서 한옥마을을

어떻게 유지할 것인가, 마을공동체로서의 한옥마을을 어떻게 가꿀 것인가에 대한 해답을 찾기 위해 고민한 내용들이 있어서 적어 보았다.

첫째, 한옥마을에 숨겨 있는 가치를 복원하고, 그 문화를 콘텐츠화하자. 먼저 할 일은 기념공간을 찾는 것이다. 한반도 근대민주주의가 태동했던 동학혁명기의 전주화약과 최초의 민관협력기관인 집강소를 기념공간으로 정하자. 그리고 전주가 품고 있는 정신문화를 상징화하자. 예를 들면 세계기록보관문화의 획기적인 장을 연 전주사고이야기, 전 세계에 유래가 없는 동정부부 순교자 루갈다 이야기를 공연문화와 연결시켜 상시공연을 하는 등 지속적인 문화콘텐츠개발이 필요하다.

둘째, 한옥마을이 마을공동체로서 마을문화를 형성하고 그 역할을 할 수 있도록 열려 있는 장을 마련하자. 한옥마을사람들이 모여 스스로 마을의 문제를 고민하고 해결할 수 있도록 기회를 만들어주자는 것이다. 전통마을에 살고 있다는 자부심과 더불어 자치적으로 마을을 보호하려는 책임감을 갖게 될 것이다. 간섭 대신 격려하고 필요한 부분은 지원해야 한다.

셋째, 새로운 관광상품을 개발하자. 상품개발은 시간대별로 세분화되어야 한다. 예를 들어 한옥마을의 아침, 점심, 저녁, 그리고 밤을 테마로 각기 다른 관광상품을 개발하는 것이다. 최근 들어 야간관광상품이 주목받고 있으므로 한국적인 밤을 표현할 수 있는 한옥의 야간문화에 관한 자원개발은 의미가 있다. 아울러 계절별로 세분화된 사계절콘텐츠의 개발도 필요하다. 계절별로 공연을 다르게 한다든지 계절음식을 개발하는 것도 좋겠다. 특히 여름이 길어졌기 때문에 빙수축제 등 여름음식페스티벌이 흥미로운 음식관광상품이 될 수 있을 것이다.

넷째, '한복데이'를 더욱 활성화하자. 청년들로부터 시작했으니 청년들에게

맡겨 보자. 무궁무진한 아이디어들이 쏟아져 나올 것이다. 현재 한복을 입고 관광하는 주류는 학생들이다. 어린이 한복패션쇼를 개최한다든지 야외결혼 촬영장을 만들어 놓으면 대상을 확장할 수도 있고 또 다른 명소도 만들 수 있을 것이다. 작은 이벤트들을 하나둘 생성하면 산업적 측면에서도 도움이 된다. 전주시가 의류시장에서 한복 분야의 중심이 될 수 있다는 가능성을 염두에 두고 한복의 지역산업화를 고민해야 할 때다.

한옥마을 재구성

| 관광허브터미널 | 한옥마을 인근은 주말마다 주차 전쟁을 치르고 있다. 한옥마을 내에 주차장을 만들고, 초등학교 운동장을 개방했지만 사설주차장을 포함하여 최대 1천여 대만 주차가 가능하다. 뿐만 아니라 들어오고 나가는 데에 걸리는 시간이 길어 방문객들의 주차 스트레스가 이만저만이 아니다. 그러다 보니 근본적으로 문제를 해결해야 한다는 목소리가 높아지고 있다. 뾰족한 수가 없어서 고민 중이라고 하는데 굳이 한옥마을 인근에 공공주차장을 마련하려고 안간힘을 쓸 필요는 없다고 생각한다. 대부분의 유명관광지 주차공간을 보면 장애인 주차 외에는 관광공간과 주차공간은 상당한 거리를 두고 있다. 일부는 주차장에서 목적지까지 마차나 무궤도열차 등 친환경교통수단을 셔틀로 활용하여 새로운 관광수입원을 만들기도 한다.

전주에는 전주천 상류지역과 한옥마을을 연결하는 둘레길이 있다. 그 연결지점에 친환경주차장을 만들고, 전주천을 따라서 한옥마을로 들어올 수 있도록 유도하면 된다. 예를 들어 '한옥마을 마중길'을 조성하는 것이다. 주차 문

제를 해결할 수 있는 방안이기도 하고, 숲과 물을 따라 아름다운 자연생태길이 조성되니 또 하나의 관광명소가 생기는 셈이다.

이와 같은 관광지 확장은 주말이면 보행이 어려울 정도인 한옥마을 관광인구를 분산시키는 역할을 하게 될 것이다. 특히 새로 만들어지는 주차장은 단순히 자동차를 주차하는 공간이 아니라 교통허브로서 관광버스의 터미널 기능도 갖추면 더욱 좋겠다. 말로만 하는 지역 간 연계에 그치지 않고 실지로 한옥마을 주차장에서 바로 전북의 다음 관광지로 떠날 수 있는 시스템이 갖춰져야 한옥마을이 전북관광허브로서의 역할을 할 수 있을 것이다.

다음은 주차장의 형태이다. 남해군 솔바람해수욕장에는 키위나무주차장이 있다. 키위나무 그늘에 주차를 하는 것으로부터 관광이 시작된다. 전주의 기후를 고려하여 등나무나 으름나무를 심어 친환경주차장을 만들어보자. 그 옆에 예쁜 로컬푸드매장을 열자. 주차장과 가까운 곳에 매장을 만들면 이용객의 수고를 덜어줄 수도 있고, 판매량도 늘릴 수 있을 것이다. 전주한옥마을 관광의 시작과 끝맺음을 친환경주차장에서 하게 된다는 점도 의미가 있다.

| 걸어서 한옥마을까지 | 전주시민들은 교통인프라에 대해서 언제나 부족하다고 생각하고 있다. 방문자들 역시 같은 말을 한다. 공항 같은 시설이 없어서 나오는 불평이 아니다. 대중교통을 이용함에 있어 매우 불편하기 때문이다. 전주는 버스노선 연계도 어렵지만 버스 파업도 잦은 편이다. 국내에는 유래가 없는 장기간의 버스 파업을 우리는 여러 번 겪었다. 낙후된 도심 공공터미널의 모습은 또 어떤가? 혁신도시에 공공기관이 들어서면서 들춰 보이기 싫은 전주의 대중교통 민낯이 여론의 도마 위에 오르내렸다. 전주는 많은 것들을 잘해오고 있지만 유독 교통문제에 있어서는 뒷짐을 지고 있는 듯한 느

낌이다. 부족하다고 한탄만 하고 있을 것이 아니라 적극적으로 개선해야 한다.

전주는 유·무형의 자산이 풍부한 지역이다. 그래서 늘 자부심을 가지고 있다. 반면 자산을 활용하려는 의지는 높지 않은 편이다. 자산이 부족한 지역에 비해 치열한 편이 아니라는 얘기다. 길을 예로 들어 보자. 걷기여행의 붐을 타고 각 지역은 길을 정비하거나 새로 만들기도 했다. 그러나 전주는 만들려고 애쓰지 않아도 이미 아름다운 길을 가지고 있다. 시외버스터미널에서 시작해보자. 바로 건너편에는 모래내에서 내려오는 건산천이 흐르고 있다. 건산천을 따라 2백여 미터를 가면 전주천과 만나게 된다. 전주천변을 거슬러 올라가다보면 도토리골 다리, 빨래터, 어린 천주교도의 가슴 아픈 이야기가 있는 초록바위 등을 거치게 된다. 전주의 관문인 버스터미널에서 한옥마을까지는 천천히 걸어도 한 시간정도면 충분하다.

전주천변은 계절마다 다른 풍광을 드러내는 아름다운 길이다. 조금만 다듬으면 친환경적으로 조성할 수 있다. 지역의 관문인 시외버스터미널에서 최고의 관광지까지 천변길이 존재하는 곳은 전주가 유일할 것이다. 자전거 길도 완성되어 있다. 우리는 이미 절반의 친환경 교통인프라를 가지고 있다고 보아도 된다. 그렇기 때문에 나머지 작업은 그리 어려운 일이 아니다. 터미널에서부터 강변을 지나는 길에 한옥마을까지 인도하는 예쁜 표지판을 세우고, 자전거를 빌리고 반납할 수 있는 장소만 마련하면 된다. 교통문제를 어떻게 해결할까 고민하다가 우연히 '수변관광자원'을 발굴한 셈이 되었다. 새로운 생각이 새로운 길을 만들어 낸 것이다.

크고 위대한 것은 쉽게 오지 않는다. 기존의 자산들을 활용해서 작고 가까운 것부터 만들어 가야 한다. 시외버스터미널에서 한옥마을을 향해가는 친환경 천변길은 전주의 새로운 교통인프라가 될 것이다. 관광객들은 그 길을 걷고 싶어질 것이고, 걷기 위해 대중교통을 선택할 것이고, 터미널을 찾는 사람이 늘어나면 터미널 환경개선사업도 탄력을 받을 것이다. 게다가 전주는 친환경도시라는 이미지를 덤으로 얻게 될 것이다.

┃ 문화공간은 곧 산업공간 ┃ 한옥마을에는 전통체험뿐만 아니라 다양하고 수준 높은 수공예 제품을 생산하고 판매하는 공간들이 자발적으로 생겨났다. 이 현상은 '전통문화의 산업화' 단계의 시작이라고 볼 수 있다. 안동의 하회마을과 아산의 민속마을 등이 민속마을 마케팅에 성공했다고는 하지만 체험상품 위주로 구성되어 있기 때문에 전주와는 차원이 다르다. 전주처럼 문화가 발전하여 산업을 이루고 있거나 전통산업메카로 자연스럽게 진화되고 있는 곳은 없다. 왜냐하면 전통문화공간이 산업공간으로 전이되기 위해서는 일정한 수준 이상으로 상시 소비가 일어나는 도시라야 가능하기 때문이다. 그런 점에서 볼 때 도심에 있는 전주한옥마을은 그 가치가 매우 크다.

일본의 가나자와시는 일본 고유의 품격을 보여주는 시가지와 전통공예로 지역의 새로운 산업을 착실하게 전개하고 있는 관광도시이다. 공예도시로서의 가나자와의 특징은 도시 중심에 장인들의 작업공간이 집중되어 있다는 것이다. 자연발생적인 생활양식과 문화를 산업으로 확장시킬 수 있다는 점에서 가나자와시를 벤치마킹할 수 있는 지역은 전주가 최적지라고 볼 수 있다. 가나자와시는 인구당 중요무형문화재 보유자 비율이 교토나 도쿄보다 많다고 한다. 가나자와시에서는 전통공예산업을 촉진하기 위해 공예인재개발기금을 마련하여 다음 세대 장인을 훈련시키고, 시장판로를 확장하기 위해 '가나자와브랜드공예품'을 개발하는 데 보조금을 지급한다. 기술을 발전시키거나 후

진 양성 교육에 기여한 장인에게는 상을 수여하며, 빈 집을 작업장으로 바꾸거나 빈 상점을 스튜디오로 전환하는 것을 지원하기도 한다.

요즘 한옥마을은 초기에 자리를 잡았던 장인들이 떠나고 있는 상태다. 엄청난 임대료 상승으로 창작공예품 가게들이 더 이상 버틸 수 없게 된 것이다. 그 자리는 국적도 없는 길거리 음식점과 값싼 기념품 가게들이 차지했다. 우리가 제대로 한옥마을을 관리하지 못했기 때문에 벌어진 일이다. 아직도 전주한옥마을은 관광객들에게 매력적인 장소이긴 하나 한옥마을이 정체성을 잃게 된다면 언제 발길이 끊어질지 모른다. 더 늦기 전에 품격 있는 전통도시로서의 정체성을 확립해야 한다.

| 전주시 전역으로 콘텐츠 공간 확장 | 계절에 따라 다르기는 하지만 한옥마을은 포화상태라고 봐야한다. 그렇다면 관광지를 확장해야 하는데 굳이 한옥마을에 국한해서 고민할 필요는 없다고 본다. 전주 시내 곳곳에 관광객들이 관심을 가질 만한 콘텐츠를 만들면 공간은 자연스럽게 확장된다. 예를 들면 전문성이 있는 음식의 거리를 조성하는 것이다. 한옥마을 인근에는 이미 콩나물국밥집과 순대국밥집이 관광거리를 형성하고 있다. 이런 품목음식을 주제로 한 거리를 전주시 전체로 확장하는 것도 의미가 있을 것이다.

첫째, 국수거리다. 국수집이 많은 남도주유소 뒤편을 국수거리로 지정하여 관리하는 것도 좋겠다. 제주시에 있는 국수거리의 관광상품화사례를 참조하면 될 것 같다. 둘째, 전통의 거리 확장이다. 용머리고개에 있는 6개 대장간을 중심으로 대장간거리를 만들 수도 있다. 현재는 여기저기 산재해 있지만 조금만 모으면 훌륭한 거리가 될 것이다. 이와 같이 전주가 가지고 있는 음식자원과 전통자원을 활용한다면 관광지공간을 확장시킬 수 있다.

그러나 충분히 준비하지 않은 상태에서 관광지도를 그리면 안 된다. 우려되는 대표적인 장소가 바로 덕진공원이다. 전주시에서는 덕진공원을 대표 관광지로 지정하여 일대의 생태자원을 복원하고 인접 문화생태관광자원과 연계한 관광벨트를 조성하겠다는 계획을 세웠다. 덕진공원의 핵심은 연못이다. 제아무리 생태자원을 보호한다 하더라도 이 연못이 한국형 대표 연못정원의 형태를 갖추지 못하면 전통관광도시 관광자원으로서의 매력을 갖지 못한다. 아동친화공간이나 자연친화공간은 부수적 사업일 뿐이므로 제대로 된 연못 형태를 갖추기 전까지는 홍보를 미룰 필요가 있다.

덕진공원은 우리에게 추억의 공간이기 때문에 특별한 의미가 있다. 하지만 수도권 주민들은 일산호수공원이나 광교호수공원처럼 세련된 공간디자인을 이미 경험했다. 모든 도심형 호수공원이 친환경적으로 관리되고 있기 때문에 엇비슷한 친환경테마로는 차별화를 이룰 수 없다. 이를 능가할만한 특유의 콘텐츠를 갖추기 전까지는 조심스럽게, 조용히 있는 것도 지혜다.

|인근지역과의 연계| 관광콘텐츠를 인근지역으로 확장하자. 한옥마을은 전북도의 중심에 위치하기 때문에 대부분의 지역과 한 시간이면 맞닿을 수 있는 거리에 있다. 임실·완주·김제·진안 등은 30분 이내 거리에 있다. 한옥마을 인근에 신속한 교통인프라 연결시스템만 갖추게 되면 1일 관광코스로 한옥마을과 다른 관광지를 돌아볼 수 있게 된다. 단순하게 지역만 연결할 것이 아니라 지역연계 테마여행상품을 개발해야 한다. 예를 들면 '전통가옥연계관광자원' 같은 것이다. 전주의 한옥 형태는 대부분 중산층가옥이라서 대규모 전통가옥이 부족한 편이다. 그래서 익산 함라지역의 삼부자집과 정읍의 김동수가옥 등을 연계시키는 기획을 하면 '한국전통가옥으로의 여행'이라는

관광코스를 만들 수 있다. 그 외에도 전주의 풍부한 음식자원을 시작으로 임실치즈요리, 진안흑돼지요리, 부안젓갈, 군산해산물요리 등을 포괄하는 '맛있는 전북여행' 등도 기획해볼 만하다.

한옥마을은 전국에서 관광객이 찾아오는 곳이어서 전북특산물을 마케팅할 수 있는 최적의 공간이다. 인근 지자체가 전주시와 공동마케팅을 실시한다면 관광효과를 극대화시킬 수 있다. 예전에 전주는 다른 지역을 가기 위한 교통로에 지나지 않았다. 그러나 지금은 전주가 관광목적지인 경우가 많아졌다. 한옥마을이 전북관광의 허브로서 지역들의 특산자원과 문화자원을 연계할 수 있는 장소가 되도록 해야 한다. 그것이 직접적인 시장을 만드는 방법이다.

| 문화의 지역체화 | '문화의 도시, 전통의 도시, 음식의 도시'라는 명성과 공간을 유지하려면 그런 문화가 체화되어야만 문화관광도시의 순환구조를 완성할 수 있다. 그러기 위해서는 먼저 '전주인의 가치 정립'이 필요하다. '新전주인상'을 만들어 음식문화, 전통문화에 기여한 인물들에게 수상하고, 가능하면 목표를 정해서 지표로도 관리해야 한다.

예를 들어 밥을 짓고 김치를 담가 먹는 가구, 술을 담글 수 있는 인구, 악기를 다룰 줄 아는 인구 숫자 등을 목표로 관리할 수 있다. 그다음에 이런 전주인의 가치를 구현할 수 있도록 교육에 접목시키는 것이다. 현재 전주시와 전주교육청이 실시하고 있는 초등학생 전통문화체험수업을 가나자와에서 하고 있는 전통체험 의무제로 강화하거나, 외국인들에 한하여 실시하고 있는 전통문화체험 학점제를 확대하는 것도 방법이다. 대학에서는 전통문화관광과목 교양필수학점제 등을 생각해볼 수 있다. 이 밖에도 지역문화를 체화하는 방법은 다양하다. 초등학생 요리콘테스트, 대학생 전통놀이콘테스트 등은 관광

객들이 관심을 갖는 축제로 이어질 수 있다. 마지막으로는 지역산업에 접목시키는 것이다. 예를 들어 한옥마을의 가치를 가장 잘 표현할 수 있는 전통건축업, 전통건축자재업, 전통가옥조경업 등을 지역전략사업으로 확보하기 위한 전통건축문화엑스포를 기획하는 것도 방법이 될 수 있겠다.

　지역이 탄탄하게 발전하려면 지역의 토종문화자원을 버리면 안 된다. 그것이 정체성이고 지역을 존속하게 하는 자산이기 때문이다. 누가 뭐라 해도 아직까지 전주는 음식과 식품의 도시다. 식품 및 요식업 등의 지역산업이 지역민들에게 체화되어야 관광자원과 인적자원, 그리고 산업자원이 선순환 되는 구조를 완성할 수 있다.

|문화관광 관리주체 신설-가칭 '전주관광공사(재단)' 설립| 현재 한옥마을은 전주시청 전통문화과, 한스타일과 등에서 관련 업무를 관장하고 있다. 직접적인 업무는 한옥마을사업소를 통해 운영되고 있다. 공무원을 포함한 10여 명의 인원이 마케팅부터 시설관리까지 책임지고 있는 것이다. 그 인원으로 1천만 명이 넘는 방문객을 상대하는 것은 정말 무리다. 민간에서 운영하고 있어서 직접 비교는 어렵겠지만 에버랜드를 보자. 연간 9백만 명이 방문하는 이 테마파크의 연매출은 3조원이 넘으며, 종업원 수도 1만 명에 이른다[2016년].

　한옥마을도 형태는 다르지만 테마파크라고 볼 수 있다. 방문객 1천만에 맞는 관리시스템이 있어야 한다. 그래서 단위가 작더라도 독립된 관광공사나 재단을 설립하여 한옥마을을 통합관리하자는 제안을 하려고 한다. 제주도와 인천 등지의 지자체에서 설립·운영하는 관광공사가 있으니 사례로 삼으면 그리 어렵지 않을 것이다. 장수군의 장수한우공사 설립 과정을 참조로 하면 공사설립 방안도 찾을 수 있을 것이다. 공사를 설립함에 있어 가장 큰 걸림돌은

재정문제일 것이다. 간단하고도 쉬운 방법이 있으면 좋으련만 어려운 문제이니 만큼 모두가 나서야 한다. 첫 번째는 전주시, 인근 지자체, 전라북도의 출자이다. 두 번째는 공공자원을 활용한 수익원 개발이다. 예를 들어 교통허브 관리와 친환경교통시설의 운영 등으로 수익원이 발생할 수 있을 것으로 예상된다. 세 번째는 한옥마을의 1차적 수혜자인 음식점 등에서 출자하는 방법이 있을 것이다.

| 독립된 문화관광특구로서 계획과 조례 필요 | 언급했듯이 이제 한옥마을의 위기는 한옥마을에서 그치지 않고, 전주시와 전북 전역에 영향을 미치게 될 것이다. 그렇기 때문에 문제가 생길 때마다 조금씩 보완하는 수준의 미지근한 대응방법으로는 안 된다. 그래서 관광주체가 될 수 있는 기구 설치와 더불어 관광규모에 걸 맞는 가칭 '문화관광특구 한옥마을관광진흥을 위한 장기발전계획'을 수립해야 한다. 또한 위기관리체계구축 등을 포함시킨 종합적인 '지원조례제정'이 추진되어야 한다.

| 21세기형 한옥 그리고 전통문화건축업 | 한옥마을에는 치즈와 와인을 팔고 있는 이색적인 주점이 있다. 언뜻 보기에는 우리나라 전통문화와 전혀 어울리지 않는 장소처럼 보이지만 어느 곳에 가든지 자신들의 취향을 유지하고 싶은 욕망을 가지고 있는 현대인들에게는 필요한 곳이다. 생뚱맞다고 무턱대고 비판할 일만은 아니다. 전통과 현대가 맞물려 있는 공간이라는 사실이 오히려 강점이 될 수도 있다. 한옥건축물에도 같은 생각이 적용된다. 과거의 생활문화를 체험할 수 있는 예스러운 공간도 필요하지만 기본 한옥 형태를 유지하면서 현대적 감각으로 설계한 개성 있는 현대한옥도 독특한 자원이 될

수 있다. 사실 전주한옥마을이 다른 지역의 한옥마을과 비교되는 점은 각각의 시대를 반영한 다양한 한옥이 한 마을에 있다는 것이다. 그래서 건축사적 가치가 높은 곳으로 평가되고 있다.

이제 전주는 단순하게 전통한옥마을 공간을 확장하려고 하기보다는 오히려 '21세기형 한옥'을 생각해보는 것이 어떨까? 현재는 곧 역사가 되기 때문이다. 한옥의 멋스러운 자태에 21세기 편리성이 가미된 새로운 건축문화를 만들어가는 것도 의미가 있겠다. 와인주점과 같은 새로운 형태의 한옥상업시설도 마찬가지다. 다양성을 수용하는 새로운 개념으로 업그레이드시켜야 한다. 21세기형 한옥을 짓는 업종을 '전통문화건축업'이라 정의하고, 전주에서 그 새로운 산업을 시작하자. 맨 먼저 '전통문화건축업'의 표준을 만들고, 뒤를 이어 관련된 재료도 만들어야 한다. 그런 측면에서 볼 때 최근 전북대에 한옥관련 전문과정과 대학원과정이 생긴 것은 의미가 크다.

'전통문화건축업'이 진행된다면 한옥건축설계기술, 한옥자재제조, 한옥인테리어사업 등 한옥전문산업군을 만들 수 있다. 전주에 한옥건축 기반이 구축되면 의욕적으로 추진하고 있는 韓브랜드사업 중에서 한지의 산업화도 가능하다. 한지를 한옥소재로 확실하게 인식시키고, 전통공예산업도 같은 맥락에서 '전통문화인테리어사업'으로 자리매김해야 한다. 현재 소수 마니아 수준에 머물고 있는 '전통이 가미된 조경사업'도 '전통가옥조경'이라는 시장영역을 확보할 수 있을 것이다.

이런 산업군들을 모아보면 개별건축뿐 아니라 대규모 상업시설과 단지로의 확장이 가능하다. 그렇게 된다면 '전통마을건설업'이라는 시장의 탄생도 기대할 수 있을 것으로 보인다. 특히 전통문화건축과 관련된 사업을 묶어 '전통문화건축엑스포'라는 이름으로 국내 최초의 마케팅 이벤트를 시작해도 좋을 것이다. 다시 말하지만 전통가옥건축업이라고 해서 반드시 과거를 그대로 재현하는 것을 의미하지는 않는다. 전통적인 건축기술과 편리성이 합쳐진 21세기 새로운 전통건축물을 만드는 작업이어야 한다. 우리 역사를 보면 고려시대에는 청자를, 조선시대에는 백자를 만들어왔다. 비취빛의 아름다운 청자만을 지향한 것이 아니라, 당시 시대상황을 반영한 다양한 변형과 전이가 바로 당대 최고를 만들어냈던 것이다. 생활 속에서 새로운 산업이 탄생되고, 사업기회가 만들어진다면 이것이야말로 진정한 내생적 지역발전인 것이다.

한옥마을은 우리의 기대보다 빠르게 21세기 문화의 시대를 대표하는 관광지로 성장했다. 특히 21세기 들어 새롭게 등장한 관광지 중 1천만 명 이상의 관광객이 모여드는 문화관광지로는 유일하다. 관광객들로 넘쳐나는 한옥마을을 보면서 과거의 한옥마을을 그리워하는 사람들도 있다. 그러나 이미 거대한 관광테마파크로 발전했으므로 소비자가 원하는 것들을 생산해내야 하는 책임도 있어야 한다. 전통을 간직한 도시에서 전통을 재생산하여 판매하는 관광도시로 진화했기 때문이다. 한옥마을은 전북에 주어진 기적 같은 선물이다. 그러나 거저 얻어진 것이 아니다. 현재의 한옥마을이 되기까지는 행정과 시민단체의 아이디어와 노력이 있었다. 만약 한옥마을에 관광공사^{재단}가 생긴다면 그 첫 번째 사업은 바로 한옥마을을 만들어온 사람들의 역사를 관리하는 일이어야 한다. 그다음에는 '한옥마을문화관광대상'을 제정하여 역사를 만든 사람을 포상하는 일이 될 것이다.

앞글에서 한옥마을의 위기에 대해 3가지 부문으로 나누어 분석하고 대안을 모색해 보았다. 이것은 하나의 예에 불과하다는 것을 밝힌다. 더 깊은 논의가 있어야 한옥마을을 지속 가능한 관광지로 만들 수 있다. 한옥마을은 단순한 볼거리 중심의 관광지가 아니라, 21세기형 문화산업적 가치가 있는 역사적 선물이라는 사실을 잊지 말아야 한다. 그리고 이런 자산을 지속 가능하도록 지켜야 할 책임과 의무가 있다는 것을 전북은 통감해야 한다.

[새만금을 점검하라]

새만금관광사업의 문제점

새만금관광게이트웨이사업이 시행자 선정 및 변경 등의 문제를 겪으면서 별 진전 없이 몇 년이 흘렀다. 신시도 앞 메가리조트사업도 사업시행자가 사업권을 확보했으나 진척이 없었다. 사업권 반납 여부 등 불안한 뉴스만 들릴 뿐 현재까지 새만금과 관련된 대규모 관광사업은 지지부진 상태다. 그러다 보니 방조제 주변을 관광지로 만들려는 사람들에 의해 성급하게 관광지개발 사업이 진행되었다. 새만금방조제는 단순구조물일 뿐 아직 관광지가 아니다. 도로가 개통되었을 뿐이다. 아직 전체적인 밑그림이 그려지지도 않은 상태에서 관광사업을 하겠다고 달려드니 문제가 터질 수밖에 없는 것이다. 세밀한 계획이 없는 섣부른 공간개발 시도는 주변 환경과 조화를 이루지 못할 뿐더러 향후 다시 조정해야만 하기 때문에 곱절의 예산을 낭비하게 된다. 제법 그럴싸해 보이는 아이디어가 있다 해도 서두르면 난개발이 될 수밖에 없다.

대표적인 사례로 새만금에 조성된 공연장과 오토캠핑장을 들 수 있다. 세계에서 가장 큰 구조물인 중국의 만리장성을 보자. 만리장성의 1차적 관광목적은 인류가 만들어놓은 거대한 구조물의 위대함을 느끼는 것이다. 그렇기 때문에 만리장성 주변에는 공연장이나 위락시설을 따로 지을 필요가 없다. 성격이 다르기는 하지만 현재까지 새만금은 구조물 수준이고, 그 구조물을 보러 오는 사람도 많지 않다. 그런데 사람들이 많이 모이는 도심공간에 있어야할 공연장이 썰렁한 방조제 위에 들어서 있다.

'새만금=관광=공연'이라는 어처구니없는 도식이 적용된 결과이다. 예술활동에 경제논리를 적용하지 말자는 목소리도 있으나 답답하기 이를 데 없다. 새만금을 보러 간 관광객이 공연을 볼 리 만무하고, 공연을 보기 위해 일부러 새만금까지 찾아갈 사람도 별로 없다. 오히려 엉뚱하게 들어선 공연장이 새만금을 더욱 외롭게 만들고 있을 뿐이다. 공연장을 지으려면 군산의 근대문화유산이 있는 곳이 적지라고 본다. 새만금방조제 하나로 새만금관광코스를 만드는 것은 거의 불가능하다. 새만금을 둘러본 후에 군산의 근대문화유적지 근처에서 근대문화를 주제로 한 공연을 관람하도록 유도하는 편이 훨씬 효율적이다. 굳이 새만금에 시설물을 세우고 싶다면 내부공연시설보다도 거대한 바다와 어울리는 외부공간연출이 필요하다고 본다. 그것도 새만금사업이 어느 정도 진척을 보인 후에야 가능한 일일 것이다.

오토캠핑장 경우도 마찬가지다. 현재의 새만금은 과연 자연을 즐길 만한 환경이며 안전한가? 계절에 따른 즐길 거리가 있고, 적절한 부대시설을 갖추고 있는가? 새만금의 경우에 장소는 넉넉하지만 그 외의 조건으로 보면 일반인들이 가족과 함께 캠핑하기에 적합하지 않다. 사방으로 탁 트인 시원한 전망이 있긴 하지만 거센 바람 때문에 고생을 할 수밖에 없다. 일출과 일몰을 감상할 수 있다지만 한낮에는 따가운 햇살을 피할 그늘 한 점이 없다.

캠핑인구의 90%는 30~40대로 초등학교 자녀를 둔 젊은 층이 캠핑활동을 주도하고 있다. 부모들은 자녀들을 자연에서 맘껏 뛰어놀게 하고 싶어 캠핑을 선택한다. 따라서 캠핑장은 장소만 넓다고 가능한 것이 아니라 안전하게 자연을 체험할 수 있는 환경이 구비되어야 한다. 대부분의 캠핑장이 나무와 그늘이 넉넉한 숲 근처에 위치하고 있는 데에는 이유가 있다. 숲과 나무가 만들어주는 생태적 가치가 있고, 그 안에서 휴식할 수 있기 때문이다. 예를 들면 부안의 상록수해수욕장 근처에 있는 솔숲캠핑장은 주변 경관과 잘 어울리는 관광시설이라 할 수 있다. 새만금 인근 지역에 좋은 조건의 캠핑관광자원이 있음에도 불구하고 그늘 하나 없는 방조제에 캠핑장을 조성한 것은 관광을 모르는 사람들의 아둔한 소치라고 볼 수밖에 없다.

새만금관광의 새로운 접근

앞의 몇 가지 사례는 새만금관광사업이 어려움에 직면에 있다는 것을 보여주는 예일 뿐이다. 새만금관광사업에 대해 다시 강조하건대 새만금방조제라는 자원 하나만으로 관광객을 유치하기에는 역부족이다. 그러니 관광시설을 짓고자 할 때는 장점과 단점을 고려한 연구결과가 나온 후에 충분한 논의를 거쳐야 한다. 공급자가 아니라 소비자 관점으로 전환해야 하며, 새만금은 기존의 관광지와 성격이 다른 공간이기 때문에 새로운 접근을 시도하지 않으면 추후에 재정리해야 하는 수고를 피할 수 없으며, 그만큼 막대한 손실을 얻게 될 것이다. 새로운 접근 방법에 대하여 대략 세 가지로 요약해 보았다.

첫째, 관광영역의 중심을 조정해야 한다. 범위를 새롭게 설정하자는 것이다. 새만금 내부관광보다는 새만금 주변지역을 포괄하는 '새만금지역관광'이 적합하다고 본다. 새만금방조제 주변지역의 문화관광자원을 통으로 보고 영역을 분리하자는 얘기다. 제1영역은 변산반도 국립공원을 중심으로 한 산악 및 해양관광, 제2영역은 군산의 근대문화유산을 중심으로 한 문화관광, 제3영역은 군산의 산업자원을 중심으로 한 산업관광, 제4영역은 김제의 농경문화자원을 중심으로 한 농촌문화관광 등이다.

둘째, 단계별 개발전략이 필요하다. 이미 공사가 완료된 새만금방조제 자체만을 마케팅할 수 있는가? 이를 위해서는 우선 새만금방조제를 구조물로 명확히 인식해야 오류를 범하지 않는다. 무턱대고 '새만금=관광지'라는 발상을 버리고 구조물을 관광상품으로 팔 수 있는 방안을 모색해야 한다. 현재는 1단계인 '상징마케팅' 단계이다. 그러면 동북아지역에서 가장 큰 구조물 넘버 3로 마케팅에 활용할 수 있다. '세계에서 가장 긴 성 중국의 만리장성, 세계에서 가장 긴 해저터널 일본의 세이칸터널, 세계에서 가장 긴 방조제 한국의 새만금'이 되는 것이다. 거듭 말하지만 현재의 새만금은 1단계에 머물러 있으므로 새만금을 종합적인 관광자원으로 만들려면 시간을 가지고 더 기다려야 한다. 새만금방조제의 완공을 하나의 '완료형 프로젝트'로 규정하고, 향후 진행될 사업을 '진행형 프로젝트'로 명확히 구분하여 관광전략을 세워야 한다.

셋째, 새만금의 자원을 면밀하게 검토해야 한다. 인기가 있다고 하는 외부 요소를 끌어오기보다는 지역의 문화를 토대로 우리만의 가치를 창출해낼 수는 사업형태를 구상해야 한다. 특히 카지노처럼 어느 지역에서나 할 수 있는 사업을 들고 나와 지역 내 갈등을 조장하는 형태의 무성의한 사업구상을 남발해서는 안 된다. 자원발굴과 자원생성은 전문가들의 연구를 통해 다각도로 이루어져야 한다. 아래는 필자가 구상하고 있는 새만금의 새로운 디자인을 위한 몇 가지 예이다.

| 농식품문화와 새만금관광의 결합 | 새만금의 땅은 농업용지와 복합용지로 구분된다. 과거에는 농업용지와 복합용지 비율이 7대 3이었는데 현재는 3대 7로 바뀌었다. 새만금을 '동북아 경제중심지'로 개발하기 위한 전북의 요구가 수용된 것이다. 하지만 최근에 발표된 계획을 살펴보면 기타용지에 들어설 도시·관광산업 부문은 민자유치도 어렵고 공공인프라 예산확보도 쉽지 않을 것으로 보인다. 그러나 농업관련 예산부문은 사정이 조금 다르다. 새만금사업은 초기부터 농안기금이라는 안정적인 재원을 바탕으로 사업을 실행해본 경험이 있고, 또한 대규모 투자가 아니기 때문에 단위면적당 투여되는 예산도 타 부문에 비해 적은 편이다. 결국 예정대로 차질 없이 속도를 낼 수 있는 부문은 농업관련사업뿐이다. 그렇기 때문에 관광분야에서도 마찬가지로 초기에 성과를 거두기 위해서는 농업과 관련된 관광분야에 대한 사업 검토가 필요하다. 문재인 정부에 들어서서 공공주도사업으로 추진할 수 있는 방안이 마련되어 조금 나아질 것으로 기대한다.

| 새만금 상징공간, 무엇으로 할 것인가 | 새만금의 관광사업을 선도하기 위해 가장 필요한 것은 바로 상징공간을 조성하는 것이다. 새만금 개발사업은 식량안보차원에서 '최고의 식량기지구축'이라는 목표로부터 출발했다. 그 의미를 되새기며 전북이 지향하고 있는 산업과 연계해보자. 전북은 최근 익산의 국가식품클러스터를 기반으로 아시아 최고의 식품기지로 만들겠다는 비전을 밝힌 바 있다. 이에 '식품클러스터+아시아최고의 농업지역+새만금이 지닌 글로벌 가치'를 조합하여 가칭 '아시아농업사박물관 건립'을 제안하고

자 한다.

| 아시아농업사박물관의 구상 | 우리 문화의 기반은 농업이다. 우리나라는 오랫동안 농업 국가였고, 대대로 '농자천하지대본'이라는 가치를 이어오면서 생활해왔다. 그러나 농업의 역사를 들여다보거나 농업의 미래를 전망할 수 있는 공간을 만드는 작업에는 소홀했다. 서울 서대문구 농협중앙회 본사와 전라남도 영암에 농업박물관이 있기는 하지만 몇몇 농기구를 전시해놓는 정도에 그치고 있어 내용이나 규모로 볼 때 농업국가의 농업박물관이라고 하기에는 미흡하다. 우리나라 농업의 역사는 약 5천 년 전쯤에 시작되었고, 기술 발달로 인해 그 형태는 변화되었지만 현재도 중요한 산업군이다. 최소한 우리나라 기본산업인 농업사를 제대로 해석해놓은 농업사박물관 하나는 있어야 한다. 전북이 세계 최고의 친환경농업지역, 아시아 최고의 식품기지임을 표방하려면 적어도 그 이미지에 맞는 문화공간으로 '아시아농업사박물관' 정도는 갖추어야 한다. 그 박물관은 잡동사니를 쌓아두는 창고가 아니라 역동적인 변화를 표현해낼 수 있는 공간이어야 한다.

교육적 내용이 풍부한 박물관

박물관의 가장 큰 역할은 교육기관으로서의 역할이다. 따라서 교육적 기능을 극대화시킬 수 있는 방안을 모색해야한다. 유럽의 트랙터박물관이나 일본의 쌀박물관처럼 부문별로 박물관을 따로 두는 방법도 있는데, 아시아농업사박물관의 경우는 주제관으로 나누는 배치방법도 구상해볼 수 있겠다. 예를 들면 중국 농업의 신인 신농씨에서부터 육종학의 대가인 우장춘 박사에 이르기까지 아시아 농업영웅들을 모아놓은 '인물관', 밀과 쌀 등 아시아

각 지역의 식량자원에 대한 변천사를 담은 '식량자원관', 식품의 역사가 숨쉬는 '식품관', 수천 년 동안 발전을 거듭해온 농업기계의 역사를 담은 '농업기계관', 4차산업혁명 시대를 앞두고 인공지능^{AI} 시스템으로 농사짓는 '미래농업관' 등이다.

문화콘텐츠가 풍성한 박물관

아시아의 농업이야기를 수집하여 정리하고 전시하는 공간으로 그쳐서는 안 된다. 농업사박물관을 조성할 때에 중요한 요소는 농촌문화콘텐츠다. 농사를 짓는 지역은 어디에나 농민음악인 농요가 존재한다. 농업과 농민을 소재로 한 농촌화와 농민화도 있을 것이다. 중국 최고의 배우 공리가 주인공인 영화 〈붉은 수수밭〉과 같은 농촌을 소재로 한 영화도 있다. 농업사박물관에 농촌문학관, 농촌영화관, 농촌미술관, 농촌음악관 등 다양한 문화콘텐츠를 담아내자. 아시아농업사박물관은 어머어마한 문화콘텐츠의 보고가 될 것이다.

살아 숨 쉬는 박물관

과거와 현재와 미래가 동시에 한 공간에서 만나게 되는 박물관이라면 상당히 매력적일 수 있다. 고리타분하고 재미없는 '박물관'이 아니라 매일 같이 문화행사가 열리는 '박물관'이 되게 하자. 박제되지 않고 움직이는 박물관을 연출하기 위해서는 관람객을 적극적으로 움직이게 해야 한다. 문화콘텐츠 외에 별도 매장을 만들어 아시아에서 생산되는 식품과 음식을 체험하고 판매할 수 있도록 하자. 상업적인 관점에서 아시아푸드코트를 만든다면 상당한 수익도 기대할 수 있을 것이다. '아시아농촌영화제'와 '아시아 농요제'

등 각종 문화행사를 통해 로열티를 받을 수도 있을 것이다.

| 아시아 전체를 아우르는 새로운 문화관광의 시작 | 다시 새만금이 지닌 가치에 주목해보자. 우리가 지금 할 일은 '새만금에서 무엇을 만들어낼 것인가'에 대한 관심이다. 아시아 국가들은 지금까지 자국의 문화와 역사를 홍보하기에 바빴기 때문에 어느 누구도 아시아 전체를 아우르는 문화공간을 개발하지 못했다. 그런 의미에서 아시아농업사박물관은 아시아문화공간으로서의 중심역할을 하게 될 것이다. 관광상품으로 팔 수 있는 상품소재로도 충분한 가치가 있다. 그렇다면 아시아문화를 세트로 팔 수 있는 관광시장 구상이 가능해진다. '아시아의 영웅들'이라는 테마를 예로 들어보자. 작은 기념공예품에서 시작하여 출판과 전시에 이르기까지 다양한 문화관광상품이 나올 수 있다. 새만금은 아시아농업사박물관을 상징공간으로 조성함으로써 한국의 새만금이 아니라 아시아의 새만금으로 영향권을 확대하게 될 것이다. 서양 관광객에게는 아시아문화를 한 눈에 보고 이해하는 매력적인 장소가 될 것이고, 아시아 관광객에게는 하나로 묶인 아시아를 보고 친근함을 느끼는 장소가 될 것이다. 부디 새만금방조제 내에서 오밀조밀하게 관광시장을 꾸리려 하지 말고 더욱 확장된 개념의 관광코스 개발을 위해 매진해줄 것을 부탁한다.

| 컨벤션 기능을 갖춘 실용적인 복합유통공간 | 아시아농업사박물관은 박물관으로서의 역할뿐 아니라 식품과 음식에 관한 전시회를 비롯하여 농업관련신기술세미나, 농업기계박람회 등 산업적 마케팅공간으로 활용이 가능하다. 더 나아가 농업영화제를 비롯하여 음식문화를 주도하는 '세계음식축제'와 '세계농식품엑스포' 등 식품 관련 엑스포도 개최할 수 있다. 문화콘텐츠의 힘은 그

렇게 막강하다. 그렇기 때문에 아시아농업사박물관이 완공되면 새만금의 위상이 달라질 것이라는 예측도 가능하다. 아시아의 식품산업을 리드하기 위한 실질적인 기반이 되는 콘텐츠를 확보하면 그 위에 국제적 규모의 행사를 얹는 일은 그리 어렵지 않다. 각 분야의 최고 전문가들이 모일 수 있는 자리를 만들면 되는 것이다.

전북은 '아시아의 농생명식품수도'가 되기 위해 오랫동안 공을 들이고 있다. 그러나 아직도 제대로 된 컨벤션센터가 없어서 국제발효식품엑스포와 같은 큼직한 행사도 천막을 치고 진행하고 있는 유일한 지역이 바로 전북이다. 그렇기 때문에 언급한 아시아농업사박물관 건립은 매우 중요한 제안이다. 아시아농업사박물관은 컨벤션 기능과 함께 복합유통마케팅의 기능을 갖춘 형태의 실용적인 시설을 갖춘 공간이어야 한다. 그래야만 전북이 식품수도로서의 자존심을 지킬 수 있고, 새만금지역에서 탄생될 산업에 대한 강력한 메시지를 전달하는 랜드마크가 될 수 있다.

[태권도, 문화관광콘텐츠산업으로]

전북, 태권도 메카

2014년 4월, 태권도원이 전북 무주에 문을 열었다. 일부 공간은 아직 부족한 점이 있긴 하지만 한국 태권도를 대표하는 공간이 생긴 것은 반가운 일이다. 체험 공간인 '도전의 장', 수련 공간인 '도약의 장', 상징 공간인 '도달의 장'으로 꾸며진 무주태권도원에서 2017년 6월에는 역대 최대 규모를 자랑하는 세계태권도선수권대회가 열렸다. 이제 국기원까지 이전하게 된다면 전북은 태권도의 메카로 거듭나게 될 것이다.

전북은 오랫동안 가장 '한국적인 도시'라는 슬로건을 필두로 전통문화중심도시, 한스타일의 고장임을 널리 알려왔다. 한민족문화에 대한 가치를 중요하게 여기고 지켜왔기 때문에 스스로 전통문화의 원류임을 주장할 수 있었다. 여기에 태권문화가 보태지면 전북은 한민족의 예술과 생활, 무예까지 아우르는 완전체가 되는 것이다. 전북은 이제부터 한민족의 국기인 태권도를 지역의 새로운 자산으로 관리해야 한다. 태권도원이라는 공간뿐만 아니라 태권도문화에 관해서도 새롭게 정리할 시점이 되었다.

태권도는 국가의 자산이자 전북의 자산이다. 따라서 새롭게 조성된 태권도원이라는 공간과 태권문화를 유지하고 발전시키는 것은 전북의 책임이다. 만약 우리 지역이 그 역할을 제대로 감당하지 못한다면 한국 태권도의 위상에도 문제가 생길 수 있다. 전북은 소중한 기회와 무거운 책임을 동시에 지녔다고 볼 수 있다. 그렇기 때문에 지역활성화와 함께 국익에 보탬이 되는 역할을 어떻게 할 것인가에 대한 구체적인 고민과 실천이 뒤따라야 한다.

전북, 태권문화관광지

태권도와 연계된 문화관광에 있어서도 구체적인 방안이 나와야 한다. 태권도원이라는 공간을 둘러싼 전북 전 지역에 태권문화가 깃들도록 하고, 전북을 태권관광의 성지로 만들어야한다. 태권문화관광에는 태권도 관련 문화체험과 관광활동 등이 포함된다. 전북에 오면 지금까지 경험하지 못했던 태권문화와 태권관광을 체험할 수 있도록 만들자는 것이다. 그렇게 하기 위해서는 다음과 같은 사업이 필요하다.

| 태권문화관광R&D기능 필요 | 태권도문화와 관련된 다양한 콘텐츠가 개발되어야 한다. 이를 위해서는 '태권문화관광콘텐츠연구소'와 같은 기능을 할 수 있는 연구체가 필요하다. 대규모 연구소를 만들면 좋겠지만 여의치 않으면 지역대학 내 혹은 지역대학이 연합해서 만들면 된다. 그래야만 전문적이고 획기적인 콘텐츠 개발이 이루어질 수 있다.

| 태권도문화관광아카데미 | 태권문화관광과 관련된 인력양성프로그램이 있어야 한다. 이를 위해서는 지역대학의 태권도학과나 관광관련학과에 태권문화관광이라는 과목을 신설할 필요가 있다. 또한 태권문화관광 전문인력아카데미도 필요하다. 아카데미에서는 태권도의 정신, 태권도의 역사, 그리고 관광서비스정신, 향토음식 등의 문화관광교육은 물론 국제적인 활동을 수행하기 위한 언어교육도 과정에 포함되어야 한다. 아카데미를 통해서 태권도전문문화해설사, 태권도전문관광가이드 제도를 만들어 운영할 수 있다.

| 태권도문화관광프로그램 개발 | 세계 태권도인을 위한 문화관광프로그램을 개발해야 한다. 외국인들의 한국문화 체험으로 한복을 걸치고 몇 가지 흉내를 내는 단순한 수준에 머물게 해서는 별 의미가 없다. 수련자를 위한 차문화와 음식문화 그리고 복식문화에 이르기까지 복합적으로 체험할 수 있는

프로그램이 필요하다. 단조롭고 일시적인 체험활동에서 벗어나 심신이 힐링될 수 있도록 힘써야 한다. 연령별 상품개발도 필요하다. 은퇴자 중심의 노인층, 왕성한 사회활동을 하고 있는 장년층, 사회진출을 준비하는 청년층, 현장학습이 필요한 학생층, 유아층 등 대상을 세분화하여 맞춤형 상품을 개발해야 한다. 또한 태권도선수단, 태권도장 경영인 등 전문성에 따라 관광상품을 개발하는 것도 필요하다. 여기에는 지역이 가지고 있는 전통적인 관광자원과 결합하는 것도 중요하다.

| 태권도관광기념품 개발 | 태권문화관광기념품도 개발되어야 한다. 태권도와 관련된 기념품이 있기는 하지만 지금보다 다양하고 넓은 범위의 기념품개발이 필요하다. 예를 들면 한국의 전통문화와 결합된 기념품이나 각국의 전통의상과 태권도복을 결합하는 등 복합적이면서도 흥미 있는 기념품이 필요하다. 구매 욕구를 불러일으킬 수 있는 관광상품이 나와야 한다. 지역대학의 디자인과 학생들을 대상으로 한 태권기념품경진대회 등을 통한다면 아이디어를 모을 수 있을 것이고, 일반 상품에 태권도를 접목시킨다면 독특한 태권디자인도 나올 수 있다.

| 지역태권도인의 국제교류사업 | 지역태권도인들의 국제교류지원사업이 있어야 한다. 태권도협회의 간부들은 세계를 누비며 홍보활동을 하지만 상황이 그러지 못한 사람들도 있다. 이들을 대상으로 한 상시교류프로그램을 운영하자는 것이다. 특히 전북도는 세계대회를 겨냥해서 전 세계의 태권도장과 태권도인의 교류의 기반을 만들 필요가 있다. 세계대회는 각 국가별 응원단이 필요하므로 지금부터 준비하는 것이 좋다. 국내 도장과 해외 도장의 자매결

연도 방법일 수 있고, '태권스테이'라는 새로운 형태의 민박을 만들어 태권도인의 집에서 머물며 교류하는 방법 등 태권도 관련 국제교류프로그램 개발에 대한 고민이 필요하다. 특히 태권도인이라면 전북 어디에서든지 묵을 수 있는 '태권스테이'라는 숙박체계는 새롭고도 매력적인 시스템이 될 것이다.

| 태권무예클러스터 | 태권도무예클러스터라는 산업을 만들어야 한다. 태권도무예클러스터는 태권도에 관련된 다양한 용품을 개발하고 생산하는 산업이다. 태권도복과 착용도구 등을 기본으로 하고 태권도인들의 경기복, 평상복, 예복 등 다양한 형태의 의상과 용품 개발이 필요하다. 따라서는 태권도장의 인테리어까지 포함시킬 수 있다. 현재 수도권에서 일부 시작했지만 이 업체들이 이주할 수 있도록 무주 인근에 태권도무예산업클러스터라는 작은 산업단지를 구상하면 된다. 방문객들이 태권도 관련 상품을 한국에서, 그것도 태권도 메카인 전북에서 디자인하고 생산·판매하는 제품으로 구입한다는 것은 의미가 있는 일이 될 것이다.

| 태권문화관광발전종합계획 | 태권문화관광사업은 몇 개의 아이디어만 가지고 산발적으로 진행하면 안 된다. 태권문화관광종합계획을 세워서 단계별로 사업을 진행시켜야 한다. 전라북도의회에서는 태권도문화관광지원조례를 만들어서 운영해야 할 것이다.

| 국가자산 태권도의 보고, 그리고 새로운 전북 | 앞으로 국기 태권도가 전북의 자산으로, 더 나아가 국가자산으로의 가치를 높이는 것은 바로 전북이 그 역할을 어떻게 수행하느냐에 달려 있다. 전북이 국가자산을 세계화하고 산업

화할 역량이 있을 때라야 태권도원은 진정한 전북의 자산이 될 수 있을 것이다. 한국의 태권도가 제2부흥기를 맞으려면 태권문화가 전북의 지역문화로 정착되어야 하며, 정부는 지역이 제대로 역할을 수행할 수 있도록 제도적 장치를 마련해주어야 한다.

[전북관광, 상업화를 넘어 산업화해야 한다]

전북도 민선 6기는 지역경제에 활력을 불어넣을 수 있는 주요 산업으로 관광을 택했다. 그 배경에는 한옥마을이 있다. 전주는 한옥마을로 인해 문화관광도시라는 타이틀을 얻었고, 한옥마을의 성공은 전북관광산업의 중요한 기반이 됐다. 관광산업은 서비스산업 중에서도 전후방 효과는 물론 고용유발 효과가 큰 산업이다. 달리 말하면 관광산업이 안정적으로 발달하기 위해서는 관광과 관련된 산업생태계가 조밀해야 한다는 것이다. 그럼에도 우리는 관광산업의 비중을 숙박업과 요식업에만 높게 두는 경향이 있다. 얼마나 많은 관련 업종과 직업이 있는지에 대해서는 별 관심도 없고, 데이터에만 빠져 있다. 관점을 산업이 아니라 상업에 두고 있기 때문이다.

관광산업이 전북의 주요산업으로 자리를 잡으려면 지금까지 관성적으로 해오던 공간개발중심의 정책으로는 분명 한계가 있다. 관광산업은 교통, 여행, 국제회의, 이벤트, 문화 등 다양한 분야와 연계되어 있으므로 관광산업이 목적한 성과를 거두기 위해서는 먼저 서비스산업을 진흥시키기 위한 정밀한

계획이 있어야 한다. 전주의 자산으로 전주만의 것을 만들어낼 수 있어야 한다. 새로운 직업과 창업 창출이 가능한 정책들이 포함되도록 한다면 이런 전문직업들도 생기지 않을까 생각한다. 친환경교통수단운영업, 관광택배전문서비스업, 맞춤형여행상품서비스업, 문화예술가파견업, 특별이벤트연출업, 관광홍보서비스업, 관광정보관리업 등 이름은 낯설지만 세련된 명칭으로 바꾼다면 관광특화직업군으로 상당한 매력이 있을 것 같다.

관광산업은 고용유발효과가 큰 산업이고, 한옥마을은 아직도 수익 창출과 일자리 창출의 여지가 많다. 전북관광산업정책의 효과를 높이려면 시대적 과제인 고용창출과 연계되어야 한다. 관광산업은 젊은이들의 관심이 많은 업종이지만 현재 청년창업의 경우는 대개 IT나 제조업 중심이고, 그마저도 지역정책과 연계성이 높지 않은 편이다. 따라서 관광서비스업 활성화를 위해 청년관광비즈니스창업기금이나 청년관광서비스창업펀드와 같은 제도를 고려해 볼 만하다. 관광의 세분화와 융·복합화 현상이 뚜렷해질수록 전문 인력이 필요하고, 새로운 사업을 시작하기 위해서는 종잣돈과 선제적 실험이 필요하다. 전북이 관광산업에서 지금보다 나은 역량과 높은 생산성을 기대한다면 우리 지역의 관광산업에 필요한 인재를 발굴해 성장시키는 일부터 시작하자. 전북관광은 상업화 단계를 넘어 산업화할 때가 왔다.

산업편

[새로운 산업군을 만들자]

전북지역산업 전략방향

지역산업 이야기만 나오면 전북은 풀이 죽는다. 해방 이후 전국을 선도하는 산업생태계를 만들어본 경험이 없기 때문이다. 전북도에도 성장동력산업이 분류되어 있기는 하다. 신재생에너지에서부터 몇 가지 산업이 있기는 하지만 어느 지역이나 다 관심을 갖고 있는 첨단산업이 대부분이다. 전북에서만 특화된 산업구조라고 말하기 어렵다.

2007년, 전북에 획기적인 사건이 있었다. 국가식품클러스터공모사업에 선정된 일이다. 식품은 전북의 역사와 문화에 가장 잘 어울리는 산업군으로 시장규모는 물론 대중의 관심도가 높은 산업이다. 아무리 세월이 흘러도 사라질 수 없는 산업이 바로 식품산업이다. 특히 전북은 음식관광의 메카로 자리매김하고 있기 때문에 식품산업을 성장시키기에 더없이 좋은 환경을 지니고 있다. 국가식품클러스터는 가공식품 중심의 기술적 접근에 앞서 농업과 어업의 성장동력을 구축하는 일과 더불어 식생활문화 연구를 통한 다양한 문화적 접근이 이루어져야 한다. 오랜만에 찾아온 기회를 통해 명실공히 식품산업수도로 거듭나기 위한 철저한 세부 전략이 필요하다.

다음은 혁신도시다. 혁신도시는 행운처럼 주어진 자원이다. 우리가 특별히 노력하지 않았음에도 중앙정부의 국가균형발전정책으로 혁신도시가 만들어졌다. 지역 중심의 다핵구조로 만들려 했던 참여정부의 국정철학이 지역에

준 선물이다. 앞으로의 지역산업발전의 핵심은 바로 '혁신도시라는 자원을 지역산업화'하는 것이라 해도 과언이 아닐 것이다.

오래된 산업, 섬유산업도 다시 봐야 한다. 기업을 얼마나 유치했는지를 실적으로 관리하는 것도 중요하고, 얼마나 많은 기업을 지켰는지도 중요하다. 유치기업을 통계로 관리하듯이 오랫동안 지역에 남아있는 기업도 그렇게 관리해야 한다. 예를 들어 통계표에 30년 이상 된 기업의 숫자도 넣자는 것이다. 새로 만드는 것만 목표로 설정할 것이 아니라 지켜온 것, 지켜갈 것 등도 목표에 넣어야 한다. 이렇게 한다면 전북에 새로운 산업지표가 만들어질 것이다.

농생명산업은 전북의 미래

언급했듯이 호남은 농경문화가 시작된 이래 한반도의 문화·경제적 수도권이었다. 전북은 호남을 대표하는 최대 논농사지역으로 한반도의 식량을 책임졌고, 이런 식량산업의 풍요를 바탕으로 문화와 경제 중심지로서의 역사를 이어왔다. 산업혁명 이후 산업화 시기를 거치면서 농업의 범위는 많이 줄었지만 농업은 아직도 중요한 산업군이다. 다른 나라들도 국익 차원에서 전략산업으로 농업을 관리하고 있기는 마찬가지다. 농업으로 풍요를 누리던 기간이 길어서였는지 호남은 해방 이후 단 한 번도 새로운 선도산업을 만든 적이 없다. 전국에 산업화가 진행되던 때에도 지역경제발전의 원동력이 되는 전략산업을 만들지 못했기 때문에 지금도 새로운 것을 시도하려는 의지가 약하다. 자신이 없으니까 자꾸 남이 하던 것만 따라서 하려고 한다.

그런 전북에 새로운 전략산업을 만들 기회가 왔다. 용어가 아직 낯선 '농생명산업'이다. 농생명산업은 세계의 모든 국가가 관심을 가지고 있는 신산업으로 식량 위기와 물 문제를 극복할 수 있는 대안이 농업에 있다고 보고 많은 투자를 하고 있는 산업이다. 농생명산업은 식물자원, 동물자원, 미생물자원 등 각종 생명자원을 생산하고, 관리하고, 활용하는 것으로 농업과 과학이 만나 이뤄진다. 생명산업의 근간은 생명자원을 생산하는 농업이기 때문에 농업이 농생명산업의 성장 동력이다. 여기에 과학기술을 결합하고, 가공 및 체험 관광의 노하우가 축적되면 고부가가치가 창출된다. 거듭 말하지만 농도인 전북이 처음으로 선도산업을 만들 수 있는 절호의 기회가 왔다.

전북만큼 농생명자원이 풍부한 지역은 없다. 농업은 기본이고 기술자원 역시 제일이다. 한국농업기술의 보고인 농촌진흥청과 식품 R&D산업의 메카인 식품연구원이 전북에 있다. 생명바이오산업의 R&D메카인 생명공학연구원분원, 도산하기관인 생물산업진흥원도 있다. 뿐만이 아니다. 진안홍삼연구소, 임실치즈과학연구소, 고창베리앤바이오연구소 등 5개의 지자체연구소도 가지고 있다. 연구 인력도 어마어마하다. 농촌진흥청만 하더라도 세계 최대 규모의 농생명산업 연구진이 있고, 식품연구원 및 여타의 연구원들을 합치면 무려 3천여 명에 이른다. 혁신도시에 식품 관련 공공기관이 입주하면서 전북은 농업, 바이오, 식품산업 분야에서 최고의 R&D역량을 갖추게 된 것이다. 이제 남은 것은 전북이 보유하고 있는 최고의 R&D역량을 어떻게 지역산업으로 연결시켜 핵심산업화할 것인가 하는 문제이다.

우리나라에서 R&D로 가장 특화된 도시는 대전시다. 국가연구개발특구를 필두로 연구로 특화된 도시다. 연구자 규모만 하더라도 몇 만 명에 이른다고 한다. 하지만 대전은 연구기관만 가지고 있을 뿐 연구결과를 지역산업으로 연결시키지 못했다. 연구 산출물을 산업화하는 산업기지는 대부분 다른 지역에 있기 때문이다. 그 문제가 대전시의 가장 큰 고민이다. 즉 연구개발 결과를 지역산업과 지역문화로 만들지 못하게 될 경우에 언젠가는 한계에 다다를 수밖에 없기 때문이다. 그리고 다양한 연구개발분야가 종합적으로 몰려 있어서 지역산업으로 특화하지 못한다는 단점도 있다. 한 분야에 연구가 집중되면 산업화가 비교적 쉬워지는데 다양한 분야의 연구를 진행하다 보니 이런 문제가 발생하는 것이다. 모든 연구를 한다고 해서 모든 산업을 다 할 수는 있는 것은 아니니까. 재능이 많은 사람이 성공이 어렵다는 말처럼 대전도 비슷한 운명일 수 있다. 이 정도면 전북이 대전을 부러워할 필요가 없다는 것이 설명되었을 것이다. 전북은 대전과 다르다는 것을 명심하자. 전북이 나아가야 할 방향은 이미 정해져 있다. 농생명산업연구단지를 중심으로 산업화에 집중하면 된다. 산업적 관점에서 보면 이미 시작된 것도 있다. 김제를 중심으로 한 종자산업이 그렇다. 씨앗전쟁이라고 불릴 만큼 세계는 종자산업을 중요하게 여기고 치열하게 경쟁하고 있다. 국익을 위해 반드시 지켜야 하는 소중한 종자산업이 전북에서 새롭게 출발했다. 이제는 지역정치인들이 농업실용화재단에서 추진하고 있는 '종자산업클러스터'에 관심을 기울여서 의미 있는 일을 할 수 있도록 지원해줄 시기라고 본다.

두 번째는 농기계산업이다. 김제에서 '농기계박람회'를 했지만 아직은 부족한 점이 많다. 그러나 농진청과 계속하여 협력한다면 향후 전북이 농기계산업의 핵심기지가 될 수 있다. 특히 미래 상업용 드론의 70%가 농업용으로 쓰일 것이라고 예상하고 있는 만큼 농기계산업분야의 융·복합화가 빠르고 다양하게 전개될 것으로 보인다. 드론이 농업작업의 상당 부분을 대체할 것이기 때문에 기존의 농기계에서 운용되었던 많은 자재들도 변화 할 것이다. 따라서 누가 더 빨리, 누가 더 잘 준비하느냐가 기업의 생존과 성장에 큰 영향을 미칠 것이므로 이에 대한 대비를 철저히 해야 한다. 농기계산업을 지역산업군으로 특화하기 위해서는 첨단장비뿐만 아니라 기존의 농기계기업과의 협업도 필요하다. 트랙터를 만드는 완주의 LS엠트론, 상용차를 제조하는 현대자동차 등과도 연계해서 빠른 시간에 농기계산업을 지역산업군으로 특화해야 할 것이다.

셋째는 농업약품과 식물영양제 관련 시장이다. 건강한 식물자원과 동물자원을 얻기 위해 반드시 유지해야 하는 산업군이다. 농작물약품시장은 살충제, 살균제, 제초제, 성장촉진제, 방부제, 착색제, 숙성촉진제 등으로 세분화되어 어느 정도 포화상태에 이르렀지만 축산물약품시장은 아직 여지가 있는 시장이다. 특히 반려동물과 관련된 시장은 전망이 밝은 편이기 때문에 연구가 필요하다. 그리고 온실형 생육공간이 늘어남에 따라 특수약품과 영양물질의 수요는 계속적으로 증가할 것이다. 농생명약품산업을 특화할 수 있는 방안 모색도 필요하겠다. 연구소에서 사용하는 실험용약품 등에도 관심을 가져볼 만하다. 수입품이 많고, 특수한 분야에 한정적으로 쓰이는 약품이라 바로 제조업에 접근하지 못하더라도 유통업부터 시작해서 제조업으로 확장하는 약품산업생태계를 단계적으로 구상해도 좋을 것이다.

넷째는 농자재산업이다. 이제는 노지에 씨를 뿌리고 자연 상태 그대로 농사를 짓는 시대가 아니다. 농업 형태가 변화할 때마다 필요한 농자재도 변한다. 그래야만 품질 좋은 농산물을 더 많이 생산할 수 있기 때문이다. 하우스자재부터 첨단전자제품에 이르기까지 농자재산업에 속하는 분야는 많다. 이런 농자재산업에 관심을 갖고 살펴보면 우리 지역에서 특화시킬 수 있는 부분이 반드시 있을 것이다. 문제는 부가가치가 높은 틈새시장을 찾아야 한다는 것이다. 전 세계적으로 농업의 스마트화가 진행되고 있기 때문에 농자재도 그쪽 부분에서 한발 빠르게 준비하면 가능할 것으로 보인다.

이외에도 미생물을 활용한 사업 등 바이오와 관련된 다양한 산업이 있다. 우선순위는 바로 우리 지역의 기존 산업과 연계할 수 있는 사업을 찾는 길이다. 속도도 중요하지만 우리 지역 농생명산업의 가치를 알리는 일도 겸해야 한다. 농생명산업의 가치를 제대로 이해하지 못하면 지역의 젊은이들은 일자리를 찾아 떠나게 될 것이다. 소중한 미래자산이 바로 옆에 있는 줄도 모르는 채. 그렇기 때문에 가장 먼저 서둘러야 할 일은 교육이다. 유치원과 초등학교에서부터 농생명산업의 중요성을 일깨울 수 있도록 프로그램을 만들어주어야 한다. 관련 기관 탐방을 의무화하는 것도 방법이다. 지역 아이들의 꿈을 다양하게 만드는 것도 지역의 역할이라고 생각하면 좋겠다. 무엇이 되겠다는 꿈이 아니라 어떤 일을 하고 싶다는 꿈으로 바꿔주려면 반드시 이런 현장교육이 필요하다. '세계의 식량난을 해결하는 일을 하고 싶어서 종자전문가가 될 거예요.' '백 살까지 건강하게 살 수 있는 식품을 만들고 싶어서 연구원이 될래요.'

식품산업 하나라도 제대로 해보자

전북은 지역 대표브랜드산업을 만들어내기 위한 지역기반산업에 집중하고 있는가? 전북은 해방 이후 1차산업인 농업 이외에는 제대로 된 산업생태계를 완성해본 경험이 없다. 그러나 그 유일한 경험이 농업과 식품산업에서 경쟁력을 갖게 했다. 그렇다면 전북이 지역기반산업으로 정해야 할 산업은 무엇인가? 그동안 전북은 농식품산업을 지역기반산업으로 하겠다는 의지를 표명한 바 있다. 하지만 2007년 국가식품클러스터로 지정된 이후의 결과는 매우 초라하다. 겨우 산업단지를 만드는 것, 그것도 이제야 산업단지 분양체결을 하고 몇몇 시설이 준공을 마쳤을 뿐이다. 이미 전북은 몇 해 전 혁신도시를 중심지로 식품 및 농생명의 메카를 만들겠다는 청사진을 발표했다. 구체적인 설계는 나오지 않았다. 특히 식품산업에서 중요한 몫을 차지하는 식품기계산업의 경우, 산업실태조사도 부족했다. 식품기계는 많은 부분 수입에 의존하고 있기 때문에 수입대체를 위한 기술개발이 절실하다. 따라서 R&D기관의 설립과 기업육성은 꼭 필요한 부분이다. 그리고 식품산업의 범주에 대해서도 더 많은 논의가 진행되어야 한다. 예를 들어 주류시장은 80년대 초반까지, 백화와 보배라는 두 개의 브랜드를 가지고 전북이 앞서갔던 유일한 산업이었다. 새로운 소재 발굴만큼이나 과거의 명성을 되찾는 일도 중요하다. 그럼 식품산업의 메카, 아시아식품수도가 되기 위한 산업전략을 정리해 보자.

첫째, 식품가공산업품목을 확장하자. 단순 식품가공 외에도 시장규모가 10조원에 가까운 주류산업을 포함하면 더욱 완벽한 틀을 만들 수 있다. 주류산업을 포함시켜야 하는 이유는 또 있다. 백화소주와 보배소주의 명성이 살아있는 전북이기에 더욱 절실하다. 현재 전통주 수준에서 논의 중인 식품 관련군에 주류를 포함시킨다면 산업규모를 키울 수가 있다. 여기에 더 나아가 국립주류산업연구소 등 주류 R&D체계를 구축할 수 있다면 금상첨화가 될 것이다. 최근에 완주의 하이트 맥주공장 구조조정 소식을 들었다. 만약 우리가 주류산업을 전북의 주요산업으로 정한다면 하이트 맥주 문제는 다른 양상으로 전개될 수 도 있을 것이다.

둘째, 식품연관산업을 육성하자. 식품기계산업, 식품포장산업, 식품저장산업, 조리기구산업 등 소규모 연관사업들을 연결·육성해 클러스터를 구성하는 것이다. 여기에 관련 산업 R&D체계로 국립식품기계연구소 등을 설립하는 것까지 포함하는 산업전략이 필요하다.

셋째, 식품 관련 문화산업를 육성하자. 식품을 문화산업영역으로 관리하자는 것이다. 음식은 이미 방송과 도서, 관광에 있어 최고의 인기를 누리고 있는 베스트셀러다. 따라서 식품문화콘텐츠는 식품 관련 사업의 하나로 관리되어야 한다.

넷째, 식품 관련 인적자원을 개발하자. 식품 관련 학과를 정비하고 지원함으로써 식품수도 전북에서 최고·최대의 농식품 분야 인재를 양성할 수 있도록 하자. 전국 각지에서 식품을 배우러 모여들게 되면 전북은 국내 유일의 농식품교육특구가 될 것이다. 더불어 식품 관련 기업의 은퇴자를 귀촌정책 대상에 포함시켜 유치하려는 노력도 필요하다.

이런 정책들이 식품산업생태계를 만드는 데 유용하게 활용된다면 전북은 '식품수도'의 자격과 면모를 두루 갖추게 된다. 절실히 바라건대, 민선 7기 지방정부가 식품산업생태계 건설을 목표로 잡아 제대로 된 산업생태계를 만든 최초의 지방정부로 기억되게 하자.

축산가공식품 선진화 1번지

국내 축산업은 양적 성장에 비해 질적 성장세가 더딘 편이다. 가축질병과 축분료 등으로 인한 환경문제에 대한 우려도 있지만, 축산물 안전성과 품질에 대한 소비자들의 요구수준이 높아지고 있어서 축산업은 지금보다 더 선진화돼야 한다는 목소리가 높다. 그런 축산물을 취급하는 가공식품산업도 마찬 가지다. 전북은 비빔밥과 콩나물국밥 외에도 돈혈을 이용한 남도식 피순대로 유명하다. 순대의 주재료인 선지는 대부분 전통방식으로 채취되기 때문에 안전장치가 거의 없다고 봐야 한다. 현재 우리나라에는 식용가축들을 도살하는 도축장이 약 1백여 개 정도 운영되고 있다. 이들 도축장에서는 연간 7만 톤 이상의 폐혈액이 나온다. 이쯤 되다보니 위생도 문제지만 가축혈 처리에 1두당 7백 5십L의 물이 사용되는 등 폐수처리비용도 큰 부담이 되고 있다.

최근에는 가축 폐혈액을 단순히 폐기물로만 간주하던 종래의 시각에서 벗어나 재활용이 가능한 유용한 자원으로 새롭게 인식하려는 움직임이 일고 있다. 전주시와 김제시는 축산식품선진화사업단을 구성하여, 지역발전위원회의 행복생활권사업으로 '돼지부산물을 활용한 융복합사업'을 진행했다2014년. 축산선진지역인 북유럽에서 가공기술을 도입, 돈혈을 위생적으로 처리해 사용하기로 한 것이다. 그동안 위생문제가 큰 걸림돌이었던 피순대는 이제부터 위생적으로 처리되어 전북의 대표 먹거리에 이름을 올리게 될 것이다. 새로운 자동처리시스템에 의해 수집된 돈혈은 식용은 물론 의료용으로 활용될 수 있다. 이는 막대한 양의 가축혈액 처리비용을 줄임과 동시에 유용물질로 재활용되기 때문에 부가가치가 매우 높은 산업이 될 것이다.

식품수도로서 세계시장을 향해 뻗어나가길 희망하는 전북이기에 축산가공산업도 주요 산업으로 관리돼야 한다. 갈수록 빠르고 편리한 것을 추구하는 시대이므로 가공식품이 곧 미래산업이다. 특히 축산가공 분야의 인적자원을 양성해 지역 일자리를 늘리고, 규격화되고 위생적인 향토식품으로 개발해 음식관광자원을 하나 더 늘릴 수 있도록 정책화해야 한다. 뿐만 아니라 농업기반은 강하지만 축산가공시설이 아직은 부족한 동남아지역으로 우리의 축산 가공사업이 진출할 수 있다. 지금은 축산선진국으로부터 기술을 들여오는 형 편이지만 제2, 제3의 모델을 창조해낸 저력이 바로 한국의 힘이기에 향후 동 남아진출은 매우 희망적이다. 전국의 눈길이 쏠리는 첨단산업보다 전북만이 할 수 있는 특화사업을 찾아야만 경쟁력을 가질 수 있다. 시작은 단순한 축산 가공시설 현대화로 보이지만 이로 인해 전북이 축산가공식품 1번지로 부상 할 수도 있다.

[새만금전략]

공간정책을 넘어 산업정책으로 전환해야 답이 보인다

새만금사업은 대통령직선제1987년가 시작되는 시점에 거론되었다. 집권당이 었던 민정당에서 대통령선거 공약으로 내놓았다. 한국사에서 획을 긋는 대규 모간척사업은 전북의 표를 얻기 위한 전략 중 하나였다. 당시 국토전략의 중 심은 간척으로 농토를 넓히는 것이었다. '식량자급화'가 국가적 과제였던 시 절이었다. 바로 그때 국가의 미래전략사업이라는 명분으로 새만금사업이 등 장했고, 새만금사업은 선거에 활용하기에 안성맞춤인 아젠다였다. 간선제에 서 직선제로 바뀌는 선거전환기라서 득표율이 낮은 지역의 표를 얻기 위해 시도된 대규모 지역공약이었다. 특히 군산은 한국전쟁 때 대규모의 북한 이 주민들이 정착한 곳으로 실향민이 많이 살고 있었다. 이런 특징적인 인구 구성 때문에 군산지역은 비교적 지역색이 옅은 편이어서 집권당의 호남전략 교두보로 활용하기에 적합했을 것이다. 실지로 군산은 최초로 신한국당 후보가 국회의원에 당선된 지역이기도 하다.

새만금의 아픔은 정치적인 공약으로 활용하기 위해 시작되었다는 사실이다. 새만금 건설의 형식적인 목적은 대규모 농토를 확보함으로써 국가의 식량문제를 안정시킨다는 것이었다. 20세기 후반에 최고의 토목사업으로 거창하게 등장한 새만금사업은 2011년까지 간척지 조성은 물론 내부개발까지 다 마치는 것으로 되어 있었다. 그런데 2012년에 다시 마스터플랜이 세워졌다. 애초부터 정치적인 목적으로 공약을 한 것이기 때문에 정권마다 관심 있는 척 흉내만 내는 수준이었기 때문이다. 수십 년이 걸릴 수밖에 없는 엄청난 개발사업이라서 새로운 정권마다 항상 해결 불가능한 짐으로만 인식하고 있었다. 만약 성과를 낼 만한 사업이었다면 어떤 정권이라도 새만금에 집중했을 것이다. 정권이 바뀔 때마다 끊임없이 장밋빛 청사진만 제시했을 뿐 어떠한 역할도 하지 않았기 때문에 아무런 성과를 거두지 못했다. 울며 겨자 먹기 식으로 지역의 요구를 조금 들어주는 수준 정도로만 예산을 반영했던 것이다. 그러던 중에 불난 집에 기름을 붓듯 큰 변화가 생겼다. 지방자치제가 실시된 것이다.

새만금개발사업은 전북도지사 선거의 핵심 아젠다가 되었다. 또다시 새만금은 광역단체 후보자들의 홍보용 재료로 활용되기 시작했다. 후보자들마다 지역비전 맨 앞줄에 새만금사업을 내걸었다. 그러는 사이에 새만금은 건설업체와 건설업자들의 먹잇감이 되어갔고, 토목국가 대한민국의 상징사업이 되었다. 계속하여 지방정부는 새만금이라는 덫에 걸려 빠져나오지 못했다. 아마도 새만금의 미래비전을 다시 세우고 공간구상 작업을 하는 데에만 천억

원 정도의 예산을 낭비했을 것이다. 지방정부의 정권이 바뀔 때마다 새만금 계획은 더욱 더 화려하게 업그레이드되었다. 어차피 임기 내에 이룰 수 없는 사업이기 때문에 단체장들의 새만금에 대한 공약강도는 선거가 여러 차례 치러지는 동안 더욱더 강해졌다. 그만큼 새만금은 우리의 현실에서 멀어져갔다. 새만금이 지역의 신앙이 되어버렸다고 말하는 사람도 있었다. 전북은 새만금사업에 목을 매고 있다가 서서히 좌표를 잃어갔다. 가정사와 비교해보면 이해가 쉬울 것이다. 어느 시골에 일을 하지 않는 가장이 있었다. 아들에게 저기 저수지 건너에 있는 땅에 호텔을 하나 지으면 우리 가족이 잘 먹고 잘살 수 있을 거라는 말을 했다. 아들은 아버지가 호텔을 지을 것이라고 믿고 기다렸다. 몇 년 후 아버지는 리조트를 조성하면 자손 대대로 잘살 수 있을 거라고 했다. 아들은 멋진 리조트를 상상했다. 몇 년 후 할 말이 궁색해진 아버지는 복합리조트위락단지에 대해 말했다. 아들은 더 이상 기다리지도 않았고, 상상하지도 않았고, 아예 아버지 말을 들으려고도 하지 않았다. 아버지는 그동안 가족들에게 희망고문을 한 것이나 다를 바가 없다.

이런 희망고문이 절정을 이룬 것은 토목계의 황제인 이명박 정부 때이다. 토목의 황제답게 새만금의 새로운 마스터플랜을 세웠다. 각각의 용지를 산업, 도시, 농업, 관광, 환경지역으로 나누어서 개발하겠다는 것이다. 평면개발방식은 전형적인 20세기 개발방식이다. 고도성장기였던 20세기에는 용도별로 나누어서 조성해놓으면 쉽게 팔렸다. 그러나 그사이 대한민국은 저성장기에 돌입하였고, 세상은 이미 공급중심의 시대에서 수요중심의 시대로 변했다. 도시공간이든 산업공간이든 스스로 지역 내에서 수요를 만들어내지 못하거나 수요를 증명하지 못하면 그 공간은 그림에 불과하다는 사실을 이제 우리는 알고 있다. 그럼에도 이명박 정부는 20세기 개발방식의 전형을 새만금에 그대로 대입한 것이다.

간척사업 벤치마킹 대상인 네덜란드의 주다치는 90여 년이 흘렀어도 전체 간척 대상면적의 절반 정도만을 사용하고 있을 뿐이다. 수도인 암스테르담에서 50여 킬로밖에 떨어져 있지 않아 새만금에 비하면 너무도 좋은 투자여건을 가지고 있지만 절대 한꺼번에 개발하지 않는다고 한다. 네덜란드는 오래전부터 수요중심의 공간개발정책을 진행해 오고 있다. '시대가 원하는 만큼 땅을 내어준다'는 것이 주다치의 개발방식이자 개발철학이다. 즉 자연재해로부터 지역의 발전을 담보할 수 있는 보호수단이 마련되었으니 국가나 지역이 그 시대에 필요로 하는 만큼의 땅을 만들어서 사용한다는 것이다. 그래서 주다치간척관련사업에는 '완공'이라는 용어를 사용하지 않는다. 단순한 공사가 아니기 때문에 늘 진행 중이다. 우리의 이야기로 돌아와 보자. 새만금개발사업이 완공될 때까지 기다리는 것은 우매한 짓이다. 필요한 만큼, 할 수 있는 만큼만 해야 한다. 대신 그 공간의 가치를 높이는 일에 집중하고, 높아진 가치를 바탕으로 새로운 전략을 또 세워가야 한다. 조금씩, 시대를 위해서 쓰여지는 것이 새만금의 역사적인 소명인 것 같다.

새만금사업이 진정으로 새로운 전기를 맞게 된 시기는 문재인 정부가 들어선 이후라고 볼 수 있다. 문재인 정부의 '공공주도매립'이라는 공약은 새만금이 지역사업이 아니라 국가사업이라는 것을 인정한 것이다. 풀이를 하자면 향후 건설될 새만금은 지역자산이 아니라 국가자산임을 인정했다는 것이다. 그리고 국가의 책임을 강조하기 위해 실질적인 사업을 진행할 수 있도록 '새만금개발공사설립' 등의 내용이 담긴 새만금개발특별법의 개정안이 국회를 통과했다. 국가가 책임지고 사업을 끌어가겠다는 진정성을 보여준 것이다. 하지만 새만금공사의 미래가 밝은 것만은 아니다. 공사로서 책임과 역할을 다하기 위해서는 적극적으로 국가주도사업을 발굴해야 하고, 수익사업도 스스로 개발해야 한다. 특히 자본조달에서부터 사업실행, 그리고 이익실현에 이르기까지 새만금개발의 선순환을 이뤄내야 하는 것이 새만금개발공사의 책임이다.

따라서 새만금개발공사는 다음의 사업을 실행할 수 있어야 한다고 본다. 첫째, 수익성이 있는 매립지역을 선택하여 신속하게 매립사업을 추진해야 한다. 둘째, 수익성과 공공성이 있는 사업을 모색하고, 이를 속도감 있게 추진해야 한다. 셋째, 천혜의 자연자원인 변산반도와 다도해 고군산열도, 훼손되지 않은 만경강과 동진강 하구의 생태관광지, 그리고 부안 해창지역 원시자연습지 등을 복합적으로 활용하여 새만금지역의 관광을 복원해야 할 것이다.

새만금사업의 주체가 되어 새만금사업을 이끌어갈 새만금개발공사의 향후 전략에 대해서도 생각해보자. 만약 지금까지 그래왔던 것처럼 공간개발방식 중심의 전략을 세운다면 새만금사업은 또다시 멈추게 될 것이다. 거듭 강조한 내용이지만 지역경제에 중요한 역할을 할 수 있는 새만금이 지역산업자산으로 활용되지 못한다면 적어도 우리 시대에는 무용지물일 테니까. 새만금을 지역산업자산화하기 위해서는 공간정책을 '산업정책'으로 전환해야 한다. 즉 단순한 공간정책에서 벗어나 서둘러 산업정책으로 전환해야만 전북의 경제적 자산으로 활용할 수 있다는 뜻이다.

대한민국의 새로운 에너지 중심지, 새만금풍력산업클러스터

새만금이 국가자산으로서 국가의 혁신성장을 선도하기 위해서는 어떤 사업이 적합할지 고민해 보았다. 아무래도 현 정부에서 적극적으로 추진하고 있는 신재생에너지관련사업을 고려해 봐야 될 것 같다. 문재인 정부는 정권 초기부터 원전폐쇄를 결정할 정도로 새로운 에너지산업에 비중을 두고 있다. 답을 먼저 말하자면 새만금에 신재생에너지사업을 펼치기 위해서는 '신재생에너지클러스터'가 필요하다는 것이다.

　환경단체의 요구로 탈원전을 시작했지만 환경을 이유로 지역주민과 관련단체들이 반대하고 있어 풍력발전이나 태양광발전도 전개하기가 쉽지 않다. 국가가 신재생에너지산업으로 활용할 수 있는 지역은 국가 보상이 끝난 새만금이 최적지이자 최선의 선택일 것이다. 하지만 새만금지역도 '신재생에너지클러스터'와 같은 대규모 산업계획이 수립되어야만 지역민들의 동의를 얻을 수 있을 것이다. 풀어서 얘기를 하자면 신재생에너지를 생산도 하고, 신재생에너지를 만드는 데 필요한 기구와 기계를 제작하는 공장들이 산업단지 형태를 이루는 복합적인 산업체계를 갖추어야 한다는 것이다. 풍력발전 같은 경우는 여기저기서 말만 무성할 뿐이지 아직은 어느 지역도 구체적인 풍력산업클러스터는 확정하지 않았다. 그런 상황이니 국가와 전북은 풍력산업클러스터에 대해 깊은 고민을 해주었으면 한다. 특히 풍력산업클러스터는 군산지역과 인연이 있다고 볼 수 있다. 왜냐하면 풍력산업과 조선·기계산업의 경우는 형제산업이라 불릴 정도로 유사성이 있기 때문이다. 조선업의 황폐화로 어려움을 겪고 있는 군산지역을 위해서는 풍력산업클러스터에 대한 적극적인 검토가 필요하다.

　신재생에너지 생산사업을 실행할 경우에는 새로운 사업방식이 필요하다. 기존에 해왔던 것처럼 특정기업이나 특정단체가 사업을 추진하게 해서는 안된다. 특정기업과 특정단체에 이익을 주는 것이 아니라 지역주민펀드나 공공성이 강한 기업^{도민기업, 시민기업}을 만들어서 사업을 하면 특정세력을 위한 특혜라는 오해를 받지 않을 것이다. 이런 사업방식이 지역의 협력을 끌어내는 데에도 도움이 될 것이다.

아시아를 대표하는 과채시장, 스마트팜농산업클러스터

새만금이 국가자산으로서 국가의 혁신성장을 선도하기 위해서는 어떤 사업이 적합할지에 대한 두 번째 고민이다. 청년들이 돌아오는 농촌을 만들려고 하는 국가사업과 연계할 수 있는 방법으로 '스마트팜농산업클러스터'를 구상해 보았다. 지역에 내려와서 농업에 종사하고 싶은 청년들이 있지만 집과 땅을 구매하는 비용이 만만치 않아 포기하는 경우가 많다. 최근에 전문가들이 논의하고 있는 것은 '공공임대형 농장'이다. 국가나 지방자치단체, 공공기관에서 공공채나 공공펀드를 활용하여 공공임대형 첨단농장을 만들어 청년들이 농업에 종사할 수 있게 만든다는 것이다. 이 사업을 추진하려면 지금이 적기이다. 청년인구를 끌어들이지 못하면 아무리 균형발전사업에 자금을 쏟아부어도 농촌지역의 인구절벽을 막지 못할 것이기 때문이다.

농촌청년들이 안정된 생업을 찾을 수 있도록 지원하고자 한다면 공공임대형 스마트팜사업으로 그쳐서는 안 된다. 첨단농업클러스터가 필요한 이유는 미래 농촌산업이 그들의 손에 달려있기 때문이다. 스마트팜을 구성하는 첫 번째는 종자산업이다. 두 번째는 양액 등 생육·성장제산업이고, 세 번째는 유리온실 등 스마트팜을 구성하는 자재산업이다. 마지막은 스마트팜 운영 등에 관한 자동화설비산업이다. 이 부분에서 가장 많은 기술력과 연구실적을 보유하고 있는 곳은 농촌진흥청이다. 농촌진흥청과 함께 '첨단농산업클러스터'를 구상한다면 기술이전 등 다양한 도움을 받을 수 있을 것이다. 최근에 네덜란드를 방문하여 양국협력방안에 대해서 논의한 적이 있었다. 풍력발전산업과 스마트팜에 대해 서로 협력할 의사가 있고, 준비가 되어있다는 것을 확인했다. 네덜란드측은 한국투자도 가능하다는 얘기를 했다.

혼자의 힘으로 어려우면 이웃과 힘을 합하면 된다. 우리는 네덜란드의 선진 기술력을 결합해서 새만금스마트팜농산업단지를 만들 수 있다. 재미있는 구상을 한번 해보자. 첫째, 새만금브랜드 채소를 만드는 것이다. 토마토, 파프리카, 딸기 등을 재배해서 새만금브랜드를 붙여 중국과 러시아, 몽골지역까지 공급지를 넓게 설정하자. 둘째, 운영방식은 공공임대형방식을 택하자. 대기업에서 스마트팜사업을 하려다 농민단체 등의 반대에 부딪혀 실패한 적이 있다. 이제는 지역기업이 하면 된다. 자본도 지역에서 해결하면 된다. 이자율이 낮아졌기 때문에 수익성만 확보된다면 지역은행을 이용하거나 지역민들의 자본을 모아서 사업을 시작하면 된다.

세계잼버리대회를 캠핑산업 홍보 공간으로 활용하자

2017년 8월, 전북은 환호했다. 목말라 있던 국제대회 하나를 유치했다. 바로 보이스카웃연맹에서 추진하는 세계잼버리대회이다. 우리나라 최초의 세계잼버리대회는 1991년에 강원도 고성에서 열렸고, 새만금이 두 번째다. 고성은 잼버리대회를 유치하고도 강원도에 남긴 것이 없었다. 덩그러니 빈 공간만 남아 있을 뿐이다. 최근에 열린 동계올림픽이 성공적이라는 평가를 받은 반면에 강원도는 지금부터가 걱정의 시작이다. 크고 많은 시설들을 관리하고 유지하려면 엄청난 비용이 예상되기 때문이다. 잠시 빛났을 뿐 강원도가 해결해야 하는 문제는 첩첩산중이다.

선진국의 경우 대부분의 국제대회는 우리처럼 국가사업이 아니라 유치도시사업이다. 그래서 예산도 도시에서 조달한다. 동계올림픽은 동계스포츠가 일반화된 국가들이나 관심을 보이는 대회라서 참가자나 방문객이 많지 않아 지역경제에 미친 영향이 크지 않다. 오히려 적자인 경우가 더 많다. 개최국들 상황을 살펴보면 우리가 국제대회를 어떻게 치러야 하는지 해답을 찾을 수 있다. 동계올림픽 성공 도시들은 동계스포츠산업을 가지고 있는 도시들이다. 동계스포츠 관련 산업이란 스케이트, 스키, 스키복, 동계스포츠음료, 동계스포츠설비 등 경기용이나 생활체육용으로 동계스포츠에 필요한 관련 산업 일체를 말한다.

우리는 동계올림픽을 유치해놓고도 충분할 만큼은 준비하지 못했다. 경기를 말하는 것이 아니다. 강원도가 동계스포츠산업에 대해 고민을 더했어야 한다는 말을 하고 싶어서다. 올림픽 기간 내에 손님이 얼마나 오는지 기다리는 것이 일이 되어버릴 정도였다. 청와대균형발전비서관으로 대통령공약사업을 맡았을 때 강원도를 방문한 적이 있었다. 올림픽을 고작 몇 달 앞두고 있는 강원도에는 동계스포츠산업이라고 할 수 있는 건 스키장밖에는 없었다. 전문가들은 한결같이 걱정을 했다. 이렇게 동계스포츠산업이 취약한 곳이라면 과연 강원도는 이번 올림픽에서 무슨 이익을 얻을 수 있을까? 그저 방문객이나 관광객에게 지역을 마케팅하는 정도가 아닐까? 올림픽과 같은 세계대회를 통해 실질적인 이익을 얻기 위해서는 먼저 강원도가 동계스포츠산업을 만들어냈어야 했다. 그랬다면 올림픽을 동계스포츠산업의 해외마케팅 수단으로 활용할 수 있었을 것이다. 안타까워서 동계스포츠음료 하나라도 개발했으면 하는 마음을 전했다.

강원도에 다녀온 후 여름휴가 중 새만금에 다녀왔다. 아무것도 없는 잼버리 대회 후보지에서 1박 2일 야영을 했다. 그곳에서 강원도와 전라북도를 생각 했다. 강원도에서 미처 하지 못한 것, 그 문제를 풀려면 전북은 어떤 선택을 하고 어떻게 준비할 것인가? 함께 야영한 전문가들에게 물어보았다. 무슨 산업을 하면 좋을지에 대해 몇 가지 얘기들이 오갔다. 의견을 종합해보면 캠핑산업을 준비해야 한다는 것이었다. 그렇다. 잼버리대회의 핵심은 야영이다. 잼버리대회는 세계에서 가장 큰 캠핑행사다. 만약 우리가 준비만 제대로 한다면 세계 규모의 행사장에서 캠핑 관련 산업의 상품과 기술을 보여줄 수 있는 것이다.

아침에 주변을 둘러보니 캠핑카가 한 대 와 있었다. 캠핑카를 제작한 회사가 전북에 있는 기업이어서 자세히 찾아보니 캠핑카 부분에서 전국 3위를 차지하고 있는 기업이었다. 전북은 상용차를 가장 많이 생산하는 곳이다. 전북 완주군 봉동읍에 있는 현대자동차 상용차 공장에서 90%가 넘는 상용차를 생산하고 있다. 전북에서 상용차를 생산하고 있기 때문에 캠핑카와 같은 특장차제조업체가 전북에 있다는 것이 놀라운 일이 아니다. 캠핑카제조사를 확인하는 순간 어젯밤 고민했던 문제가 해결되었다.

캠핑 관련 산업은 비약적으로 성장하고 있는 분야이다. 캠핑장, 캠핑장비, 캠핑카, 캠핑푸드 등 그 분야도 다양하다. 특히 캠핑카는 캠핑 외에도 세컨드하우스로서의 기능을 겸하고 있어서 일본에서는 매출이 늘고 있다고 한다. 국내시장도 곧 영향을 받을 것으로 보인다. 전북이 관심을 가져야 하는 분야는 캠핑카에 이어 캠핑푸드다. 아직은 특성화된 시장을 형성하고 있지는 않지만 캠핑족들 사이에서는 제법 인기 있는 식품들이 존재한다. 자연을 즐기려는 사람들에게는 친환경이나 유기농식품들이 관심대상일 것이다. 편리하고 품질 좋은 캠핑푸드시장은 머지않아 미래가 열릴 것으로 예상되는 미개척 시장이라고 볼 수 있어 전북이 더 관심을 가져주었으면 좋겠다. 이 부분의 산업은 어느 지역보다 더 빠른 속도를 낼 수 있을 것이다.

초원과 습지의 야생을 함께 볼 수 있는 유일한 생태관광지

이제는 새만금에 대해서 편하게 얘기할 수 있겠다. 얼마 전까지만 해도 새만금은 금기의 소재였다. 새만금에 대해 부정적인 말을 하거나 문제를 제기하는 사람은 지역발전을 저해하는 사람이라는 인식이 있어서 공공부문에 종사하는 그 누구도 함부로 입을 열지 못했다. 환경문제로 공사가 중단된 적이 있었는데 이때 문제를 제기한 사람은 환경단체 측으로, 새만금사업을 해야 한다고 주장하는 사람은 이해관계에 얽혀 있는 쪽으로 양분되어 오해를 받기 일쑤였다.

사람들이 가장 많이 하는 얘기는 새만금을 그냥 내버려두었으면 훨씬 나았을 것이라는 것이다. 만약 만경강하구와 동진강하구에 있는 갯벌의 생태가 그대로 남아 있었다면 순천만을 능가하는 생태관광지가 되었을 것이라는 아쉬움과 같은 맥락에서 나온 말이다. 그 생태환경과 고군산열도의 해양관광이 결합했다면 전국 어디에서도 따라오지 못할 관광지가 되었을 것이다. 우리는 '순천만정원박람회'에서 새만금지역의 자연적 가치를 처음 확인했다. 새만금

지역은 동진강과 만경강이라는 두 개의 강에서 끊임없이 토사가 내려와 하구 갯벌을 형성한 습지로 규모로 보면 순천만지역의 몇 배가 넘는 곳이었다. 지금은 개발사업과 방수재사업으로 습지가 많이 훼손되긴 했지만 아직도 많이 남아 있는 곳이 있다. 남아 있는 곳이라도 잘 살려서 생태관광지로 활용할 수 있도록 자원관리를 해야겠다.

최근 부안지역에는 수위조절로 인해서 개활지가 드러났고 새로운 바다습지가 나타났다. 노루가 다니고 수많은 새들이 군무를 이룬다. 동력패러글라이드를 타고 상공에 올라가면 아프리카나 중남미지역에서 볼 수 있는 이국적인 대규모 습지를 볼 수 있다. 새로운 야생생태계가 생긴 것이다. 만약 이런 곳에서 야생동물들을 볼 수 있다면 이국적 느낌이 물씬 풍기는 특별한 생태관광지가 될 것이다. 실지로 새만금지역이 벤치마킹하고 있는 네덜란드의 주다치에도 생태관광객들을 위한 탐방로 이외에는 전혀 개발하지 않은 습지가 상당히 남아 있다. 우리는 새만금을 평면적으로 접근하는 우를 범했다. 새만금 전체를 개발지역으로 설정하려는 욕심을 부렸던 것이 사실이다. 어느 부분은 자연상태 그대로 놔두어야 나머지 부분의 가치가 더 높아진다는 생각을 미처 못 한 것이다.

새만금관광의 포인트를 찾아보자. 첫 번째는 아직 남아 있는 습지 만경강과 동진강이다. 두 번째는 부안지역의 야생동물생태습지, 세 번째는 고군산열도이다. 다음은 변산반도국립공원, 마지막은 현재 진행 중인 새만금수목원이다. 새만금관광은 새로운 시각의 접근이 필요하다. 새만금 위에 관광시설을 만들어서 관광객을 끌어들일 것이 아니라 있는 그대로의 생태관광지를 활용한다는 전략이 더 효과적일 것이다. 새로 만들려고 하지 말고 기존의 자원들을 충분히 활용하는 전략이 필요하다고 생각한다.

잃어버린 전북수산업의 복원

　새만금개발사업으로 전북은 전체 해안선의 1/3을 잃게 되었다. 수산업의 가치로 보면 절반 정도가 사라졌다는 표현이 맞을 것이다. 왜냐하면 새만금지역은 서해안지역에서 중요하게 여기는 연안어업을 하던 황금어장이었기 때문이다. 이 지역의 수산업은 전북경제의 중요한 한 축을 형성할 만큼 든든한 기둥이기도 했다. 황금어장의 원천은 최고 수준의 서해안 갯벌이다. 풍요로운 갯벌의 원천은 동진강과 만경강에서 끊임없이 날랐던 육지의 자양분이다. 그래서 어종도 풍부했고, 갯벌은 갯벌대로 가장 건강한 영양상태를 유지할 수 있었다.

　30년 전 김제의 만경강하구갯벌 인근지역에 이런 말이 있었다고 한다. 얼마나 갯벌이 풍요로운지 갯벌 1마지기는 논 10마지기하고도 바꾸지 않는다고. 여기에서 사는 맛조개의 크기도 일반 맛조개 보다 두 배가 커서 대나무를 닮았다 하여 '죽합'이라 불렀다고 한다. 부안지역은 자연채취가 가능한 조개류와 대규모의 백합양식장이 있어 부자가 많아 풍요의 상징이었다. 새만금지역에 속하는 군산, 부안, 김제의 가장 중요한 자산은 바로 수산업이었다. 만약 옛날 그대로 새만금지역이 존재했다면 전북수산업은 전국에서 수위를 차지했을 것이고 지역경제활성화에도 단단히 한 몫을 했을 것이다.

　지금까지의 새만금사업방식은 개발하려면 어업을 포기해야 한다는 것이었다. 이것 아니면 저것을 선택하라는 분리방식보다는 개발과 생업이 공존하는 '새만금형지역포용정책사업'도 고민해봤으면 좋겠다. 생활터전이었던 어장을 잃어버린 어민들을 다시 한번 생각해보면 어떨까. 일부 해상풍력시설의 사례를 보면, 수면 아래에 있는 풍력발전기 기둥을 잘 활용하면 새로운 어업도 가능하다고 한다. 기둥을 활용해서 양식장으로 쓸 수 있는 연구 등도 진행 중이라고 하니 관심을 가져주길 바란다. 새만금지역 어민들은 항상 한쪽 가슴이 아픈 채로 살고 있다고 한다. 상생의 방법을 찾아가는 것도 지속 가능한 새만금지역의 산업화 방안이 될 수 있다.

[혁신도시는 산업자산이다]

농식품산업생태계 조성

농촌진흥청은 농업기술에서부터 농기계, 사료는 물론 식품산업에 이르기까지 농생명 그리고 식품산업생태계를 만드는 종합적인 기술을 가지고 있는 국가기관이다. 전북은 농진청의 종합적인 기술을 활용할 수 있는 산업군을 지역에 만들어야 한다. 지난해 마지막으로 한국식품연구원이 이전했고, 더불어 신기술을 가진 기업체들도 이전하여 기능성 식품연구에 전념하고 있다. 농업부터 최첨단 바이오산업까지 두루 갖추었으니, 전북은 이제 아시아의 농생명, 식품산업생태계를 만드는 지역으로 다시 태어나야 한다.

아시아 농식품교육의 메카

농촌진흥청 외에 귀한 보물이 또 있다. 한국농수산대학이다. 국가농수산업

후계자를 양성하고 있는 농수산대학은 농도인 전북에서 제2의 성장과 도약을 꿈꾸고 있다. 정부의 핵심농정방향이 '전문인력양성'이고, 전라북도 역시 보람 찾는 농민·제값 받는 농업·사람 찾는 농촌을 일컫는 '삼락농정'을 펴고 있는 때라서 농수산대학의 전북 이전은 그 의미가 더욱 크다고 할 수 있다. 현대농업은 과학영농이며, 농민도 이제 과학적인 농업경영인이어야 한다. 따라서 첨단시설과 체계적인 직업교육시스템을 갖춘 농업교육은 반드시 필요하다. 전북도 꾸준한 관심을 갖고 지역대학의 농식품 관련 학과와 협력할 수 있도록 도와야할 것이다.

전북은 농촌진흥청, 농업경영인연수원, 농식품사관학교, 한국농수산대학 등 다양한 농업 관련 기관이 들어옴으로써 농진청을 중심으로 한 농업분야클러스터의 완성과 함께 국내 최고의 농업교육장이 되었다. 한국 농어촌의 미래를 짊어지고 있는 후계자들은 전북의 소중한 인적자산이다. 이들과 함께 전북을 농식품교육의 메카로 만들어, 아시아농식품수도로 향하는 길에 한 발짝 더 나아가야 한다.

금융산업생태계 조성

전북은 혁신도시 조성 과정에서 크나큰 상처를 입은 적이 있다. 전북으로 이전할 예정이었던 한국토지공사가 한국주택공사와 합병하게 된 것이다. 전북은 합병된 기관을 분산 배치해달라고 계속 요구했다. 하지만 아쉽게도 합병된 LH공사는 한국주택공사의 이전 예정지였던 진주혁신도시로 배치되었다. 상처 입고 좌절한 것은 전북도민들이었다. 이어 정부는 경남으로 이전이 예정되었던 국민연금관리공단을 전북에 배치하기로 했다. 그런데 여기에도 문제가 생겼다. 국민연금관리공단의 핵심조직인 기금운용본부를 공사화하여 여의도에 남기겠다는 것이었다. 전북은 정부를 상대로 끈질기게 투쟁했다. 그 결과 국민연금관리공단 기금운용본부가 전북 혁신도시로 이전하게 되었다. 조금 성급한 감은 있지만 전북은 조심스럽게 미래를 위한 준비로 '금융전북'이라는 타이틀을 사용하기 시작했다.

대망의 금융전북 시대를 열어가려면 할 일이 많다. 국내에서 가장 큰 연기금투자기관인 국민연금관리공단을 기반으로 전북에서는 금융타운조성 등 금융인프라를 더 확장하여 금융산업생태계를 조성한다고 한다. 하지만 금융도시플랜은 3백 5십만 명의 대도시 부산에서도 추진했지만 쉽지 않았다. 그래서 또 하나의 장밋빛 청사진을 내놓기 보다는 전북지역에 기반을 둔 금융기반자산을 토대로 정밀하게 계획을 세우고 단계적으로 추진하여야 한다. 전북은 그동안 취약한 금융환경 속에서도 전북은행을 건실하게 키워왔다. 호남을 모두 아우르는 지방금융중심도시로 발전한 전북이기에 이제는 작지만 건실한 글로벌연기금금융도시로의 도약도 생각해 볼 수 있다.

전기안전산업생태계 조성

전기안전공사는 전기 재해로부터 국민의 생명과 재산을 보호하여 공공의 복리증진에 기여할 목적으로 설립되었다. 2014년, 한국전기안전공사는 전북으로 이전하자마자 주민음악회를 개최하는 등 지역주민과의 친화력 증진에 노력했다. 대중을 상대로 하는 공사의 성격이 잘 반영된 지혜로운 접근방식이었다고 평가된다. 한국전력공사가 전남광주 나주혁신도시로 이전했기 때문에 전력산업과 관련이 있는 산업적 가치는 전남이 가지고 있다고 볼 수 있겠으나, 전기안전부문에 대해서는 전북에서 산업화할 수 있도록 그 틀을 구상해야 한다.

전기는 차세대 에너지산업의 핵심이다. 즉 무한성장이 가능한 미래산업이라는 점을 놓치지 말아야 한다. 전기에너지산업은 생산 못지않게 안전관리가 중요하다. 대규모 정전사태에 대비할 수 있어야 하고, 전 세계적으로 대세가 예상되는 전기자동차시장에 필수적인 것도 안전문제가 걸려 있다. 고압전류를 사용하는 전기차의 안전은 누가 어떻게 지켜야 할까? 전기차 정비 문제도 사전교육이 전무한 상태라서 심각하다. 전북은 서둘러 인재양성사업을 추진하여 필요한 전문인력을 배출할 수 있어야 한다. 사람이 있어야 지역산업으로 만들고 성장시킬 수 있다. 특히 최근에는 베트남 등 개발도상국에 한국의 전기안전기술을 수출하고 있기 때문에 지역과 전기안전공사가 함께 이 문제에 집중하면 지역 내 산업증진은 물론 새로운 분야의 전문 일자리 창출이 이뤄질 것이다.

출판문화산업생태계 조성

출판문화산업진흥원은 전북의 역사적 가치를 드높일 수 있는 매우 의미 있는 공공기관이다. 전주는 '예향'이라 불리고 있지만 그보다 더 잘 어울리는 것은 '인문지향'이라고 한다. 출판문화산업진흥원 대표가 TV대담프로에서 한 말이 있다. 인쇄와 출판사업이 인문학의 토대를 이루고 있기 때문에 전북

예술이 융성할 수 있었다는 것이다. 전북 문화예술의 뿌리를 찾아가 보면 그의 말이 맞다는 것을 알 수 있다. 전주에서 인쇄된 소설 완판본은 유일하게 서울의 경판본과 어깨를 나란히 했다. 전주는 출판에 필요한 좋은 조건을 구비하고 있다. 한지의 생산지이자 수공업자 집단이 형성되어 있었으며, 노령산맥에서 질 좋은 나무를 얻을 수도 있다. 전주는 아직까지도 한지의 고장이라는 명맥을 유지하고 있다. 뿐만 아니라 임진왜란 때는 온갖 위험을 무릅쓰고 전주사고의 조선왕조실록을 지켜낸 안의와 손홍록을 배출하기도 했다.

한지와 인쇄, 출판문화를 산업적으로 이어가는 일은 완판본 정신을 이어가는 것과 같다. 최근에는 대한민국에서 유일한 '책박물관'이 완주에 들어섰다. 완주군 삼례에는 중고서적 등 10만 권의 도서를 구비한 헌책방과 북카페, 오래전에 생명을 다한 인쇄기계와 온갖 출판도구들을 간직하고 있는 책공방도 있다. 이런 것들이 조화롭게 어우러진다면 전북에서 새로운 출판문화산업생태계를 만들 수 있다. 출판도시로서의 위상을 회복하기 위한 콘텐츠 활용과 더불어 지역별로 특화된 산업생태계를 지원하는 일을 시범사업으로 시작했으면 좋겠다. 한 가지 예를 든다면 음식과 식품문화로 특화하여 음식과 식품에 관한 출판을 지원하는 제도를 시작하는 것이다.

공공교육산업생태계 조성

완주군 이서면에 지방행정연수원이 들어섰다. 그동안 30만여 명의 지방공무원 중 5급 이상의 핵심간부를 양성하는 중심교육기관으로 연간 7천여 명의 교육생을 배출하고 있다. 얼마 전에는 지방자치인재개발원으로 명칭을 바꾸었다. 이곳에서 이뤄지는 다양한 교육프로그램들 중에서 눈에 띄는 매력적인 프로그램이 있다. 바로 해외공무원들의 국내연수다. '행정한류'라는 말이 생길 정도로 우리나라의 효율적인 행정시스템과 공무원 양성과정에 관심이 쏠리기 시작하면서부터 많은 개발도상국에서 우리의 경험을 전수받기 위해 방문하고 있다. 개발원을 거쳐 간 해외공무원들은 각 국에서 고급간부로 활동 중이며, 한국에서 교육받은 공무원들끼리 동창회를 결성한 지역도 있다고 한다. 이런 소식을 접하고 나서 이런 생각을 했다. 지방자치인재개발원에서 해외공무원들을 대상으로 '홈커밍데이'를 여는 것은 어떨까? 홈커밍데이 기간 중에는 각국의 사례를 모은 국제공공정책학술세미나를 겸하면 좋겠다. 그리고 이런 행사들이 성공하면 해외공무원연수를 특화하여 해외공무원전용연수원을 별도로 만드는 기획도 필요할 것 같다.

공공교육산업생태계를 조성하려면 더욱 폭넓은 시설이 들어오고, 그에 따른 프로그램도 만들어야 한다. 지방자치 역사가 20년이 넘었음에도 지방분권과 지방자치를 강화하기 위한 준비조차 못하고 있는 실정이다. 지방의회의 역할과 기능이 확대되고 있는 상황인데도 지방의원의 전문성을 향상시킬 교육기관은 단 한 곳도 없다. 지방자치인재개발원과 전북이 힘을 합쳐 전북에 한국지방의정연수원을 만든다면 그 어떤 지역보다 효율성이 높다. 왜냐면 의정연수원의 교육프로그램의 상당부분이 지방행정과 관련되어 있기 때문에 지방자치인재개발원교육프로그램과 겹치는 부분이 많다. 이런 일들이 순조롭게 진행된다면 전북은 전 세계 지방공무원교육의 메카로, 지방자치의원교육의 메카로 공공교육산업생태계를 완성시켜 나가게 될 것이다.

공간정보산업생태계 조성

미래사회는 지식정보사회에서 스마트사회로 변모하게 될 것이라고 한다. 스마트사회를 구현하는 핵심요소는 공간정보서비스다. 따라서 세계 공간정보산업은 급속도로 성장하고 있으며, 글로벌기업들 사이에서는 이미 시장경쟁이 치열한 산업 분야이다. 공간정보산업은 공간에 관한 정보^{위치정보 외에도 유무선통신기술, 시설물원격관리, 지하자원추적정보, 공간디자인정보 등}를 생산·관리·유통하는 산업이다. 다른 산업과 융·복합하여 경영효율성을 높일 뿐만 아니라, 빅데이터와 결합하여 상상 이상의 문제해결능력을 보여주는 미래첨단산업이다. 일부 국가에서는 다양한 공간정보와 빅데이터의 결합을 통해 범죄예방시스템, 재해예방시스템을 가동하여 삶의 질을 높이고 있다.

이러한 공간정보산업화를 핵심사업으로 담당하고 있는 한국국토정보공사는 혁신도시로 이전한 후 오자마자 전북을 세계 최고의 공간정보산업 메카를 만들겠다고 선언하면서 '제1회 공간정보산업 활성화를 위한 세미나'를 가졌다. 우리의 공간정보산업이 국내를 넘어서서 세계시장 점유율을 높이기 위해서는 중소기업은 물론 지역과의 상생협력이 바탕이 되어야 한다는 주제였다. 한국국토정보공사는 이미, 작지만 의미 있는 지역과의 협업을 시작했다.

전북도는 미래산업지도를 다시 그려야 할 필요가 있다. 전국 어디에서나 천편일률적으로 지향하는 미래산업은 경쟁력이 없다. 특히 우리 지역은 관련 기업이 부족할뿐더러 인적 자원기반도 넉넉하지 않기 때문에 연구지원금만 축내는 신산업은 정리되어야 한다. 마침 한국국토정보공사 이전으로 밀접한 지역협력이 이뤄지고 있으니, 공간정보산업을 전북의 새로운 지역전략산업으로 선택하는 것도 생각해볼 일이다.

[오래된 산업자산을 다시 보자]

섬유산업 영광을 재현하자

　전북도의 지역전략산업은 자동차·기계산업, 융·복합소재산업, 식품·생명산업 등이다. 최근에는 기존 전략산업 이외에 지역 전통산업인 섬유부분을 추가한다는 발표가 있었다. 이런 조치는 현실적인 산업구조에 근거한 것으로 보여 다행스럽다. 전북에서 섬유산업이 차지하고 있는 비중은 작지 않다. 전체 제조업체 중 섬유산업 제조업체의 수는 9백여 개로 9%정도에 이르고 있다. 특히 속옷시장의 경우에는 전국 내의 관련 기업체 수의 20%를 차지하고 있다. 란제리를 제외하면 내의시장 점유율은 그보다 훨씬 높다. 내의산업 메이저사의 대부분이 바로 우리 지역에 있기 때문이다. 특히 쌍방울, BYC, 좋은사람들 등 토종 속옷 업체들을 중심으로 클러스터 형태를 구성하고 있다. 따라서 전북은, 섬유산업을 지역의 기간산업으로 새롭게 인식하고 정책적 관심을 집중할 필요가 있다. 특히 섬유산업을 통해 지역경제와 고용활성화라는 목표를 달성하기 위해서는 다음과 같은 노력이 필요하다.

　첫째, 소재와 디자인 개발에 집중 지원이 필요하다. 내의류산업의 메카로서의 영광을 되찾기 위해서는 내수시장은 물론 중국을 비롯한 해외시장에서 내의류한류시장을 선도할 수 있도록 내의소재, 디자인 등의 개발에 집중 지원해야 한다. 둘째, 유기농의류산업클러스터 등의 신규사업 구상이 필요하다. 국내 유기농의류시장의 규모는 아직 작지만 향후 지속적으로 확대될 전망이다. 따라서 시장을 선점해야 한다.

세계시장은 산업구조변화를 겪으며 격변의 시기에 있다. 스마트폰 어플 하나가 개발되면 하나의 업종이 사라지는 현실이다. 그러나 의식주 관련 산업은 영원한 미래산업이다. 그래서 의식주를 중심으로 한 전통산업의 가치는 다시 높아지고 있다. 섬유는 전북의 향토산업이자 전통산업이다. 토종산업에 대한 관심이 정책으로 이어져 집중지원 된다면 전북은 예전의 명성을 다시 되찾아 섬유산업의 메카로 거듭나게 될 것이다. 프로야구단 유치에 실패했던 아쉬움이 되살아난다. 쌍방울레이더스, 우리의 추억을 현실에 되살리는 길은 프로야구 유치가 가능하도록 섬유산업과 섬유대표기업을 육성하는 일이다. 전북의 섬유산업에 다시 한 번 기대를 걸어본다.

[유치 기관·기업에 지역문화로 서비스하자]

지역들의 기업유치 경쟁이 치열해서 각 지역마다 유치기업의 숫자를 헤아리며 이를 성과로 관리하고 있을 정도다. 이제 기업유치는 정치인의 공약이나 공무원의 실적관리를 넘어서서 실질적으로 주민의 경제와 생활에 영향을 미치고 있으며, 지역의 중요한 가치로 인정받고 있다. 그러나 일단 기업이 지역에 들어오고 나면 관심이 처음과 같지 않다. 누군가가 이웃으로 이사 오면 그들이 안정되게 정착할 수 있도록 배려하여 모르는 것을 가르쳐 주듯이 기업도 마찬가지로 지역이 애프터서비스를 해주어야 한다. 유치기업들의 만족이 또 다른 기업을 부르는 촉진제가 될 수 있기 때문이다. 그들에게 지역이 해줄 수 있는 일은 무엇이 있을까 고민해 보자.

전주는 타 지역에 비해 문화단체 및 문화공간의 밀도가 높은 곳이다. 소규모지만 인구대비 비교적 많은 극단이 있고, 국악을 비롯한 문화예술인단체 등 공연을 할 수 있는 인적자원도 타 도시에 비해 많은 편이다. 이와 같은 문화자산을 나누는 일은 전북을 새 삶의 근거지로 삼은 사람들에게 좋은 선물이 될 수 있다.

그러나 유치기업의 직원들이 지역생활에 자연스럽게 흡수되기 전까지는 낯선 지역의 문화 공간에 접근하기가 쉽지 않다. 그렇다면 접근성 높은 문화 프로그램을 만들면 어떨까. 예를 들면 '찾아가는 문화서비스' 같은 것이다. 전주가 가지고 있는 문화도구들을 기업 속으로 싣고 들어가는 방법이다. 시무식, 종무식, 창립기념일, 단합대회 등의 행사에 음악과 춤, 공연, 전시 등을 접목시키면 된다. 문화예술인들이 많기 때문에 인력 조달이 충분하고 비용도 조율이 가능할 것으로 보인다. 지역의 문화예술인들에게도 소득원이 될 수 있어 서로 좋은 일이다.

전북은 가족과 함께 정주하고픈 환경으로 손색이 없다. 특히 문화·예술적 풍요는 모든 사람들이 부러워하는 요소다. 기업행사에 다양한 장르의 지역 문화예술인 활동이 유입된다면 기업문화는 풍요로워지고 이런 소소한 혜택들은 문화욕구를 충족시켜 지방에 산다는 위축된 마음에 위로가 될 수도 있을 것이다. 이런 일들은 '기업유치과' 내에 기업문화지원팀을 신설하고 유치기업문화지원조례를 만들어서 관리하면 좋을 것으로 보인다. 그러면 전북은 가장 풍성한 기업문화가 살아 있는 지역이라는 새로운 브랜드자산을 얻게 될 것이다. 카리브해의 자메이카는 "놀고, 쉬고, 즐기기 좋은 곳에서 사업하세요."라는 슬로건으로 외국기업들을 유치한다고 한다. 지금 문화전북이 고민해야 하는 중요한 말이다.

[전북은행, 호남경제의 기둥으로 성장해야]

전북은행은 IMF의 고비를 넘기고 살아남은 지방은행이다. 지방은행은 1967년에 지방의 금융지원을 목적으로 설립된 금융기관으로, 시중은행과는 업무내용 면에서 별 차이가 없으나 영업구역이 일부 제한되고 있는 점이 다르다. 각 지역별로 순수민간자본으로 10개의 지방은행이 설립되었지만, IMF 구제금융사건의 영향으로 통폐합 등을 거쳐 현재 3개 지방은행만이 독립적으로 운영되고 있다.

우리 지역의 전북은행은 지역금융주권 만큼은 빼앗기지 않겠다는 각오로 살아 남았고, 2013년 7월 1일 JB금융지주를 출범시켰으며 우리금융이 보유하고 있던 광주은행을 인수하게 되었다. 이제 JB금융지주는 전북은행, 광주은행, JB우리캐피탈, JB자산운용 등의 계열사를 가진 서남권의 대표적인 중견금융지주사로 성장하였으며 전북은행 역시 모회사로서 호남경제를 이끌어가는 비중 있는 역할을 맡게 되었다. 따라서 더 견고한 전략과 새로운 실천역량이 요구된다.

첫째, 호남금융을 대표할 만한 비전과 전략을 세워야 한다. 이를 위해 지역경제연구소 설립하여 지역중심의 독립적인 지역경제 및 금융전략을 세울 수 있도록 해야 한다. 둘째, 글로벌금융에 대한 역량강화다. 서해안 시대에 대비하여 대중국관련 금융상품의 개발이 필요하다, 거주 외국인이나 유학생들을 대상으로 전북은행 통장을 갖게 하는 등 특별금융상품이 그 시작일 수 있다. 셋째, 지역특화금융상품개발이다. 호남지역경제에서 가장 많은 부분을 차지하는 산업군에 대해 집중하여 지역산업에 체화된 금융상품과 투자상품 개발에 노력해야 한다. 예를 들어 국가식품클러스터 관련 기능성식품펀드, 익산의 보석산업과 관련된 보석펀드, 혁신도시의 혁신산업과 관련된 벤처투자 등에 나서야 한다. 넷째, 국민연금관리공단기금운용본부와의 협력체계구축이다. 이는 새로운 금융프레임을 개발할 수 있는 아주 유용한 전략이 될 수 있다. 이 모든 것이 순조롭게 진행될 때, 전북은 작은 금융메카로서의 밑그림을 그릴 수 있게 될 것이다. 이런 전략과 사업은 은행 혼자 주도할 수 없으므로 전북도는 신용보증재단을 통한 혁신산업특별보증, 지역별특화보증 등의 상품을 개발하고 전라북도 산하에 지역특화금융특별지원팀을 만들어 모처럼 시작된 지역금융의 희망스토리가 전북경제회생의 시작이 될 수 있도록 지원과 협력을 아끼지 말아야 할 것이다.

몇 해 전 전북은행과 아프로서비스그룹이 구성한 전북은행-아프로서비스그룹 컨소시엄 캄보디아 프놈펜상업은행PPCB 인수했다. 프놈펜상업은행은 캄보디아 소재 36개 상업은행중 자산규모 10위권 은행으로 총자산 5천억 원, 직원 2백여 명, 수도인 프놈펜과 주요 거점도시에 14개의 지점을 보유한 은행으로 차별화된 영업방식과 우수한 인적자원을 기반으로 캄보디아에서 경쟁력 있는 은행으로 평가받고 있다.

프놈펜상업은행 인수에 나선 배경에는 지속되는 경기침체 및 저금리 기조로 수익성이 악화되고 있는 국내시장의 한계를 극복하고 균형있는 포트폴리오 구축을 통해 수익구조를 다변화하는 등 지속적인 성장기반을 마련하기 위해서다. 특히 프놈펜상업은행이 속한 캄보디아는 연 7% 수준의 높은 경제성장률을 기록하고 있고, 금융기관 이용인구가 총인구의 20% 이하일 뿐만 아니라, 동남아 인근 국가대비 향후 금융업 성장 가능성이 높고, 거래가 미국달러로 이루어져 환 리스크 또한 낮아 동남아 국가 중 금융업 진출의 최적국가로 평가받고 있다.

앞으로 전북은행은 지난 49년간 한국 은행업의 노하우를 보유한 경험과 캄보디아에서 활성화되고 있는 마이크로파이낸스사업에 대해 소비자금융노하우를 접목하여, 프놈펜상업은행의 강점과 결합한 차별화된 모델을 구축하여 프놈펜상업은행을 동남아시아의 대표은행으로 성장시켜 나갈 계획이다. 전북은행은 프놈펜상업은행인수를 시작으로 글로벌금융의 첫발을 띄었다. 캄보디아 내에서 금융전략을 찾는 것도 중요하지만, 전북지역의 산업과 캄보디아의 산업을 연결시켜 시너지 효과를 얻을 수 있는 사업을 찾는 것도 전북은행의 중요한 몫이 될 것이다.

호남은 한반도에 수도작 농경문화가 시작된 이래 1백년 전까지는 경제적 수도권이었다. 하지만 전북은 해방 이후에 제대로 된 산업생태계를 만들지 못했고, 현재 경제 부분 통계수치는 최하수준에 머물러 있다. 패배의식과 자포자기를 부추기는 절망스런 뉴스 속에서도 간간히 희망을 보게 되는데, 전북은행도 그중 하나다. 모쪼록 호남 유일 지방은행으로서의 면모를 갖추어

지역경제를 리드하는, 그리고 글로벌금융시장을 새로 개척하는 글로벌금융의 모델이 되기를 기대한다.

교통편

[초고속 대중교통 수단의 의미]

일본은 고속철도인 신칸센 개통 이후 각 도시의 경제활성화 정도에 대해 개통 전·후를 비교한 적이 있다. 연구결과는 예상과 달랐다. 역을 끼고 있는 대부분의 도시는 기대했던 만큼 경쟁력이 높아지지 않은 것으로 나타났다. 경쟁력이 높아진 지역에 대한 도시의 공통점에 대해서도 살펴보았는데, 바로 도심속도였다. 즉 '도심속도'를 컨트롤한 도시만이 도시경쟁력이 높아졌다는 것이다. 이 연구결과가 시사하는 것은 고속인프라 도입으로 도시와 도시 간의 속도는 개선할 수 있지만 도시 내 속도는 개선할 수 없다는 것이다. 결국 도시 내 속도를 컨트롤할 수 없다면 도시 간 속도를 컨트롤한들 별 의미가 없는 것이다. 지역 간 속도개선으로 30분 단축이 되었는데 지역 내 교통체계의 낙후문제로 30분을 더 소비하게 된다면 고속인프라의 도입은 아무 의미가 없다는 뜻이다.

경쟁력 있는 도시의 두 번째 특징은 특화된 산업군이나 특화된 시장을 가지고 있다는 것이다. 지역이 특화되어 있지 않으면 초고속교통인프라로 인해 오히려 다른 도시에 흡수되기 좋은 조건이 되어버린다는 것이다. 즉 초고속교통인프라로 하여금 흡수할 것인가, 흡수당할 것인가를 강요받게 된다는 결론이다. 만약 한 도시의 산업과 대체될 수 있는 유사한 산업군을 다른 지역이 가지고 있다면 경쟁력에서 조금만 밀려도 얻고자 했던 것을 빼앗기게 된다. 즉 대규모 초고속인프라의 시대에는 그 도시만의 독특한 정체성을 지닌 산업과 문화만이 살아남을 수 있다는 것이다. 세 번째 특징은 '종착역효과'이다. '종착역효과'란 '종착역'이라는 매력이 여행자 심리를 자극하여 방문객을 이끌기도 하고, 종착역을 중심으로 숙박하는 여행프로그램을 구성한다는 것이다. 호남선과 전라선을 공유하고 있는 전남과 전북은 지역특성도 유사하고, 관광지로서의 유사성도 함께 존재한다. 예를 들어 '음식관광'이라는 공통된 여행소재가 있다면 전주에 들러서는 한 끼 정도만 해결하고, 나머지 식사와 숙박은 더 큰 도시나 종착역에서 하게 되니 경쟁에서 밀릴 수밖에 없다. 또 하나의 위기상황으로는 단순한 '정차역'이 될 수도 있다는 점이다. KTX 호남선 개통으로 광주는 2시간 40분대에서 1시간 40분대로, 익산은 1시간 50분에서 1시간 10분대로 줄어들었다. 체감속도는 광주가 훨씬 높다.

[지역 내 속도 조절 방안]

앞서 일본의 고속인프라 도입 전·후 각 도시의 경제활성화 정도에 관한 연구결과를 언급하면서 지역 간 속도보다 지역 내 속도가 더 중요하다는 점을 밝혔다. 지역 내 대중교통 인프라 속도를 개선하지 않으면 KTX도 공항도 필요가 없게 된다는 결론이다. 그렇다면 지역 내 속도를 어떻게 컨트롤 할 것인가? 대부분의 도시는 자동차가 증가하고 있기 때문에 도심 내 속도를 컨트롤하는 것이 불가능하다. 그래서 특단의 조치를 취한 도시만이 도시경쟁력강화라는 혜택을 누리게 되는 것이다.

도심 내 속도를 컨트롤할 수 있는 방법을 찾아보자. 첫째는 도시와 산업자원 간의 접근 시간을 줄이기 위해 고속철도역 주변으로 산업자원아파트형 공장 등을 집중시키는 방법이 있다. 둘째는 현재의 비효율적인 시내버스 노선체계를 지역 특성에 맞게 과학적으로 재정비하는 것이다. 전산화된 교통카드 이용실적 등 노선평가관리시스템 개발을 통해 이용자·운영자·지역사회가 합의를 이끌어 낼 수 있는 합리적인 시내버스 노선체계를 만들면 된다. 셋째는 기존의 대중교통 수단 외에 레일 위를 달리는 전차를 운행하는 것이다. 한옥마을 같은 특정한 관광지 주변이나 외곽에 있는 공용주차장에서 도심까지 왕복하는 일부 지역을 운행하면 된다. 호남선 KTX 개통 1년 후 이용객 증가에 대한 통계를 보면 광주 송정역은 220%대 증가율을 보인 반면, 익산역은 50%대에 그치고 있다. 그간의 우려대로 종착역효과로 인한 경쟁력 저하는 어쩔 수 없다손 치더라도 지역 내 속도를 높이는 작업은 반드시 해야만 한다.

[관문부터 관리하자]

방문객을 맞이하는 관문인 버스터미널을 보자. 전주시외버스터미널은 초라하기 이를 데 없다. 1975년 전주버스터미널이 들어설 당시에는 전국 최고 수준이어서 타 지역의 벤치마킹 대상이 되기도 했다고 한다. 하지만 그 이후에 약간의 리모델링을 했을 뿐 큰 변화 없이 40년이 흘렀다. 고속버스터미널도 다를 게 없다. 1980년에 건축되어 아주 조금만 부분적으로 리모델링했다가 최근에야 신축공사를 했다. 더 큰 문제는 고속버스터미널과 시외버스터미널이 분리되어 있기 때문에 이동하기가 불편하다는 것이다. 철도역은 멀찌감치 떨어져 있을 뿐만 아니라 대중교통편도 원활하지 못해 주민은 물론 방문객들의 불평이 하루 이틀이 아니다. 이런 문제들을 해결할 획기적인 방안을 찾지 못하면 원성은 더 높아질 것이다. 시외버스터미널과 고속터미널을 연결시키는 작업은 반드시 해야 한다. 그것도 서둘러야 한다. 현재의 위치에서 서로를 연결하는 방법을 강구하든가, 아니면 개발이 진행 중인 종합경기장 공간을 교통인프라와 컨벤션 등을 겸비한 복합콤플렉스로 만드는 방안도 검토해볼 만하다. 사실 더 답답한 곳은 바로 익산역이다. 호남의 관문역이라고 하기에는 다른 지역의 역사에 비하면 너무나 비좁고, 초라하다. 2층 대합실에 상가만 몇 개 있을 뿐이다. 여러 KTX역들이 갖추고 있는 쇼핑공간이나 컨벤션시설 중 어느 것 하나도 갖추지 못했다. 버스터미널 등 타 교통시설도 집적화되지 않았다. 익산 역시 하루빨리 교통시설의 집적화는 물론 복합공간개발을 해야 한다. 일본의 경쟁력 있는 도시들처럼 비록 통과역이지만 특화된 산업자원으로 특화시장을 형성한다면 다른 도시에 흡수될 염려는 하지 않아도 될 것이다. 식품클러스터와 관련된 벤처기업이나, 보석벤처기업들이 입주할 수 있는 창업공간을 익산역 근처에 배치하는 것도 방법이 될 수 있다. 판교 제2테크노밸리는 고속도로변에 최대 규모의 임대형 벤처창업공간을 마련한다고 한다. 그곳을 벤치마킹해도 좋을 것이다.

위의 몇 가지 사례를 통해 알아야 할 것은 전라북도 내의 교통인프라가 획기적으로 개선되지 않으면 KTX나 공항 문제가 해결된다 하더라도 결코 경쟁력을 가질 수 없다는 것이다. 거듭 강조하는 말이지만 도심 내 속도를 컨트롤하고자 하는 있는 의지가 없는 도시가 초고속교통인프라를 탐내는 것은 어리석은 욕심에 불과하다. 대중교통경쟁력이 없는 곳은 결국 쇠퇴한다는 교훈을 잊지 않길 바란다.

글로벌편

[서해안시대, 소프트파워가 답이다]

역사적으로 볼 때 세계의 주도권은 바다를 지배하는 자의 몫이었다. 그리스와 로마는 지중해시대를 열었고, 영국의 산업혁명으로 대서양시대가 열렸다. 1950년대 이후에는 미국과 일본이 태평양을 통해 무역하며 세계의 시장을 장악했다. 사람들은 2000년대 이후에 열릴 바다는 중국과 한국 사이에 있는 서해일 것으로 예상하고 있다. 우리는 1980년대 후반부터 중국이 부상할 것을 생각해 '서해안시대'라는 말을 사용했다. 서해안고속도로 건설도 다가오는 서해안시대를 대비하기 위한 것이고, 새만금지구간척사업 역시 서해안이 경제개발의 핵심 축으로서 중요한 역할을 할 것이라는 기대로 진행되고 있다.

대중국 교역이 확대됨에 따라 중국과 지리적으로 가까운 우리나라 서해안 지역에서는 서로 주도권을 잡고자 앞다투어 지역발전가능성을 어필하고 있다. 서해안의 중심지가 되려면 항만, 도로·철도, 공항 등 사회기반시설을 완벽하게 갖춰야 한다면서 인프라 확충에 집중하고 있다. 하지만 대부분의 지역에서 모두 가능성만을 얘기하고 있을 뿐 아직은 대중국경제협력의 가시적인 성과를 만들고 있는 곳은 없다. 전북은 서해안시대를 이끌기 충분한 지정학적 위치에 있다. 새만금도 강력한 자원이다. 타 지역에서 인프라만을 강조하고 있을 때 우리는 글로벌 제도에 대해 먼저 고민하고 선도하도록 하자.

[대중국특구! 중국문화특구부터 시작하자]

글로벌지역개발 방안에 빠지지 않고 등장하는 나라가 중국이고, 대부분의 광역단체가 대중국특구를 추진하고 있다. 13억 중국인들의 투자를 끌어내 지역경제를 살려보자는 취지이다. 전북에서도 새만금권을 대중국 관문으로 삼아 글로벌 경쟁거점으로 육성하고자 하는 종합계획이 거론되었다. 하지만 구호만 거창할 뿐 서해안에 있는 어떤 지역에서도 실제 표본이 될 만한 모델을 만들어 내지 못하고 있다. 그렇다면 중국특구에 관한 과제는 어디서부터 풀어가야 할까. 접근 방법을 달리하거나 방향을 틀어서 생각해 보면 그리 어렵지 않게 실마리를 찾을 수 있다. 중국인들에게 익숙하고 편리한 사회시스템을 만드는 것이 1차적인 조건이자 시작이라고 본다. 그런 관점에서 보면 전북은 중국특구를 만들기에 좋은 조건을 갖추고 있다. 한·중은 몇 년 전 새만금에 한중경협단지로 만드는데 관심을 갖고 논의를 시작했다. 하지만 새만금사업이 국책사업이다보니 국제협력이 필요한 대규모 개발사업의 경우는 시간이 오래 걸린다. 그렇다면 전북은 또다시 주도권도 없이 장기간 국가의 처분만 바라보고만 있어야 하는가? 이젠 아니다. 정부의 몫은 정부가 하고 지자체는 지자체가 할 수 있는 최선을 택하면 된다. 그래서 전북지역을 중국교육문화로 특화된 지역으로 만들 것을 제안한다. 그러기 위해서는 아래의 사항들이 검토되어야 할 것으로 보인다.

첫째, 교육시스템의 특화이다. 초·중학교에서 중국어교육을 특화하고, 중국문화를 체험할 수 있도록 중국문화서클 등 다양한 형태의 동아리를 지원하자. 중국어말하기 대회와 유학 프로그램 등에 지역의 적극적인 뒷받침이 필요하다. 지역에는 중국에서 유학생 온 학생이 많이 있으므로 교육당국에서 관심만 갖는다면 교육시스템을 구축하는 데 별 어려움이 없을 것으로 보인다. 중국교육문화특구는 우선적으로 중국어를 할 줄 아는 학생이 제일 많은 곳, 중국문화에 대한 이해도가 높고 중국과 민간교류가 가장 활발하게 이루어지고 있는 곳에 만들면 된다. 전북에서 이런 교육시스템을 특화한다면, 이를 통해 활동하는 양국의 학생들이 대중국 글로컬 정책의 발화점이 될 수 있을 것이다.

둘째, 중국인을 배려하는 사회제도다. 국내에 거주하는 중국인들을 배려하기 위해 공공부문에서 별도의 부서를 설치하는 것이 좋겠다. 그리고 교육, 건강, 치안에 이르기까지 다방면에서 공공서비스를 받을 수 있도록 중국인을 위한 조례를 만들어 제도화하는 것도 생각해 볼 수 있다. 곤란을 겪고 있는 중국인이 도움을 청했을 때, 어느 지역보다도 빨리 문제를 해결해주는 제도가 있는 지역이라면 다른 지역과 분명 차이가 날 것이다. 이것이 바로 명품특구이다.

셋째, 중국문화를 수용할 공간 및 경관 확보이다. '리틀차이나타운'이라고 이름 붙여도 좋을 만한 공간 조성이 필요하다. 예를 들어 중국학생들에게 필요한 식품점, 음식점 등 서비스시설을 갖추고 있는 생활공간과 중국을 상징하는 대표 건축물, 공자를 기릴 수 있는 시설물을 세우는 등의 활동으로 문화특구를 조성하는 것이다. 이 구역을 'CHINESE ZONE'이라 명명하여 중국어만으로 소통할 수 있도록 지정한다면 언어와 문화체험을 통해 중국어교육과 더불어 재미를 제공할 수 있을뿐더러 중국어학원 등 유관 교육시설의 설립과 활성화에도 기여하게 될 것이다. 여기에 중국풍의 숙박시설까지 갖추게 된다면 더없이 좋겠다. 이 공간을 '전북중국문화중심지'로 선정하여 재전북 중국인협회나 화교협회 등 중국인단체를 입주할 수 있는 공간을 만들어주면, 생활공간으로서의 의미와 규모가 확대될 것이다. 상업시설만 들어와 있는 피상적인 '차이나타운'과는 차원이 다른 공간을 만들어야 한다. 흉내만 낸다거나 무늬만 중국스러운 공간이 아니라, 중국의 생활문화가 그대로 드러나 있는 실질적인 문화타운의 형태를 갖출 수 있어야 한다.

넷째, 지역산업과의 결합이다. 중국의 한 지역과 일대일로 상대할 수 있는 전북의 지역산업을 찾아서 특화시키는 것이다. 농업을 예로 들어보자. 쌈채소를 재배하는 농가에서 중국인들이 선호하는 채소품목을 선정하여 차이나타운에 납품하고, 점차 중국시장으로 판로를 확장하는 것이다. 청경채 같은 경우는 중국음식에 많이 사용되기 때문에 중국인들을 소비자로 하는 특화농업이 가능할 것이고, 양국의 식문화 교류가 자연스럽게 이루어질 것이다. 중국음식은 세계시장에서 다양한 가치를 존중받고 있기 때문에 비록 한 종류의 채소로 시작하지만 이것은 단순한 중국농산물특화기지가 아니라고 본다. 현재 추진 중인 국가식품클러스터사업과 연계하여 한·중식품산업단지를 만드는 것도 고려해 볼 만하다.

다섯째, 리틀차이나타운에 특화된 축제를 도입하는 것이다. 중국인들이 가장 중요하게 여기는 건국기념일이나 춘절, 추석 등 우리와 공통되는 명절에 중국행사를 개최하고, 이 지역의 축제를 마케팅한다면 한국에 거주하는 중국인들을 한자리에 모을 수도 있을 것이다. 전북 지자체 중에는 중국의 도시들과 자매결연을 맺고 있는 곳이 많다. 축제 때 자매도시들을 초대하여 함께 즐기는 시간을 갖는다면 명실공히 글로벌축제의 장이 되는 것이다.

 이런 기획에는 중국유학생들과 중국유학생이 많은 대학이 적극적으로 참여해야 가능하다. 특히 초·중학교의 어학프로그램에는 중국유학생들을 투입하고, 리틀차이나타운의 경영에도 일부 유학생들을 참여시켜서 언제나 활기차고 신선한 공간을 유지해야 한다. 축제 등과 같은 행사를 유학생들 중심으로 전개하여 유학생들의 아르바이트 질도 높이고, 한국에서의 생활만족도 역시 높여야 한다. 그렇게 된다면 별도의 홍보가 없어도 다른 중국학생들을 한국으로 유입시키는 순작용 역할을 하게 될 것이다. 또한 중국학생들과 한국학생들이 공동사업을 하거나 양국의 문화를 공유함으로써 중국특산품의 한국 내 판매, 한국특산품의 중국 내 판매 등 다양한 형태의 비즈니스가 개발될 개연성이 높아질 것이다. 중국인이 생활하기에 가장 편리한 도시는 중국인이 투자하고 싶어지는 도시가 될 것이고, 전북의 한 지역이 중국인들이 가장 선호하는 지역이라는 도시브랜드를 갖게 된다면 자연발생적으로 대중국특구로서의 전진기지가 될 수 있다. 전북의 대중국특구에 대한 접근은 의외로 어렵지 않을 수 있다. 중국은 이제 미래가 아니다 현재이다. 모호한 투자유치형 대중국특구가 아니라 배려하고 함께 나누는 터전을 마련하여 중국인들 스스로가 찾아오도록 특별한 구역을 만드는 '차이나문화플랜'만으로도 전북의 대중국사업은 시작될 수 있다. 부안군은 한·중 경협단지조성을 위한 선행사업인 '차이나교육문화특구' 실행을 위해 새만금국제협력과를 발족하여 관련 사업을 추진하고 있다. 전북도는 이미 차이나특구정책을 실행하고 있는 부안과 협력하여 대중국사업을 시작하는 것도 좋을 것으로 보인다.

[외교통상권의 지역이전, 분권의 시작이다]

문재인 정부의 1백대 국정과제 중에서 외교정책을 살펴보자. 러시아지역을 겨냥한 '신북방정책'과 동남아 국가들과의 구체적인 경제협력을 위한 '신남방정책'이 있다. 한반도를 중심으로 동서남북 전 방위를 활용하겠다는 새로운 글로벌정책의 틀이 만들어졌다. 특히 신남방정책은 현 정부에서 새롭게 시작한 외교통상정책이기 때문에 새로운 국제협력관계가 기대된다. 그간 미국과 일본, 중국 중심의 외교통상정책에 있어서도 큰 변화가 예상된다. 국가가 새로운 글로벌정책을 발표했지만 지역의 반응은 아직 미미하다. 왜냐하면 그동안 지역에서는 적극적으로 글로벌정책에 참여해 본 경험이 없기 때문이다. 물론 지역의 글로벌정책에는 많은 제한이 있다. 지방정부의 출자나 출연기관의 해외투자 등 지방정부의 글로벌정책은 엄격하게 제한되어 있었다.

어찌 보면 지금까지의 글로벌정책은 중앙의 몫이었다. 그래서 지역은 중앙의 글로벌정책을 활용하는 수준에 머물 수밖에 없었다. 무역에 있어서도 자체개발한 수단을 활용하기 보다는 코트라의 시설과 인원을 이용하는 수준에 머물렀다. 일부 광역단체에서 민관투자형식의 공기업형 무역회사를 만들긴 했지만 지역글로벌정책의 새로운 틀을 만들어내지는 못했다. 무역을 대행하는 수준에 불과했다. 그래서 기업의 수출을 일부 지원하거나 외국의 도시들과 자매결연을 맺는 정도에 머물러 있다.

현 정부에서 개정된 '국가균형발전 특별법'에는 지역경쟁력강화를 위한 글로벌전략을 지역이 주도적으로 수행할 수 있도록 '지역 간 국제협력'이라는 별도의 조항을 만들어 지역 간 국제협력을 지원하려고 하고 있다. 이에 전북도는 법적기반을 바탕으로 글로벌정책을 다양하고 능숙하게 활용할 수 있도록 준비를 해야겠다. 아래와 같은 몇 가지 예를 통해 글로벌정책의 방향을 잡고 나면 다양한 방안을 찾을 수 있을 것이다.

첫째, 지역산업에 글로벌경영전략을 도입하자. 보석의 도시 익산의 예를 들어보자. 익산이 보석의 도시이긴 하지만 원석은 수입상을 통해서 수입한다. 원재료 조달에 있어서 시장지배력이 약하다보니 경쟁력이 현저히 떨어진다. 만약 보석 원석시장에서 익산이 주도권을 잡게 된다면 익산의 보석산업은 경쟁력을 갖게 될 것이다. 만약 전북이 지역은행과 함께 원재료 조달을 위한 펀드 등을 만들어 원석매입이나 소규모 보석광산까지 매입할 수 있다면 익산은 원재료 조달에서부터 보석가공과 유통에 이르는 보석산업생태계를 완성할 수 있을 것이다. 이를 위해서는 관련 제도 개선이 필요하다. 예를 들어 지방정부의 출자기관 등이 지역의 해외투자에 참여할 수 있도록 제도를 개선하면, 지역기업의 글로벌사업추진이 훨씬 더 수월할 것이다.

둘째, 전북출신의 해외기업인들을 활용하는 전략이다. 전북 출신 해외기업인이 적극적으로 전북에 투자할 수 있는 길을 열어주고, 전북자본을 해외에 투자할 수 있도록 지역이 그 역할을 하자는 것이다. 특히 지역대학생들을 전북출신 해외기업인의 기업에 인턴으로 보내는 방법도 찾아보자. 그동안 우리는 문턱이 높은 해외대기업으로만 보내려고 했다. 하지만 해외에서 상당한 상권을 확보하고 있는 전북출신기업인들이 많으므로 그 점을 잘 활용하면 좋겠다. '글로벌연수'라는 이름으로 해외체험지원을 하면서도 정작 해외연수가 필요한 젊은이들에게는 도움을 주지 못했다. 단기적인 해외체험보다는 실질적으로 해외기업에 취업할 수 있도록 도움을 주는 정책이 더욱 절실하다. 우리가 가지고 있는 자원 중에서도 우수한 자원은 인력이기 때문이다. 특히 동남아 등의 개발도상국에서는 전라북도가 가지고 있는 산업자원을 교류하는 것만으로도 해당국가의 주력산업이 될 수 있다는 점을 상기하자. 그리고 그들이 엄청난 잠재력을 가지고 있다는 사실도 잊지 말자.

셋째, 혁신도시 공공기관을 활용한 지역글로벌전략이다. 현재 혁신도시 공공기관에서는 많은 해외협력사업을 진행하고 있다. 농촌진흥청은 전 세계에 선진영농기술을 전하고 있고, 한국전기안전공사는 베트남에서 전기안전인프라구축사업에 참여하고 있다. 공공기관에서는 계속적으로 해외사업을 확장하고 있는 추세여서 전북도도 이들과 함께 적극 참여하면 좋을 것이다. 즉 기존 해외사업을 확장하거나 신규해외사업을 발굴하는 일에 동참하여 지역의 산업자원은 물론 지역인적자원과 연결시킬 수 있는 방안을 적극적으로 모색하자. 이 일에 청년들의 참여를 늘리기 위해서는 먼저 교육사업에 관심을 가져보자. 한국농수산대학은 해외입학생제도를 잘 다듬어서 개발도상국학생들을 상대로 농업교육의 메카로 만들 수 있고, 지방행정연수원은 해외공무원을 상대로 교육생과 교육과정을 늘리거나 '해외공무원전용 공무원연수원' 등을 설립하여 이 부분을 특화시킬 수 있을 것이다.

지역의 글로벌정책은 지역발전을 위해 필요한 것이지만 국가의 미래전략을 위해서도 아주 중요한 정책이다. 지난 정부에서 우리는 중앙정부의 성급한 사드배치 결정으로 엄청난 경제적 피해를 받았던 것을 기억하고 있다. 중앙정부의 판단이었지만 지역도 그 피해에서 자유롭지 못했고, 지역이 감당해야 할 몫도 컸다. 앞으로 글로벌정책은 국가 대 국가가 아니라 지역 대 지역으로 달라져야 하고 달라질 것이다. 그렇다면 지역은 글로벌정책을 수립함에 있어 더욱 더 적극적이어야만 한다. 설사 중앙정부가 왜곡된 결정을 하더라도 지역 간 두터운 협력관계가 바탕에 깔려 있다면 지역이 받게 되는 충격은 그렇게 크지 않을 것이다. 현 정부의 지역글로벌정책으로 볼 때 지역은 더 이상 중앙정부의 하위기관이 아니라는 것을 알 수 있다. 그러므로 강한 지역의 면모를 보일 수 있도록 글로벌정책에 힘을 쏟아 보자.

지역대학
특화편

[네덜란드 와게닝대학을 능가하는 대학이 나와야 한다]

지역에 맞는 특화교육

가장 빠르게 일자리 감소가 진행되는 부분은 금융업과 제조업부문이다. 산업중심지인 서울과 수도권의 일자리 감소 속도는 지역보다 더 빠르다. 특히 20세기 산업이 만들어놓은 전통적인 일자리의 감소로 그간 젊은이들의 일자리를 공급했던 수도권은 이제 그 역할을 하기 어렵게 될 것이다. 따라서 수도권이라는 신기루도 점점 그 의미가 약해지고 있다. 최근 몇 년 동안 수도권은 인구유입보다 유출이 많은 지역이 되었다. 지역을 떠나고 싶어도 예전과 같이 수도권의 일자리가 없기 때문에 지역에서 취업해야 한다. 그렇기 때문에 지역은 지역 내에서 새로운 일자리를 만드는 역할을 하지 않으면 안 된다. 우리 지역의 경우는 다행히 한옥마을을 중심으로 지역 내에 새로운 서비스일자리가 생기고 있고, 혁신도시가 새로운 산업자원을 만들어내는 등 일자리 자원들의 증가로 그나마 타 지역에 비해 희망적인 편이다.

산업성장기는 막을 내렸고, 이미 시작된 저성장기는 멈출 줄을 모른다. 최근에 발표된 인구유출율에 대한 통계를 보면 제조업의 중심지였던 영남지역의 인구유출율이 전국에서 제일 높다. 조선, 철강, 정유산업은 한치 앞을 내다보기 어렵다. 1인당 소득액이 4만 달러가 넘는 산업도시 울산의 신화가 내리막길을 걷고 있는 것이다. 그래서 이제는 그간의 지역인재개발전략에서 탈

피하여 독립적으로 전북만의 특별한 인재를 양성하는 틀을 만들어내야 한다. 특히 혁신도시 공공기관 관련 인적자원양성은 서둘러야 한다. 필요한 인력을 즉각 공급할 수 있도록 집중하는 대학혁신이 필요한 시점이다. 지역 내 전통문화, 음식과 관련된 특화산업을 중심으로 학과와 교과목 등 학교전체운영에 대한 변화도 필요하다.

첫째, 교양부문에 특화부분을 반영하자. 고유문화에 관하여는 한국전통예술문화, 한국전통예절, 한국음식문화 등의 과목을 신설하고, 혁신도시에 관하여는 혁신도시 공공기관의 이해, 공공기관별 산업적 이해 등을 신설한다. 지역에 특화된 산업체에 투입할 인재들이 갖추어야할 내용을 교양부문에서 특화하자는 것이다. 전북의 대학생들은 한국문화와 한국음식에 대해 학습했으므로 타 지역의 젊은이들보다 그 부분에 대해 남다른 이해력을 지니고 있다고 마케팅해도 좋을 것이다. 이에 제안하건대, 전북지역에 맞는 교양과목 이수제를 만들자. '전통교양학점이수제'나 '지역특화교양학점이수제' 등의 특화된 프로그램으로 지역대학의 개성을 살릴 수 있을 것이다.

둘째, 전공부문에 커리큘럼의 변화를 주자. 식품과 음식, 한국의 전통문화, 혁신도시에 중심을 둔 학과 개편이 이루어진다면 아래와 같이 새로운 전공분야가 만들어 질 것이다. 먼저 우리 지역에서 집중하고 있는 음식과 식품을 지역대학의 학과에 접목시켜 보자. 일반학과를 우리 지역에 맞게 특화하자는 것이다. 예를 들어 경영학과는 '식품산업경영'으로 개편하여 식품기업전문경영 등 세분화된 전공과목을 개설하자. 식품기업에 최적화된 경영인재를 배출하게 될 것이다. 관광학과는 음식문화관광, 전통문화관광, 중국문화관광분야로 특화하자. 기계공학과는 '식품기계공학과'로, 전자공학과는 '식품전자공학'로 개편이 가능할 것으로 보인다.

다음은 한국전통문화를 대학의 학과에 접목시켜 보자. 의상학과나 의류디자인학과를 한복디자인이나 한복소재로 특화할 수 있는 방안을 찾아보는 것이다. 한복 관련 사업자를 재교육하는 프로그램을 넣어도 좋을 것이다. 언급했지만 한옥마을은 전국에서 가장 많은 한옥이 존재하고 현재도 많은 한옥들이 지어지고 있다. 그래서 전통건축과 관련된 산업을 육성하기 위해 '전통건축문화엑스포'를 제안하기도 했다. 건축문화를 지역의 산업자원으로 만들기 위해서는 전통건축에 관한 학문적인 체계가 필요하다. 건축학과는 일부를 전통건축으로 특화하고, 토목 등의 개발학과는 전통지구개발, 조경학과는 전통조경부문에 집중할 수 있도록 개편하는 것도 가능할 것 같다.

마지막으로 혁신도시 공공기관을 대학에 접목시켜보자. 전기안전공사에 관심이 있다면 전기공학과를 '전기안전학과'로 변신을 시도해볼 만하다. 스마트시대를 대비한 전기안전관리 과목을 개설하여 차별화·전문화시키는 것이다. 문예창작학과나 국문학과의 경우는 '출판문화산업론'이란 과목을 개설하거나, 학과 자체를 특화하여 '출판문화산업학과'를 개설해도 좋겠다. 공간정보산업은 한국국토정보공사가 총괄하고 있다. 공간정보 허브기관으로 도약하고 있는 이 산업자원을 눈여겨보자. 컴퓨터교육학과나 컴퓨터공학과를 특화하고자 한다면 '공간정보산업학과'나 '공간정보학과'로 개편하여 운영하면 된다. 농식품산업을 염두에 두고 있다면 현재의 농식품학과를 더 세분화하면 된다. 최근 농업 관련 화두는 6차산업화이다. 이런 산업환경 변화를 반영하면 된다. 농경제학과를 세분화하면 '농산업학과', '농식품경영학과' 등이 있을 수 있고, 농촌관광 등을 융·복합하여 전국 최초로 '6차산업학과'를 새롭게 만들면 될 것이다. 그 외에도 식품문화사, 요리기구 식기산업론 등 다양한 과목을 만들고 현장과 학문을 연결하는 실용학문생태계를 생각해볼 수 있다.

최근에는 많은 사람들이 귀농하고 있기 때문에 농식품과 관련한 대학원과 정도 평생학습의 관점에서 필요하다고 본다. 생명연장에 따라 커져가는 재교육시장에 관심을 갖자는 얘기다. 농식품MBA과정, 전기안전산업MBA과정, 6차산업MBA과정, 음식관광MBA과정 등이 있을 수 있다. 물론 대학에서 새로운 분야의 교육전문가를 채용하는 것은 쉽지 않은 일이지만, 강사는 혁신도시 공공기관에 전문가가 있으므로 기관과 연합하여 추진하면 새로운 산업교육체계구축이 가능할 것을 본다.

특화된 연구시스템이 필요하다

지역특화가 필요한 분야에 대해서는 대학 내에 연구체계를 갖춰야 한다. 특히 혁신도시 공공기관을 지역산업으로 이끌기 위해서는 하나의 대학으로는 부족하다. 대학연합연구체계를 구상해야 한다. 전북의 모든 대학이 협업한다는 의미에서 가칭 '전북혁신산업연합연구센터'라는 조직을 만들고, 연구센터 내에 공간정보산업연구소, 전기안전산업연구소, 연기금연구소, 공공교육콘텐츠연구소, 출판문화산업연구소 등을 개설하는 것도 고려해볼 수 있다. 지역 내 혁신산업 연구네트워크라 할 수 있는 이런 조직이 생긴다면 공공기관 산업화의 시간이 단축됨은 물론 지역이 더욱 활기를 얻게 될 것이다.

| 한국문화에 중심을 둔 연구조직 개편 | 우리 고유의 건축문화에 관해서는 '전통건축문화연구원'과 같은 비교적 큰 규모의 연구원이 필요할 것으로 보인다. 전통건축, 전통조경 등 세분화된 연구도 진행할 수 있어야 한다. 음식에 관해서는 음식관광연구소, 전통음식마케팅연구소 등 음식개발 분야가 있다. 식품 분야에서는 새로운 영역 개척이 가능하도록 연구능력을 확보한 식품신소재연구소도 필요하다. 이 부분은 식품연구원과 농진청의 연구기능을 보완하고 협업할 수 있는 체계를 갖추면 서로 도움이 될 것이다. 한복과 관련해서도 한복디자인연구소 등을 갖추고 클러스터체계를 만들면 좋겠다. 우리의 것에 대한 관심을 확장하면 토종식물연구소, 토종동물연구소도 농촌진흥청과 협업하여 이 분야를 선점하는 것이 필요하다.

| 혁신도시 공공기관에 중심을 둔 연구조직 개편 | 국토정보공사에는 최고의 연구기관인 공간정보연구원이 있다. 급성장하고 있는 정보기관과 함께 협업할 수 있는 연구체계를 구축해야 한다. 아직 연구기능을 갖추지 못한 공공기관의 경우는 지역대학에 연구기능을 갖춘 공동연구소를 신설하여 학문적인 영역을 뛰어넘는 새로운 연구를 시도해볼 만하다. 예를 들어 출판문화산업과 관련한 '출판문화경영연구소'를 만들면 문예창작학, 국문학, 교육학연구자들이 모여 새로운 영역을 개척할 수도 있을 것이다.

재차 강조하지만 새로운 산업영역을 개척하는 지름길은 협업이다. 특히 공공기관끼리의 협업은 인프라와 노하우를 극대화할 수 있는 장점이 있다. 농촌진흥청의 농업생산연구영역과 한국국토정보공사의 공간정보산업영역이 결합하고, 여기에 또다시 빅데이터가 결합하면 농업생산예측정보시스템을 개발할 수 있게 된다. 농촌진흥청의 농기계IT시스템과 완주지역의 트랙터제

조기업인 LS엠트론, 그리고 국토정보공사의 공간정보시스템이 결합하면 지능형농업기계의 생산을 앞당길 수도 있을 것이다.

협업이 가능하게 된다면 시간을 단축시킬 수 있을 뿐만 아니라 지금까지 존재하지 않았던 전혀 새로운 융복합산업이 등장하게 된다. 지역대학의 연구기능과 혁신도시공공기관의 연구, 지역의 기계생산기능이 결합하면 지역산업 발전의 획기적인 전기를 만들 수 있을 것이다. 지역산업 활성화에 공공기관을 활용하겠다는 단순 목적으로 접근할 것이 아니라 공공기관이 지니고 있는 산업자원의 가치를 높이는 작업도 동반되어야 한다. 이 또한 우리 지역의 몫이다.

| 산학협력 및 창업의 특화 | 혁신도시산업생태계를 조성하기 위해서는 산학협력에 집중해야 한다. 산학협력을 위한 지역산업 분류는 전통산업군, 식품산업군과, 혁신산업군으로 나누는 것이 유리할 것 같다. 그러나 무엇보다도 인적자원개발의 순환체계를 구축하는 것이 중요하다. 대학의 창업동아리 활동과 창업교육과정에 반드시 혁신도시 공공기관들이 참여해야 한다. 한국국토정보공사의 산학협력과정을 예로 들어보자. 공간정보사업 창업과정에서 창업교육을 마친 학생들로 결성된 공간정보창업동아리에서는 주기적으로 창업 관련 아이템을 발표한다. 발표 결과에 따른 인재들을 지역에서 채용하는 시스템을 구축하게 된다면 혁신도시가 설립된 원래의 취지에도 부합하고, 이를 실현하는 최초의 지역이 되는 것이다.

| 혁신도시공공기관 지역체화의 완성 | 이렇게 지역대학에서 혁신도시 공공기관 관련 과목을 신설하고, 관련 학과를 만들어 지역맞춤 인재교육을 시키

자. 학생들의 꿈은 혁신도시관련 동아리에서 심화될 것이고, 이 인재들이 각 공공기관과 관련된 비즈니스를 개발하게 될 것이다. 이런 지역인재순환체계를 갖추게 되면 이제 전북의 대학은 공간정보, 전기안전, 식품산업 등에서는 최고의 고등교육기관이 될 것이며, 전국에서 이 분야에 전문가가 되고 싶은 많은 학생들이 관심을 갖고 찾아오게 될 것이다. 지금 대학에서는 신입생유치와 졸업생취업이 가장 큰 고민이다. 혁신도시 공공기관과 대학이 만들 지역인재순환체계는 이 문제들을 해결할 수 있는 적절한 방법이 될 수도 있을 것이다.

┃지역정체성 연구┃ 언급한 연구기능들보다 더 중요한 것은 우리 지역의 정체성에 관한 인문학연구다. 글로벌기업들은 인문학적 소양을 그 어느 스펙보다 중요한 능력이라고 여긴다고 한다. 스펙만으로는 미래가치 창출이 어렵다는 것을 알기 때문이다. 국내에서도 마찬가지 기류가 형성되고 있다. 단기적 성과를 내기에는 기술이 필요하지만 치열한 생존경쟁에서 살아남기 위해서는 인문학적 바탕이 필요하다는 것이다. 그렇기 때문에 인문학은 리더들에게 더욱 절실히 요구되는 학문이다. 리더는 비전을 제시하는 사람이어야 한다. 비전을 제시하기 위해 필요한 능력은 미래를 위한 상상력, 전후의 인과관계를 밝히는 사리분별력 그리고 비판정신이다.

우리는 언제나 다음을 이어갈 인재가 없다고 염려한다. 한탄만 하고 있을 것이 아니라 문학적 상상력과 역사적 인과관계, 철학적 사고를 겸비한 인재를 키우는 일에 집중적 지원이 필요하다. 문학, 역사, 철학이라는 세 가지 범주 중에서도 역사는 사건과 사건 사이의 인과관계를 공부하는 학문으로 정신문화의 기저를 형성하는 원천되기 때문에 지역의 정체성을 확립하기 위해서는 당연히 지역대학이 인문학적 교육을 담당해야 한다. 경북지역 국립대학인 경북대는 이미 45년 전부터 '퇴계연구소'라는 지역인물연구소를 운영하고 있다. 퇴계학술국제대회를 개최하여 지역 인물의 사상을 지역체화는 것은 물론이고, 이것을 세계화하여 지역의 자긍심을 높이는 중요한 기반으로 활용한다. 국립 안동대는 한국학연구원에 안동문화연구소, 퇴계학연구소, 민속학연구소를 두고 있으며, 별도의 인문과학연구소를 두어 세미나와 발표회를 열고 있다. 부산대에는 조선시대 사화의 주인공이자 피해자였던 김종직을 연구하는 '점필재연구소'가 있다. 부산대학교가 중심이 되어 밀양시와 지역산업체가 학·산·관 협력을 통해 고전콘텐츠를 현대적 매체와 결합시켜 한문고전의 현대화와 대중화를 도모하고 있다.

아쉽고 놀라운 사실은 우리 지역에는 단 하나의 지역인물연구소도 존재하지 않는다는 것이다. 우리가 아니 우리 대학이 지역의 브랜드 가치를 높이기 위해 지금까지 해온 일들이 눈앞에 보이는 현상에만 치중되어 있지 않았는지 반성해봐야 한다. 무관심은 무례함은 비슷한 것이다. 그동안 우리는 우리 지역에 대해 얼마나 무례했던가. 역사는 곧 자산이고, 그 자산이야말로 문화콘텐츠이며 브랜드라는 것을 깨닫지 못하면 지역의 정체성은 희미해지다가 결국 사라지고 말 것이다.

|교수들의 지역연구 지원| 지역특화된 연구제도를 지속적으로 유지하기 위해서는 각 대학의 교수들이 적극적으로 연구에 참여하도록 권장해야 한다. 지역연구결과물에 대해 가점을 주는 인센티브제도를 도입하고, 지역에 관한 연구라면 언제든지 연구비를 우선 지원하는 연구지원금제도를 결합시키면 지역연구를 활성화시킬 수 있다. 지역의 문제에 관심을 갖고 지역을 활성화

시킬 수 있는 다양하고 깊은 연구는 곧 지역산업활성화를 위한 지역R&D구축에 중요한 기초가 될 수 있을 것이다.

우리 지역만의 특별한 장학제도

대학의 장학제도와 향토장학금제도에도 변화가 있어야 한다. 대부분의 기초단체에는 향토장학재단이 있는데 조례가 허술하거나 운용에 있어 문제가 제기되기도 한다. 또한 서울로 가는 학생들에게 주어지는 혜택이 더 큰 경우도 많아서 대학 간판별 차등지급이라는 논란을 불러일으키기도 한다. 향토인재육성이라는 거창한 명분 아래 지급되는 돈이기에 큰 인물이 되어서 지역을 위해 봉사하라는 의미가 있다. 하지만 지역을 떠난 학생들이 다시 지역으로 돌아와 지역에 봉사하는 일은 그다지 많지 않다. 오히려 지역대학을 나와 가업을 잇거나 지역에서 경제활동을 하는 사람이 더 많다.

지역의 기업이나 지역출신의 기업가가 지급하는 장학금이라면 몰라도 지자체에서 출연한 장학금이 수도권의 좋은 대학에 입학했다는 개인의 영광과 한 집안의 영광에 불과할 이벤트에 쓰여지는 것은 맞지 않다. 향토장학금의 의미는 각자의 생각에 따라 다르겠지만 적어도 지자체에서 지급되는 것만큼은 지역대학과 지역산업에 사용되어야 한다는 생각이다. 혁신도시 공공기관을 지역산업과 연관 지어 인재를 발굴하고 성장시키려면 공공기관 관련 학과 학생들에게 지급하는 것도 하나의 방법이다. 지자체는 물론이고 공공기관에서도 장학제도를 마련하여 특화교육을 받는 학생을 선발하는 방법도 있다. 그래서 전기안전학과는 전기안전공사 장학금, 공간정보산업학과는 국토정보공사의 장학금을 받으면 좋을 것이다. 절차상 향토장학금의 변경이 어려울 경우에는 별도의 혁신장학제도를 만들어 운영해도 될 것이다. 이외에도 모금과 기탁 등의 방법으로 새로운 장학제도를 만들 수 있다. 예를 들면 식품이나 음식관련학과에는 지역음식점들의 기부금으로 장학금을 마련하는 경우가 여기에 속한다.

장학금 지급 기준을 살펴보면 답이 나온다. 재능이 있으면서 경제적 이유로 교육을 받기 곤란한 자, 우수한 재능의 소유자로서 국가에서 요구하는 학과 또는 기술에 관한 교육을 국내외의 대학에서 받는 자, 인류문화상 공헌이 크다고 인정되는 학문 또는 기술을 국내외에서 연구하는 자에게 지급하도록 되어있다. 장학금 지급기준은 해석하는 사람에 따라 본래의 취지가 달라지는 경우가 많다. 무작정 성적순으로, 혹은 서울명문대학이라서 주는 것보다 우리 지역을 위한 특화된 지역인재를 만드는 데 장학금이 쓰여져야 한다고 생각한다. 여기까지는 지역소재의 기관과 지자체중심의 장학금에 대해서 이야기 했다. 사실은 대학이 특화산업장학금을 자체 조달하여 지역인재를 위한 장학금사업을 선도하는 것이 훨씬 중요하다. 예를 들면 이런 장학금이 가능하다.

혁신도시 공공기 관의 전문장학금과 지자체의 특화산업 향토장학금, 대학의 지역특화 인재양성장학금 등 세 곳에서 '지역인재지원장학금'을 만드는 것이다. 이런 장학금은 지자체와 공공기관 그리고 지역대학이 지역특화사업을 얼마나 중요하게 여기는지 보여주는 것이다. 이런 것이 바로 지역의 역할이자 지역이 지닌 힘이다.

[세계 속으로]

글로벌교육으로 특화하라

앞에서는 지역대학이 지역에 맞는 특화교육을 해야한다는 취지의 내용을 썼다. 이 장에서는 지역대학이 서해안시대를 대비한 글로벌교육으로 특화해야 한다는 얘기를 쓰고 싶다. 교육부 발표에 따르면 2017년 10월 기준 외국인 유학생은 12만 명이 넘는 것으로 나타나 있다. 그중 중국인 유학생은 7만여 명으로 전체의 55%를 차지하고 있다. 전북지역의 유학생은 3천여 명이고, 이 중 중국인 유학생은 2천여 명으로 전체의 70% 정도를 차지하고 있다. 최근 들어 유학생 자격요건 강화 등 교육부의 간섭으로 줄어든 숫자가 그 정도이다. 비록 숫자는 감소했지만 끊임없이 들어오고 있다. K-POP을 비롯한 한류의 영향이 컸고, 우리나라가 문화·예술·경제·IT등 다양한 분야에서 경쟁력을 가지고 있기 때문에 이를 배우려는 목적으로 오기도 한다. 한국유학을 택한 결정적 요인은 미국이나 유럽에 비해 상대적으로 교육비나 생활비가 덜 들기 때문이었을 것이다.

이제는 한국학생들도 중국학생들과 같이 수업을 받는 것이 낯설지 않을 만큼 일상화 되었다. 하지만 중국유학생과 한국학생들 간의 관계는 그리 원만하지 않다. 중국유학생들은 한국어가 서툴고 한국학생들은 먼저 다가가지 않는다. 그러다보니 중국유학생은 자기들끼리만 어울려 다닐 수밖에 없다. 문제를 일으키지 않는 한 대학 측에서도 유학생을 특별하게 관리하지 않는다. 중국인유학생을 유치하기 위해 보였던 열정은 한시적일 뿐이다. 지역에서도 크게 관심을 보이지 않으며, 유학생을 활용하여 무언가를 도모해보려는 시도도 없는 듯 보인다. 엄밀히 따져보면 일시적 관광객과는 차원이 다른 적어도 몇 년은 상주하는 특별한 고객인데도 말이다.

우리 지역으로 공부하러 온 유학생에 대해서는 사후 관리가 필요하다. 지역대학은 대학활성화를 위해 다양한 분야에서 노력한다. 유학생유치를 위해 중국까지 가서 홍보도 한다. 그러나 이미 유학을 하고 있는 학생들이 최고의 홍보인력이라는 것을 미처 생각하지 못한 것은 아닐 터인데도 대학 측은 그만한 서비스를 못하고 있는 형편이다. 한국대학들은 중국유학생이 없으면 망한다는 말이 있을 정도로 비중이 크다. 더구나 지역대학은 유학생을 통해서 대학을 활성화할 수 있도록 특단의 조치를 취할 필요가 있다.

전북형 글로벌교육시스템 구축

더욱 많은 유학생을 유치하기 위해서는 단순한 유치전략보다 중국유학생들이 안전하고 즐겁게 잘 지낼 수 있도록 시스템을 갖추는 것이 더 중요하다고 본다. 중국의 자본유치와 유학생 등의 인적자원을 유치하기 위해서는 전북이라는 곳이 중국사람들에게 편리하고 안전한 지역이라는 것을 홍보하는 전략이 유효할 것으로 보인다. 특히 자녀를 한국에 유학 보낸 부모들이라면 더욱 그럴 것이다. 이를 위해 중국과 관련된 전북형 글로벌교육시스템 구축을 제안한다.

첫째, 중국인전용교육플랫폼을 구축하자. 기숙사 등의 하드웨어 시설이 아니라 중국학생들이 생활하기에 편리한 조건을 만들어 주자는 얘기다. 중국인들을 위한 보건, 의료, 안전 등 다양한 형태의 지원제도와 아르바이트, 보험 등에 관한 것이 필요할 것 같다.

둘째, 중국문화특화공간을 만들자. 전북 내 중국인들을 위한 특화공간을 마련하여 중국 관련 축제 등의 행사를 할 수 있도록 해주자는 것이다. 우리에게는 중국문화를 체험할 수 있는 공간이 될 것이고, 중국관광객에게는 이색적인 중국문화존이 또 하나의 볼거리가 될 것이다. 이곳은 중국유학생을 유치하는 홍보의 장이 될 것이기 때문에, 지역대학의 글로벌전략의 하나가 될 수도 있다.

셋째, 중국인적자원을 관리하고 활용하자. 중국학생들은 유학을 마치면 돌아간다. 특별히 한국과의 관련된 일을 하는 경우는 많지 않다. 우리와 인연을 맺었으나 그 인연을 이어갈 특별한 제도가 없기 때문이다. 중국유학생이 많은 학과의 경우 간헐적으로 동문회를 갖기도 하지만 학교에서 졸업자를 관리하는 시스템은 아직 없다. 지금이라도 중국유학생을 글로벌 인적자원으로 관리하는 시스템을 갖춰야 한다. 대학의 창업지원정책에 한·중학생들의 협업부문이 추가되긴 했지만 별 성과가 없다. 굳이 교육부의 지원에만 매달릴 것이 아니라 서해안시대를 열어갈 전북이기에 과감하게 새로운 제도를 만들어서 시행하는 것이 좋겠다.

넷째, 글로벌과 지역특화교육의 결합이다. 외국인학생들을 유치하기 위해 전북지역대학만의 차별화된 유치전략이 필요하다. 중국학생들이 관심을 갖는 부분과 우리 지역이 강점으로 개발할 수 있는 부분을 조합하여 집중적으로 유치에 활용하자. 특히 농식품분야나 혁신도시 주요기관과 관련된 학과의 경우는 경쟁력이 있는 학과이기 때문에 홍보하기 어렵지 않을 것 같다. 향후 공공기관들의 사업이 중국에 진출하는 데에도 든든한 기반이 될 수 있을 것이다.

　마지막으로 G2시대 한중관계의 중심이 될 중국유학생들과 한국유학생들과의 관계이다. 현재는 각국의 문화차이로 학생들이 잘 섞이지 못하는 편이다. 필자는 중국학생과 한국학생을 섞어서 조를 만들어 '내 친구 집은 어디인가?'라는 과제를 진행한 적이 있다. 중국학생은 자기의 고향에 대해서 자세히 소개했다. 한국학생 집에 중국학생들이 방문하는 것도 과제에 포함했다. 이 과정에서 양국의 학생들이 서로를 이해하고 조금씩 가까워지는 것을 확인할 수 있었다. 서먹서먹한 관계를 원만하게 만들기 위해서는 중간매개체가 필요하다. 학교와 교육부에서 그런 역할을 해주었으면 좋겠다. 각 국의 학생들에게 이웃을 만들어주는 것 자체가 진정한 글로벌교육의 목표가 아닌가 싶다.

4장

전북의
미래직업

[우리 지역 젊은이들만이 꿈꿀 수 있는 대표 직업은 무엇인가?]

사라질 직업에 대한 공포

미래 직업에는 어떤 변화가 있을까? 어디서부터 미래라고 설정해야 할지 애매하긴 하지만 예측이 가능한 향후 10년 이후를 생각해보기로 하자. 큰 변화가 예상되는 부분에서 짚어보자면 4차산업혁명이다. 기계화·자동화의 영향으로 대체가능 인력은 이미 감소하고 있고, 단순사무원의 자리도 많이 사라졌다. 기술력과 창의적 아이디어가 필요한 부문으로 대대적인 인재개편이 필요한 시점이라서 직업간의 희비가 서로 엇갈릴 것이다.

역사학자 하라리 교수는 '21세기는 현생 인류라고 일컫는 호모사피엔스로 살아가는 마지막 세기가 될 것이다'라고 미래를 예측했다. 이 말은 유일하게 인간만이 가지고 있는 육체활동과 두뇌활동이라는 두 영역 모두를 기계에 빼앗기게 될 것이라는 뜻이다. 그래서 향후 30년 이후에는 현존하는 직업의 50%가 사라질 것이고, 현재의 지식도 쓸모가 없어질 것이라고 한다. 그러나 두려워하기만 할 일은 아니다. 인간은 큰 변화를 겪을 때마다 그 변화에 적응하며 발전해왔기 때문에 예측이 가능한 일이라면 그에 대비하는 일도 가능할 것이기 때문이다.

미스매칭

먼 미래는 그렇다 치고 현재 당면한 문제를 먼저 고민해보자. 대학졸업 예정자들은 졸업이 두렵기만 하다. 한편에서는 일자리가 없어서 취업을 못하고, 한편에서는 인력부족을 호소한다. 이 결과를 보고 단순하게 '미스매칭'이라며 대학교육을 폄훼한다. 과연 그런가? 국가는 실업문제를 해결하기 위해서 대학에서 창업교육을 해야 한다고 강조한다. 과연 그런가? 실업문제의 근본 원인이 대학에 있는 것은 아니다. 국가의 교육과정과 기성세대 가치관이 이런 상황을 초래했다고 봐야 한다. 다양한 직업군이 존재하는 사회가 되었음에도 불구하고 진로교육은 세분화되지 않았고, 직업에 대한 가치판단 기준을 수입안정성으로 잡고 있기 때문에 쏠림현상이 나타나는 것이다. 청년들에게 창업을 독려하는 것도 상당히 위험한 일이다. 기존의 자영업자들마저 속속 무너지고 있는 판에 경험도 없는 청년들을 창업으로 유도하자는 발상은 도대체 누구의 머리에서 나온 것인가. 스스로 창업할 의지가 있거나 창업을 준비하고 있는 청년들을 지원하는 일은 마땅히 국가가 나서서 해야 한다. 하지만 창업을 하라고 부추기는 식의 지원은 성과도 없지만 청년들을 더 비참하게 만든다. 청년창업지원책이 쏟아져 나오고 있지만 청년들의 반응이 기대 이하인 이유도 형식적인 대책으로 여겨지기 때문이다. 청년창업은 결코 청년실업문제를 해결할 열쇠가 될 수 없다.

결국 미스매칭은 대학이 한 것이 아니라 국가에서 한 것이다. 교육부에서는 2014년부터 2018년까지 대학경쟁력을 기른다는 명목으로 대학특성화사업을 시작했다. 정부가 학부의 강점분야를 특성화 하는 대학을 지원하기로 함으로써 지역대학은 그 길을 생존방법으로 택했다. 그러나 지역의 성장과 창의적 인재 양성을 동시에 도모한다는 사업목적이 오히려 지방대학만 압박하는 꼴이 되고 말았다. 지역사회의 수요를 기반으로 하여 대학별로 비교우위에 있는 분야를 집중적으로 육성하라는 것인데, 그동안 정부가 내놓는 '융합·복합·창조'를 강조한 정책들과 마찬가지로 하나같이 막연했기 때문이다.

특히 교육은 선행되어야 할 조건이 갖춰지지 않으면 다음 단계는 의미가 없다. 그래서 주의 깊게 살펴봐야 할 부분은 '지역사회의 수요를 기반으로'라는 대목이다. 정부가 지역대학에 과제를 넘기기 전에 지방정부에서 그 연구과제를 먼저 해결해 주어야 하는 것이다. 미스매칭은 매칭시스템이 없거나 불완전했기 때문에 생긴다. 따라서 책임소재를 묻기 전에 매칭시스템에 대한 점검이 필요하다.

모두 알고 있는 바와 같이 실업문제는 세계적이다. 아이디어 하나로 해결할 수도 없고, 단기간에 해결할 수 있는 방법도 없다. 현대인의 트렌드에 맞춰 생산라인이 다품종 소량체제로 변하고 있어서 대량의 인력을 한꺼번에 수용할 일자리는 없다고 봐야 한다. 그래서 미래형 일자리는 새로운 특화산업에서 만들어질 것이다. 만약 지역특화산업이 새롭게 확장되고 개발되면 지역대학 활성화도 이런 관점에서 해결책을 찾아야 한다. 대학은 지역의 산업구조를 이해하고 지역산업에 투입할 수 있는 교육과정을 개설하도록 미리미리 학과개편과 커리큘럼개발을 기획해야 한다. 지역의 젊은이들이 일자리를 찾아 서울의 고시원에서 방황하게 하지는 말자. 지역에 일할 곳이 있다면, 지역에서 일할 수 있도록 만들어 주면 굳이 떠나지 않을 것이다. 이와 같은 고민을 해결하기 위해서는 지역사회와 지역대학이 함께 실질적인 답을 찾아야 한다.

전북형 10대 미래 직업 선정하자

전북의 현재산업과 미래산업과 관련하여 '전북형 미래 직업'에 대해 생각해 보았다. 첫 번째 직업군은 전통문화산업군이다. 전북이 전통문화와 관련된 의식주산업을 선도한다면 한복, 한옥, 한식부분에서 다양한 직업이 생성될 것이다. 한복 임대업의 수준에서 머물지 않고 한복산업클러스터까지 이어져 한복산업의 메카가 된다면 전통의복디자이너, 코디네이터를 비롯하여 전문수선가, 악세사리공예전문가 등의 직업과 창업이 발생할 것이다. 패션쇼나 각종 행사에 투입되는 인력도 상당하다. 기획과 홍보분야는 물론 무대공간 연출 등에도 전문인력이 필요하게 될 것이다.

다음은 규모가 가장 큰 음식부분이다. 음식은 전통산업을 대표하기도 하지만 전문 직업군을 세분화시키기에 가장 유리하다. 한식연구가, 한식스타일리스트, 푸드테라피전문가, 한식당메뉴개발전문가 등이 있을 수 있다. 전통주택과 관련된 직업군에는 설계사와 건축가로만 구분하지 않고 세분화하면 특별한 직업들이 나온다. 한국형정원설계사, 전통조경관리전문가, 한옥관리사 등도 가능하다. 이외에도 토종식물전문가, 토종동물전문가 등이 있을 수 있다. 명칭들이 다소 생소하고 복잡한 느낌이 들겠지만 예를 들면 그렇다는 것이다.

현재에 있는 직업 중에서 미래에도 사라지지 않고 남아 있게 될 직업들의 특성은 한 분야가 작게 쪼개지기 때문에 보다 더 전문성이 높다. 전북은 전통문화산업에 있어서 고유성을 인정받을 수 있는 지역이다. 강점을 활용하자.

두 번째 직업군은 농생명산업군이다. 농생명 기초분야는 종자개발전문가, 농기계전문가 등이 있고 첨단농업분야는 농업드론전문가, 식물공장인 플랜트팩토리전문가 등이 있다. 반려동물과 관련해서도 팻영양관리사 등의 직업도 고려해볼만하다. 세 번째 직업군은 식품산업군이다. 식품연구원과 국가식품클러스터를 중심으로 연구분야와 제조업 그리고 서비스산업까지 확장 할 수 있게 되면 식품기계전문가, 기능성식품전문가, 식품유통전문가, 식기전문가, 전자요리기구전문가 등 다양하고 세분화된 형태의 식품관련 직업들을 미래직업으로 내세울 수 있을 것이다. 네 번째 직업군은 혁신도시 공공기관 산업군이다. 혁신도시 공공기관에 투입할 전문가 그룹을 말한다. 출판문화산업진흥원 관련해서는 출판기획전문가, 출판마케팅전문가, 도서가이드 등이다. 전기안전공사 관련해서는 전기안전전문가, 한국국토정보공사와 관련해서는 공간정보산업전문가, 국민연금공단과 관련해서는 금융공학전문가 등을 예로 들 수 있겠다. 다섯 째 직업군은 관광산업군이다. 현재 서비스산업으로 가장 각광을 받고 있는 관광산업분야다. 전북이 특화시킬 수 있는 분야가 많은 편이다. 음식 관련해서는 음식관광기획전문가, 캠핑산업 관련해서는 캠핑여행기획전문가, 캠핑요리전문가, 캠핑카전문가 등의 직업군을 만들어낼 수 있을 것이다.

위에 적은 다섯 가지 산업군에서 전북형 10대 미래직업을 선정하여 교육하자. 이것이 바로 지역대학 특성화이다. 기성세대가 혹은 국가나 지역이 청년들을 설득하지 못하는 이유는 늘 막연한 말만 되풀이하기 때문이다. 구체적인 사례를 들어 미래를 준비하도록 하자. 그리고 그 과정 중에 직업은 보수가 아니라 전문성으로 평가받아야 한다는 것도 현장에서 깨닫게 하자. 꿈은 이루기 어렵지만 모두 다 함께 그 꿈을 꾸면 현실이 된다는 말이 있다. 대학에서, 지역에서 함께 꿈을 만들어가고, 같은 꿈을 꾸어보자.

5장

새로운 지역가치를 만드는 전북을 위하여

전북의 고유자산과 새로운 자산은 무엇이며, 그 자산가치 위에 새로운 가치를 부여할 수 있는 방안에 대해 1, 2장에 기술하였다. 지역의 정체성 정립과 특화산업을 강조한 이유는 지역자립과 지역분권의 시기가 도래했기 때문이다. 국가균형발전정책은 노무현 정부에서부터 시작되었으나 이후 정권교체로 인해 더 이상 진화하지 못했다. 오히려 퇴보한 셈이 되고 말았으니 이제 지역들은 처음부터 새로 시작한다는 각오로 지역혁신을 실현해야 한다. 문재인 정부 국가균형발전정책의 핵심은 분권, 포용, 혁신이다. 지자체가 스스로 지역에 맞는 정책을 수립하면 중앙정부가 계약을 통해 지원하는 '계획계약사업'으로 추진될 예정이다. 지역의 자율성이 보장되는 반면 책임이 그만큼 커지게 되는 것이다. 하지만 준비만 잘한다면 이만한 기회가 없다. '지역자산'과 '특화산업'에 대해 강조한 이유도 그 때문이다. 개성이 없으면 매력이 없는 것처럼 지역의 자산을 특화하지 못하면 혁신도 어렵다는 뜻이다.

이제는 전북이 왜 뒤쳐졌는지, 왜 힘이 없는지에 대해서는 더 이상 핑계를 찾지 말자. 솔직히 말하면 남 탓 보다 내 탓이 더 컸는지도 모른다. 더 솔직해지자면 앞서가지 않았기 때문에 지키고 있는 것이 더 많다. 비록 경제적인 면에서는 약했지만 문화적인 면에서는 자부심을 갖고 있으니 전북 최고의 자산은 바로 문화를 만들고 발전시켜서 후대에 전승하려는 의지와 힘이 아니겠는가. 물질이나 기술은 옮기기 쉽다. 그러나 지역에 정착된 문화는 흉내 내는 것조차 어렵다. 전북의 미래가 밝은 이유도 그 때문이다.

우리는 '선택과 집중'이라는 말은 자주 사용한다. 사용하기도 쉽고 오해하기 쉬운 말이다. 선택이라는 것은 여러 가지 중에서 고른다는 뜻이다. '하나'가 아니라 '한 가지'를 고른다는 의미다. 지역이 경쟁력을 가지고 지속적으로 발전하기 위해서 '하나의 산업'에 집중해서는 안 된다. '한 가지의 산업군'을 형성해야 한다. 그래서 클러스터와 생태계에 대해 많은 지면을 할애한 것이다. 안타까움과 애정을 가지고 고민한 것은 새만금이다. 모두가 희망이라고 말할 때 신기루라고 말할 수 없었다. 서른 살이 되도록 성장하지 못한 우리의 새만금, 서른 잔치가 끝나고 나서야 이제 겨우 한 평씩, 두 평씩 우리의 것이 될 것이다.

혁신은 묵은 것을 완전히 새롭게 바꾼다는 뜻이다. 온갖 관행이나 몸에 밴 타성을 없애고, 시대에 맞지 않아 쓸모없는 제도를 바꾸고, 형식적인 조직을 실질적인 조직으로 개편하는 것이다. 지역의 혁신은 공공에서 먼저 이뤄져야 한다. 이 책에서 미처 다루지 못한 정치권과 행정, 언론에 대해서는 2편에서 정리를 할 것이다. 새 정부 혁신성장정책의 키워드는 신산업과 일자리다. 지역의 과제 역시 같다고 볼 수 있다. 여기서의 신산업은 신산업을 발굴하여 신산업생태계를 구축하는 것까지를 포함한다. 이에 관해서는 전주한옥마을과 혁신도시, 새만금 편에서 언급했다. 전북에 어울리지도 않는, 기반조차 전혀 없는 엉뚱한 산업을 전북의 신산업으로 끌어들이지 않기를 간절히 바란다. 우리에게는 식품이라는 단단한 기반이 있다. 그 위에 새로운 아이디어를 얹고, 기업 간 협업하여 속도를 내서 계속 달리는 것이 전북의 혁신성장인 것이다.

제2부

지역주도
특화성장

고창

'유혹의 3단계'
그 시작과 완성을 위한 도전

고창은 전국 어디에서도 찾아볼 수 없는 역사를 두 가지나 만들었다. 첫 번째는 시대에 따라 대표특산품을 바꾸는 전략을 세워 성공했다는 것이다. 1980년대는 땅콩, 1990년대는 수박, 2000년대는 복분자가 그 주인공이었다. 현재는 블루베리, 아로니아 등 다양한 베리류 등을 시장에 내놓으면서 식품트렌드를 주도하고 있다. 소비시장을 주도하면서 대표선수들을 교체하는 일은 결코 쉬운 일이 아니다. 고창사람들이 시류에 맞게 유연한 선택을 할 수 있었던 이유는 군민들이 개방적인 사고를 가지고 있기 때문이다. 단순히 품목을 교체하는 데 그치지 않고 항상 최고 품질의 특산물을 만들어냈다는 것은 놀라운 일이다. 과거에는 농업기술센터가 그 역할을 했다면 지금은 복분자연구소가 큰 역할을 맡고 있다고 볼 수 있다. 두 번째는 농촌의 인구절벽을 예고하는 시대에 오히려 농촌인구를 늘리는 새로운 지역모델을 만들었다는 것이다. 고창은 귀농귀촌인들을 바라보는 관점이 다른 지역과 많이 달랐다. 타 지역에서는 귀농귀촌인들을 줄어드는 농촌인구를 보완한다는 관점에서 유치전략을 세웠지만, 고창에서는 지역을 바꾸고 선도할 수 있는 새로운 인적자원으로 바라보았다. 그래서 고창군귀농귀촌협회에서는 귀농귀촌전략을 '新인적자원유치전략'이라 불렀다. 고창의 지역마케팅 인구유치전략은 '가보고 싶다-머물고 싶다-살고 싶다'의 3단계를 충족시키는 단계별 전략이다. 이렇게 유연한 사고를 지닌 능동적인 군민과 차별화된 귀농귀촌정책이 있었기에 오늘의 고창이 빛나고 있는 것이다. 더 욕심을 내자면, 새로운 인적자원을 통해 고창의 새로운 사회시스템과 새로운 산업시스템이 안정적으로 구축되어 또 다른 역사를 만들어가길 기대한다.

고창의 1단계 전략

고창은 유네스코 생물권보전지역으로 선사시대 유적인 고인돌에서부터 고창농악에 이르기까지 다양한 문화재를 가지고 있다. 산과 바다에서 얻어지는 천혜의 자원이 풍성했기 때문에 오래전부터 살기 좋은 곳으로도 유명하다. 그러나 고창군은 주어진 자연환경에 안주하지 않고 새로운 농업자산을 만들어갔다. 지역브랜드인 고창복분자와 고창수박으로 전국에 이름을 알리면서 지역특산물로도 단연 경쟁우위를 차지했다. 급변하는 시장에 재빨리 적응했기 때문에 가능한 일이었다. 고창은 고소득을 올리기 위한 전략 아래 지금도 새로운 특산물을 만들어가고 있다. 고창군에서 맨 처음 대규모 농산물을 시장에 내놓은 품목은 땅콩이었다. 1980년대에는 전국 땅콩 생산량의 50%를 차지할 정도였다. 1990년대 이후 수입 땅콩에 밀려서 주민 소득에 별반 도움을 주지 못하게 되자, 수박을 선택했다. 단순하게 품목만 바꾼 것이 아니라, 당도를 높이는 기술개발에 집중 투자하여 전국최고의 수박을 만들어냈다.

21세기에 접어들어 고창은 '복분자의 고장'으로 새로운 시대를 열었다. 소수의 농가에서만 재배하던 복분자를 고창군농업기술센터에서 집중적으로 육성하기로 한 것이다. 1998년 국내에서 유일하게 복분자 시험장을 세우고 대대적으로 농가에 보급했다. 이어서 민가를 중심으로 전해 내려오던 복분자주를 대량생산이 가능하도록 연구를 진행시켰다. 이어 선운산 복분자주가 탄생하면서 지역농가의 소득도 향상되었다. 현재도 복분자는 고창군의 효자상품이다. 아직까지도 복분자가 대세이긴 하지만 꼭 복분자만을 고집하진 않는다. 요즘 급부상하고 있는 다양한 베리류에 관심을 갖고 있다. 그래서 '고창복분자연구소'를 '베리앤바이오연구소'로 이름을 바꾸고 새로운 시장을 만들겠다는 야심찬 계획을 세우고 사업을 진행시키고 있다.

'땅콩에서 수박으로, 수박에서 복분자로' 고창은 소비자 트렌드와 시장의 변화를 재빨리 파악하고 적절한 대안을 만들어냈다. 버려야 할 때 과감하게 버리고, 필요한 새것을 만들어갈 줄 아는 지역이다. 지역특화에 성공한 유명 특산물을 제외하고 나면 도토리 키 재기와 다를 바 없는 우리나라 특산물시장에 있어서 고창의 마케팅전략은 많은 시사점을 보여주고 있다.

고창의 2단계 전략

고창군은 특산물 브랜드로 만족하지 않는다. 최근 들어 확실한 지역자산을 하나 더 얻었다. 바로 '귀농1번지'라는 타이틀이다. 머지않아 농촌인구가 고갈될 것이라는 걱정을 하며 연구보고서 서두마다 농촌인구 절벽현상을 예고해왔다. 하지만 그 예측이 빗나간 경우도 있다는 것을 고창군이 증명해주고 있다. 통계청에서 발표한 통계자료에 의하면 수도권은 이미 3년 전부터 인구 유입보다 인구유출이 더 많아지기 시작했다고 한다. 경상권 역시 인구유출이 더 많다. 유일하게 충청권만 인구유입이 더 많은 것으로 나타났는데 아마도 세종시의 영향이 큰 것 같다. 다행히 호남권은 제로에 접근하고 있다. 인구 유입에 있어 호남권에서 가장 주목받는 곳은 고창군이다. 연속 3년간 귀농인 수가 전국 1위였다. 지난 한 해 동안 2,476[1,682가구]명이 유입되었고, 최근 10년 사이에 유입인구는 고창군 전체 인구의 10%를 차지할 정도다. 인구유입 속도도 빠르지만 현재도 꾸준하게 유입이 이뤄진다는 점을 주목해야 한다.

고창은 2007년, 전북 최초로 '귀농인지원조례'를 제정하고 전담부서를 신설하여 꾸준히 귀농귀촌정책을 추진하였다. 귀농·귀촌인을 단순한 농업보충 인력으로 여긴 것이 아니라 새로운 인적자원으로 인식한 고창군의 귀농·귀촌 정책은 세 가지로 요약할 수 있다. 첫째, 철저한 사전상담제도이다. 이 제도를 통해 귀농실패율을 줄여나갔다. 둘째, 멘토단이다. 귀농인의 안정적인 정착을 위해 멘토단을 구성하여 꾸준히 도움을 주고 있다. 멘토들은 멘티들과 함께 농업현장에서 서로 협력하고 있다. 셋째, 귀농귀촌인들의 재능기부 프로그램이다. 마을환경개선을 위해 낡은 주택을 수리하는 등의 재능기부를 통해 이주민들과 지역주민이 서로 화합할 수 있는 기회를 제공했다.

고창의 3단계 전략

고창군의 이런 제도는 지역민과의 화합을 유도하고, 귀촌인의 일자리를 알선하여 정착율을 높이는 데 매우 효과적이었다. 이 과정에서 가장 중요한 것은 지역이 인구증가를 경험했다는 것이다. 그러나 이런저런 이유로 고창에 자리 잡지 못하고 다시 떠나는 사람도 있다. 그래서 고창군의 귀농귀촌정책이 초기의 양적증가에 만족하지 않고 새로운 단계로 진입해야 할 때라고 생각한다.

지역마케팅전문가들이 사용하는 용어 중에 '유혹의 단계'라는 것이 있다. 1단계는 '가보고 싶다'이다. 욕망을 자극하는 것이다. 관심과 흥미 등을 만족시켜줄 수 있는 아름다운 자연환경과 축제 등의 지역자산이 여기에 해당된다. 2단계는 '머물고 싶다'이다. 감성을 자극하는 것이다. 방문객이 내면의 변화를 일으키는 단계로 자연환경이나 축제, 문화관련 시설이나 휴양시설을 통해서 머물고 싶도록 만드는 것이다. 조금 더 머물면서 자연의 아름다움을 관조할 수 있고, 예술·문화적 욕구를 충족시킬 수 있는 공간이 가미되어야만 자극할 수 있는 욕망이다. 마지막 단계인 3단계는 '살고 싶다'이다. 머물고 싶다는 욕망이 지속되는 것이다. 살고 싶게 만들려면 그들로 하여금 자신들이 원하는 가치에 기반한 꿈과 희망을 품을 수 있게 해주어야 한다. 정보를 공유한다거나 마을공동체에 참여하도록 하는 일, 일자리를 알선하는 등의 역할이 여기에 해당 된다.

그동안 고창은 가보고 싶은 지역이 되기 위해 많은 노력을 했다. 지역특산물을 산업화과정까지 끌어올렸으며, '생물권보전지역'이라는 지속 가능한 최적의 환경을 지켜내기도 했다. 이제는 사람만 있으면 된다. 그래서 선택한 것이 귀농귀촌정책이다. 사실 농촌지역은 기존의 농민을 보살피는 것만으로도 버겁다. 그런데 지역에서의 삶이 서툰 귀농귀촌인구까지 챙겨서 가야 하기 때문에 더 힘이 들 것이다. 그래서 더 많은 격려와 지원이 필요하다고 본다. 3단계로의 진입은 새로운 인적자원에 대한 제도를 만드는 것이다. 귀농귀촌인구를 단순한 대체노동력이 아닌 새로운 인적자원으로 인식한다면 말이다. 영농지원이나 주택구입자금 같은 일반적인 지원제도가 아니라 좀 더 고민하여 고창군만의 특별한 제도를 만드는 것이다. 그래야 지속적으로 인구가 늘어나는 유일무이한 지역이 있는 될 수 있을 것이다.

주택, 일자리 그리고 유통

귀농귀촌인의 가장 큰 문제는 주택이다. 20세기 성장기시대에 도시로 몰

리는 사람들의 주거문제를 해결하기 위해 주택공사에서 공공주택을 공급했
듯이 귀농귀촌인의 이주속도에 맞는 농촌주택정책이 필요하다. 두 번째는 일
자리다. 농촌지역에서는 일자리를 만들어내기가 쉽지 않다. 농사를 짓는다고
해도 몇 해 동안은 소득을 얻지 못할 경우도 있다. 그러니 수입이 생길 수 있
는 쉬운 방법부터 생각해보자. 귀농귀촌인들이 알고 있는 인적네트워크를 활
용하는 유통방안이다. 귀농귀촌인들로 하여금 자신들이 수확한 농산물이나
이웃이 생산한 농산물을 팔 수 있도록 유통시스템을 만들어주는 것이다. 지
역 입장에서 보면 지역마케팅과 일거리 창출이라는 두 가지 문제를 해결할
수 있는 방법이 될 것이다. 세 번째는 지역자원과의 창의적인 결합을 통한 사
업화지원제도이다. 귀농귀촌인들이 지니고 있는 다양한 기술과 노하우를 지
역자원과 결합하면 충분히 새로운 사업들이 만들어질 수 있을 것이다.

6차산업형미니식품클러스터

최근 고창은 농림축산식품부의 6차산업지구조성사업에 선정되었다. 복합
농공단지에는 복분자주공장과 베리앤바이오연구소가 있다. 귀농귀촌인 체류
교육센터사업도 진행되고 있고, 최근에 지역맥주도 만들어졌다. 이처럼 연구
소, 제조공장, 예비귀농인 숙박시설 등이 잘 조성되어 있어서 6차산업형미니
식품클러스터를 만들기에 조건이 좋은 편이다. 그러나 이런 복합적공간이 6
차 산업과 유기적으로 결합되려면 맞춤형 운영시스템이 필요하다. 기존 농업
인과 귀농귀촌인이 결합할 수 있는 시스템이 완성되어 새로운 농촌인구정책
과 새로운 6차산업의 전형을 만드는 고창이 되기를 기대한다. 전국에서 고창

군 사례에 주목하고 있지만 벤치마킹이 쉽지 않다. 왜냐하면 고창군은 늘 새로운 생각으로 남들보다 앞서 움직이기 때문이다. 국가가 미처 하지 못한 일을 우리 지역에서 나서서 능동적으로 하고 있다. 대표적인 곳이 고창이다.

군산

슬픈 역사를 딛고 일어선
서해 최고의 해양도시

군산은 고려 말 세계 최초의 함포대첩인 진포대첩으로 역사의 한 장을 장식했다. 최무선이 만든 화약으로 함포를 만들어 장착한 고려의 전함들이 왜선과 싸운 함포해전은 서양보다 2백년이나 앞선 것이었다. 개항 이후 군산은 일제 강점기동안 호남지역에서 생산된 쌀을 수탈해가는 주요 항구가 되었다. 이렇게 열린 군산항은 각국의 조계(외국인이 자유로이 통상 거주하며 치외법권을 누릴 수 있도록 설정한 구역)가 있었다. 개항의 이유는 아픈 역사지만 다양한 국가들과 교류하는 개방적인 항구도시로서 성시를 이루기도 했다. 그래서 군산은 전북인들이 세계를 볼 수 있는 창과 같은 역할을 했다. 해방이후에는 일본인들의 사케제조기술을 전수받아 백화양조라는 최대 규모의 주류회사를 운영할 수 있었고, 전국의 주류시장을 석권하기도 했다. 1990년대에는 대우자동차 군산공장, 2000년대에는 현대중공업 군산조선소를 유치하여 전북의 산업을 선도했다. 지금은 산업구조 조정기를 맞아 조선산업과 자동차산업이 어려움을 겪고 있다. 하지만 그간 중국도시들과의 교류를 통해 국제도시로서의 기반을 확보했고, 근대문화유산을 중심으로 관광도시로 발돋움했다. 그 기반위에 전통적인 수산업과 주류산업을 복원하여 서해에서 가장 경쟁력 있는 도시로 다시 태어날 것이다.

기업유치정책 재점검

군산은 1899년에 군산항이 개항하면서 항구도시로 성장하였다. 일제강점기에는 미곡수출항으로 번성하였으나, 1960년대 산업화가 진행되었던 당시에는 주로 1차산업과 식품공업에 의존하는 산업구조로라서 산업발전이 미미한 상태였다. 1990년대에 들어서면서 상황이 달라졌다. 중국의 경제성장은 서해안시대의 개막을 알렸고, 군산은 항구가 인접해 있는 지역의 특징을 살려 중공업 위주의 2차산업시대에 돌입했다. 군산은 전성기를 맞아 화려한 현대산업사를 만들어갔다. 당시 최고의 산업자원이라 불리는 자동차산업업체 대우자동차를 유치했고, 세계 최대 규모의 조선소인 현대중공업 군산조선소도 유치했다. 이외에도 두산인프라코어와 신재생에너지 핵심기업인 OCI를 유치하면서 성장가도를 달렸다. 점차 쇠락해가고 있는 전북지역에서 인구증가율도 가장 높았고, 도시의 확장속도도 가장 빨랐다. 그래서 군산은 '전북의 산업희망', '새만금핵심배후도시' 등 온갖 좋은 이름을 붙이기에 충분했다.

하지만 지금 군산은 암울하다. 모두가 부러워했던 자동차산업과 조선산업을 유치했지만 이 두 개의 산업자원이 연쇄적으로 벽에 부딪히면서 지역경제가 침체되고 있다. 잇따른 구조조정과 기업의 생사여부가 불확실한 상황에서 군산은 불안하고 초조했다. 급기야 2017년 7월, 조선업 불황 여파와 수주절벽으로 군산조선소의 가동이 중단되었다. 지역경제를 이끌어온 조선업계가 무너지면서 많은 근로자들이 실직했고, 협력업체 줄도산과 인구 감소 등 도시 전체가 휘청댔다. 최근에는 한국GM 군산공장 폐쇄가 결정되고 '산업위기대응특별지역'으로 지정하는 절차가 진행 중이다. 군산뿐만 아니라 전북지역의 경제가 심각한 타격을 피할 수 없는 상황이다.

혹자는 이렇게 이야기 한다. 이 기업들을 유치하지 않았더라면 이런 어려움도 없었을 것이라고. 그런 한탄을 하고 있을 때가 아니지만 과거의 선택을 되짚어볼 필요는 있다. 현대중공업은 5천여 명의 일터가 되었고, 연간 1조 원가량의 매출을 올리면서 지역경제를 활성화시켰던 것은 사실이다. 그러나 전체적인 평가는 냉철하게 해야 한다. 현대중공업의 유치는 2007년에 이루어졌으니 그리 오랜 일이 아니다. 당시에 전문가와 학자들 사이에서 조선업의 불확실성을 염려하는 '조선업의 지속성'에 대한 논의가 있었다. 5년 혹은 7년, 길어야 10년 정도라는 의견이 있었다. 이것도 중국의 부상에 따른 예측결과였을 뿐이다. 여러 선진국들도 이런 시기를 거치면서 구조조정을 했기 때문이다. 즉 한국 조선업의 활황도 10년을 넘기지 못할 것이라는 예측이 나왔던 것이다.

10년 후에 일어날 일에 대한 예측을 전북은 간과했다. 광역단체와 기초단체는 각각 1백억씩 지원했다. 부지매입은 물론 조선소 시설에 대해서도 행정지원이 있었다. 기업유치를 감안한 항만도로구축 등의 도시계획은 결론적으로 기업의 부동산 가치를 상당히 높여준 셈이었다. 결국 예상했던 일들이 현실이 되었다. 군산조선소의 폐쇄를 막기 위해 모두가 눈물겹도록 애를 썼지만 성과 없이 끝나고 말았다. 잔치가 화려했던 만큼 실망과 한숨은 깊어질 수밖에 없었다. 기업이 이익을 앞세우는 건 당연하다. 하지만 기업도 사회적 책임이라는 윤리를 지켜야 하고, 전북도 남을 탓할 것이 아니라 자신들의 선택에 대한 깊은 반성을 해야 한다.

현재 한국은 산업구조 조정 시기에 있다. 자동차, 건설기계, 석유화학, 철강, 조선 등은 물론 스마트폰의 복합기능으로 인해 전자산업은 훨씬 이전부터 구조조정이 시작되었다. 앞으로도 전통적인 제조업의 구조조정은 계속 진행될 것이다. 우리는 군산조선소를 통해 희망과 절망을 모두 경험했다. 그래서 이제부터라도 기업유치에 신중을 기해야 한다. 이전을 고려하는 기업의 경우 성장기업보다는 한계기업일 가능성이 높다는 통계가 있다. 애초부터 자생력이 없는 업체인데도 불구하고 업황분석조차 제대로 하지 않은 채 실적 쌓기에 급급해서 기업을 유치하는 우를 범해서는 안 될 일이다. 기업유치에 막대한 행정력과 각종 세제혜택을 쏟아붓는 일도 이제 신중해야 한다. 이것은 기업유치정책을 재점검하자는 의미이고, 이미 유치된 기업에 대해서는 지원을 강화해야 할 필요는 있다.

글로벌 해양전북, 군산의 몫이다

군산은 아픈 수탈의 역사가 있는 슬픈 항구다. 군산이 가장 번성했던 시기도 일제강점기다. 뒤이어 중공업으로 희망을 찾으려 했으나 그리 오래 가지 못했다. 그래서 지금 당장은 우울하고 답답하지만 의기소침할 필요는 없다. 신기루라고 여겼던 새만금이 점차적으로 현실적인 모습을 보이기 시작했기 때문이다. 조성 중인 새만금산업단지에 세계적 첨단 소재기업인 일본 도레이그룹은 2016년에 공장 준공을 끝마쳤다. 게다가 새만금 산업단지 개발방식이 민간사업자 대행개발에서 공공기관인 한국농어촌공사의 직접개발 방식으로 변경돼 사업에 속도가 붙게 됐다. 그러나 새만금 산업단지에 들어올 업종에 대해서는 고려해야 할 점이 많다. 제조업 중심이었던 20세기 산업형태는 많은 일자리를 제공했지만 21세기에는 일자리 생산도 어렵고, 언제 몰아닥칠지 모르는 실업의 공포도 그만큼 크다는 사실을 잊어서는 안 된다. 제조업의 일자리가 가장 빠른 속도로 사라질 수 있기 때문이다. 경기변동은 중앙정부나 지방정부 누구도 통제할 수 없다. 그래서 군산은 지금까지 군산을 지탱해 온 제조업중심에서 새로운 산업축을 만들어야 균형을 잡을 수 있다. 새만금산업단지 입주 업종을 정보통신기술ICT 융복합 기술과 문화·관광·의료산업 등으로 확대해야 하고, 그간 꾸준히 준비해 온 물류와 관광산업에도 집중해야 한다.

필자의 경우에는 외부에서 손님이 오면 가장 먼저 가는 곳이 장항제련소의 굴뚝이 보이는 군산의 구항이다. 우리들의 대화는 세계 최초의 함포대첩으로 알려진 고려말기 최무선의 진포대첩으로 시작한다. 진포지금의 군산에서 우리나라 최초의 화약병기인 화통과 화포로 왜구를 물리친 이야기에 이어 일제 수탈의 현장이었던 뜬다리부잔교 부두를 보면서 백년이 넘어도 끄떡없는 항만 둑의 건축기술에 대해서도 이야기 한다. 일본의 성곽건축기술은 아마도 백제의 성곽건축기술이 전래된 것 아닐까 하는 추측도 덧붙인다. 그리고 일제강점기에 서울 이남에서 가장 큰 규모의 은행이었던 조선은행 군산지점이 있던 곳으로 이동한다. 현재는 근대역사박물관으로 정비되어 인근지역이 테마관광지가 된 곳이다. 동학사 등의 일본식 건축물을 돌아본 다음 전주로 향하는 차 안에서 전군가도가 최초의 신작로였음을 알린다.

모두 아픈 역사의 흔적이지만 반면에 글로벌 현장이다. 군산은 근대 전북의 창이었다. 문물이 들어왔고 문물이 나가는 곳이 바로 군산이었다. 이 점에 주목하자. 군산은 전북지역에서 철도· 항만· 공항을 모두 갖춘 유일한 곳이다. 그렇기 때문에 원래 군산이 가지고 있던 지역적 가치를 놓치지 말고, 그 가치를 극대화할 수 있는 방안을 모색해봐야 한다.

외국인들에게 가장 따뜻한 지역, 군산

현재 군산에는 작지만 물류시설이 있으니 그 규모를 확대하면 된다. 물류산업의 중심이 되려면 물적자원과 인적자원의 교류가 활발해야 하므로 개방적인 문화와 유연한 정책이 필요하다. 개방화, 규제완화, 고도정보사회, 기업글로벌화, 기업 간 통합 등 다방면으로 접근해야 한다. 이 모든 것을 껴안고 배려할 수 있는 글로벌문화를 안고 있어야 한다는 뜻이다. 물류도시의 핵심은 어느 지역에서 누가 와도 편한 도시여야 하기 때문이다. 특히 향후 새만금의 목표가 한중경협단지인 만큼 중국인들을 배려한 제도가 필요하다고 본다. 그동안 군산은 지역기업의 중국진출을 지원하기 위해 청도에 통상사무소를 개설했고, 중국과 자매결연을 맺은 도시와의 우호증진과 협력관계를 모색하기 위해 교류회를 갖는 등 다양한 외부활동을 전개했었다. 이제는 그런 정책과 시도들을 지역내에 체화하면 된다. 현재 부안에서 하고 있는 차이나교육문화특구는 좋은 사례가 될 것이다.

주류산업의 도시, 군산의 영광은?

언젠가 지역특산물에 대한 심포지엄에서 우연히 군산에서 만든 송이주를 먹어 본 적이 있다. 유명세로 따지자면 송이생산지인 강원도의 송이주가 앞설 텐데 술맛을 보고 난 사람들은 이구동성으로 차원이 다른 맛이라며 군산송이주를 칭찬했다. 주요 생산지가 아닌 곳에서 만든 술이 더 맛있는 이유에 대해 궁금해하자, 나는 군산이 바로 주류산업의 본고장이기 때문이라고 설명해 주었다. 군산의 양조산업은 일본 양조업자들이 저렴하게 쌀을 구입할 수 있는 군산에 양조장을 만들면서 시작되었다고 볼 수 있다. 일제 강점기 당시 일본인이 설립한 '아사노하나주조장'과 '이와모토주조장' 등의 주류 생산 공장은 해방 후 조선양조로, 조선양조는 백화양조로 개명했다. 1970년대에는 백화수복 등을 히트시키며 굴지의 주류회사로 성장했다. 명절 때 고향을 찾는 사람들의 손에는 추석선물 겸 제주로 쓰일 백화수복이 들려 있었다. 1980년대까지 군산은 한국의 주류산업의 핵심도시였다. 현재는 백화양조가 롯데주류에 인수되어 우리나라 대표 청주인 '백화수복'과 '청하'는 물론 고급청주 '설화', 소주 '처음처럼', 자연송이주 '양생주' 등을 아직도 생산하고 있다.

백화양조는 쇠락했지만 군산의 주류문화 중 아직까지도 군산사람들의 생활 속에 남아 있는 것이 있다. 청주를 만들 때 나온 부산물인 술지게미로 만든 발효음식이다. 인근의 청주공장들이 다 사라지고 군산에만 한 곳이 남아 있기 때문에 술지게미인 주박을 이용해서 '나라스케'라는 절임반찬을 만드는 유일한 곳이 군산이다. 여러 모로 봤을 때 군산은 전국 어디에도 없는 주류산업문화를 가지고 있다. 주민들이 그리워하는 그 시절, 그 문화가 남아있을 때 백화양조 역사의 영광을 되살려야 한다.

현재의 롯데주류와 협력하여 사업을 확장하고, 백화양조라는 브랜드를 살려서 관광산업에 접목하면 '주류엔터테이너복합산업'이라는 하나의 범주로 만들 수 있다. 군산과 결연을 맺고 있는 중국청도는 '맥주의 고장'이다. 박물관 입장객만 5백만이 넘고, 입장객들의 지출액도 5백억이 넘는다고 한다. 군산은 사케 생산에 관한 오랜 전통과 기반을 갖추고 있어서 사케를 지역브랜드로 만드는 것도 어렵지 않을 것이다. 사케가 일본 술이라고 해서 주저할 필요는 없다. 맥주, 양주도 다 외국 술이다. 임실치즈도 유럽의 식품이다. 전통주만을 고집하지 않고 그 범주를 넘어서서 외국 술을 지역의 술로 육성하기 위해 나선다면 현재 가장 유리한 곳은 단연 군산이다. 특히 일본에 술을 제조하는 기술을 전해준 자가 백제인 인번임을 감안하면, 구백제지역의 도시, 군산의 사케특화는 오히려 역사성을 가지고 있는 지역특화전략의 하나로 볼 수 있다.

군산은 특별한 관광도시다

최근에 군산의 근대역사박물관과 근대문화거리가 새로운 관광지로 떠올랐다. 암울했던 역사를 꺼내서 장사를 한다고 비판하는 사람도 있지만 '다크투어리즘'도 관광소재의 갈래로 인정받고 있으니 해석에 따라 다른 의견이 나올 수도 있다. 염려되는 것은 군산관광산업이 여기서 멈춰서는 안 된다는 것이다. 분명 군산의 근대문화유산은 타 지역과 차별성이 있다. 그러나 근대문화유산이 군산관광산업의 전부가 되어서는 안 된다는 것이다.

관광중심의 도시정책이 필요하다. 관광을 산업포트폴리오 중의 하나로 인식하고 관광중심도시정책을 만들어가야 한다. 군산의 새로운 관광계획에는 관광시설업, 관광음식업, 관광숙박업 등 기존의 관광업은 물론이고 운송업, 세탁업 등 관광 관련 산업으로 확대할 수 있는 종합적인 계획수립과 지원이 필요하다. 현재의 관광업종만 분석해서는 관광산업이 지역에 미치는 영향이 과소평가될 가능성이 있기 때문이다. 더욱 정밀한 관광계획이 있어야만 관광서비스의 질을 올릴 수 있다. 군산의 관광벨트에 연결할 수 있는 관광자산은 또 있다. 도심에 자리 잡고 있는 은파유원지 일대에서 이미 시작된 야간관광도 더욱 세련되게 만들어 보자. 야간관광의 성과를 확장해서 군산에서만 볼 수 있는 야간관광상품을 만들어 보는 것도 좋을 것이다.

또한 국제물류도시로서 성장할 군산이기에 세계인, 특히 중국인들과 함께 하는 축제를 기획해볼 수도 있다. 가칭 '군산글로벌문화축제'를 통해 외국인들과 지역민이 소통할 수 있는 문화교류의 장을 만들어 가자. 또한 관광자원에서 빠질 수 없는 것이 바다이다. 해양관광은 군산관광의 꽃이 되어야 한다. 고군산열도는 서울에서 가장 가까운 다도해이기 때문에 매우 매력적인 관광자원이다. 도차원에서는 고군산군도 연결도로가 개통함에 따라 고군산군도 어촌마을을 관광명소화하기 위해 '아름다운 섬 만들기'를 기획하고 있다. 쌓여가는 어업쓰레기와 주차문제 등 섬이 안고 있는 문제를 신속히 해결할 수 있는 방안이 모색되어야 다음 사업이 진행될 수 있을 것이다.

다 아는 얘기지만 계획은 실질적이고 구체적이어야 한다. 실질적 계획에는 어느 정도의 관광객을 유치하겠다는 단순한 계획이 아니라 얼마나 많은 사람들이 관광산업을 통해 일할 수 있는지, 또 지역인의 삶에 어떤 변화가 올 것인가에 대한 내용이 포함되어 있어야 한다. 최근 새만금 내에 내국인이 출입할 수 있는 카지노를 도입하자는 얘기가 나와서 찬반 의견이 대립되고 있다. 지역경제를 살리고 세수를 늘리자는 측과 사회적 폐해가 크다고 우려하는 양쪽 진영의 논리가 맞서고 있는 것이다. 거기에 '폐광지역 개발 지원에 관한 특별법'에 따라 내국인 카지노를 2025년까지 독점적으로 허용받은 강원도와 대규모 해외투자를 유치하겠다고 밝히고 있는 부산 등 타 지역의 반발과 경쟁도 만만치가 않다. 사실 내국인 카지노는 수익성이 높기 때문에 미국이나 싱가포르 자본이 아니더라도 누구나 욕심을 낼 만하다. 그들이 투자할 의향이 있다고 할지라도 덜컥 삼켜서는 안 될 일이다. 카지노 도입을 두고 찬반

논리를 펴기 전에 심사숙고해야 할 여러 가지 문제가 있다. '파친코의 나라' 일본에도 아직 내국인 카지노는 없다. 전후 70년 동안 카지노를 허가하지 않은 일본이지만 최근 들어 2020년 올림픽을 겨냥해 카지노를 포함한 통합형 리조트 추진법안이 국회를 통과하면서 사회적으로 많은 우려를 낳고 있다. 일본이 카지노를 개설하게 되면 사실 우리나라의 카지노는 사업성을 보장하기 어렵다. 내국인 출입 통제가 까다로울 것이 뻔하기 때문에 이용객들은 한두 시간 거리에 있는 자유로운 일본으로 갈 것이다. 다음은 강원랜드의 경우이다. 국내 유일의 내국인 출입이 가능한 강원랜드는 폐광지역 개발과 관광산업 육성을 위해 탄생했다. 낙후지역의 회생을 위한 조치였다. 새만금은 낙후지역이 아니다. '기회의 땅'이라고 하면서 왜 이럴 때만 낙후지역이라 하는지 모르겠다. 강원도에서 새만금카지노를 적극 반대하는 이유도 새겨들어야 한다. 강원랜드 속사정도 녹녹치 않은 모양이다.

수산업은 군산의 기간산업이다

군산에서 복원해야할 가장 중요한 것은 수산업도시의 영광이다. 군산바다는 새만금개발사업으로 인해 수산업에 막대한 상처를 입기는 했으나 김과 박대 등은 아직도 그 명성을 유지하고 있다. 현재 수산물이 군산브랜드를 가진 것이 없다손 치더라도 지금부터 시작해도 늦지 않다고 본다.

수산업은 급격한 경기변동을 견딜 수 있는 완충산업으로서의 가치뿐만 아니라 지역의 산업재생 소재로도 충분한 역할을 할 수 있는 산업이다. 자연자원을 소재로 만들어진 지역친화적인 특화산업이기 때문이다. 선진국의 산업재생지역 역사를 보면 중공업지역이 어업지역으로 바뀌는 사례를 종종 볼 수 있다. 일본 오이타현의 사가노세끼의 경우도 그렇다. 금속공업지역이었는데 중공업의 구조조정으로 어려움을 겪게 되자 새로운 활로를 모색했다. 그들이 택한 것이 바로 어업이다. 지역 수산물인 전갱이와 고등어를 특화시켜 1마리에 7천 엔에 팔릴 수 있는 최고의 수산물브랜드를 만들어내면서 새롭게 어업지역으로 변신한 것이다. 그렇기 때문에 수산업은 반드시 복원되어야 하는 군산의 주력산업이다. 군산은 현재 조선산업과 자동차산업으로 인한 위기에 직면해 있으므로 이제는 산업재생의 길을 걸어야만 한다. 부디 합리적인 해결방안들이 논의되길 바라며 논의 중에 수산업은 반드시 고려되어야 한다고 생각한다.

21세기는 개발아이디어 하나로 세상이 바뀌지 않는다. 무엇 하나만 되면 나머지가 다 이뤄질 것처럼 떠드는 것은 정치인들의 꼼수다. 하나를 만들기 위해 얼마나 고민해야 하는지, 얼마나 희생해야 하는지에 대해서는 말하지 않는다. 우리가 아직 깨어나지 않은 새만금에 생명력을 불어넣기 위해서는 새만금다운 것을 찾아야 한다. 그것은 바로 군산이 이미 가지고 있는 자산을 다시 살펴보고, 독립적으로 군산의 경제를 일으킬 수 있는 지혜를 모으는 일이다. 호남의 창, 전북의 창이라 불리는 군산은 스스로 새만금 핵심도시를 자처하고 있다. 그렇기 때문에 전북의 경제를 살리고, 탄탄한 일자리를 제공해야 하는 숙명을 지니고 있다. 어느 지역보다 앞선 정책이 필요하고, 어느 지도자보다 일찍 깨어 있어야 한다.

김제

한국농업의 시작, 시농대제(始農大祭) 그리고 종자산업특구

한반도의 식량을 책임지던 호남평야의 대표도시 김제는 한반도에서 수도작 농경문화가 시작된 이래 그 중요한 책임에서 단 한 번도 벗어난 적이 없었다. 아직도 하우스감자를 비롯하여 전국 생산량 1위인 농산물이 수십 가지이다. 만약 김제가 어느 한 농작물의 재배를 멈추는 순간이 온다면 한국의 농산물시장은 요동칠 것이다. 농작물보다 더 귀한 자산은 종자다. 가혹한 국란의 시기였던 IMF때 우리는 종자산업을 잃어버렸다. 종자가 얼마나 중요한 식량자원인지 미처 인식하지 못했기 때문에 종자관련기업들이 다국적기업으로 넘어갈 때 방관하고 있었다. 그 대가로 우리는 많은 로열티를 주고 종자를 수입하고 있다. 그런데 김제는 잃어버린 종자산업을 복원하기 위해 국내 최초로 종자산업클러스터를 만들었다. 종자산업박람회를 개최했고, 한국종자산업의 세계화를 위해 한 걸음씩 나아가고 있다. 끝까지 한반도의 식량을 책임지는 지역, 한국농생명산업의 상징도시가 김제임을 알리는 작업이 필요할 때이다.

김제의 문화와 정체성

김제문화의 고유성은 바로 김제가 지닌 정체성의 밑거름이 된다. 김제문화의 뿌리는 도작문화에서 기인하며, 김제는 한반도에서 벼를 경작하기 시작한 때부터 지금까지 대한민국에서 가장 큰 곡창지대인 호남평야의 중심지였고, 한반도 최고의 식량창고였다. 그래서 당시 풍요로운 지역을 대표하는 도시였다. 그 증거로 김제는 가장 오래된 수리시설인 벽골제를 보유하고 있다. 김제만이 사용할 수 있는 유일무이한 고유명사는 벽골제와 지평선축제이다. 이런 지역의 자산은 '발견과 창조'라는 두 가지 방법을 통해서 획득하게 되는데, 새로운 것을 만든다는 것은 있는 것을 발견하는 일보다 더 어렵다. 따라서 김제는 이미 지니고 있는 지역자산을 더 자세히 탐색하여 얼마나 소중한지를 인식할 필요가 있다. 현재의 산업과 시설, 행사나 음식 같은 문화도 김제의 자연과 역사 등과 조화가 이루어지도록, 세련되고 흥미롭게 스토리텔링되어야 지역의 가치를 드높일 수 있게 된다.

한국농업의 시작을 알리는 김제의 시농대제

꽃보다 더 일찍 봄을 준비하는 것은 농사를 짓는 사람들이다. 땅을 살피고, 물을 보고, 씨앗을 준비한다. 그리고 하늘을 가늠하여 씨 뿌리는 날을 선택하고, 그 하늘에 풍성한 결실을 기원하는 기도를 드린다. 이것이 곡창지대의 봄이다. 그러니 농도의 봄은 풍년기원제라는 의식으로부터 출발한다고 할 수 있다.

수도작농업을 하는 우리나라에서는 대형저수지가 생기고 나서부터 통수식을 했다. 통수식은 농수를 공급하기 전에 풍년 기원을 담은 제례의식이다. 한국농어촌공사는 전국 각지에서 통수식을 하고, 겨우 내내 닫혀 있던 저수지의 수문을 연다. 정읍에는 우리나라에서 가장 오래된 '백파제 통수식'이 있다. 호남평야에 첫 물을 공급하며 본격적인 영농급수에 들어가는데 말 그대로 한줄기의 물이 백 갈래로 갈라지는 것이다. 그리고 풍년기원제가 있다. 대표적인 것으로 선농대제를 들 수 있는데 일제강점기에 폐지되었던 풍년기원제를 서울 제기동 주민들이 살려놓은 것이다. 1992년 이후부터는 동대문구가 중심이 되어 선농대제를 통해 농업의 중요성을 일깨우고자 현대적으로 재조명하였고, 이제는 국가급 행사가 되었다. 도심 속에서 펼쳐지는 제를 보고 있노라니 농도인 전북의 봄이 왜 이렇게 조용한가 반성하게 된다. 대한민국농업수도, 대한민국식품수도임을 자처하는 전북은 물론이고 벽골제라는 농업문화자원을 간직한 김제마저 고요하다. 그러다가도 가을이면 온갖 잔치를 연다. 본질은 오간 데 없고 축제라는 보너스만 즐기는 셈이다. 씨앗이 없고, 물이 없고, 기도와 정성이 없는 결실이 없으니 어찌 보면 감사해야 할 일은 가을이 아니라 봄인데도 말이다.

농도인 전북에서 농사의 시작을 알리고 희망의 씨를 뿌리는 시농대제^{始農大祭}를 해야 한다. 농업의 중요성을 열 번 강조하는 것보다 기원제를 통해 농업의 신성함을 알리는 것이 바르고 빠른 길이다. 특히 가시화될 수 있는 새로운 농업자산을 가진 새만금사업지역에서는 봄을 놓쳐서는 안 된다. 전북의 봄, 아니 한국의 봄을 '김제시농대제'로 문을 열자. 농민을 아낀다는 대통령과 국민의 먹거리를 책임지는 농식품부장관, 지역의 일군인 단체장, 이 땅의 농산물을 지키려는 농민단체 등이 참석하여 한 해의 안전한 먹거리와 식품산업의 융성을 기원하자. 여기에 전북의 미래산업인 종자산업행사로 씨앗축제를 덧붙이고, 전통농기구산업 핵심공간인 전주시 용머리고개를 중심으로 한 대장간문화를 얹으면 '대한민국시농대제'라 불러도 손색이 없을 것이다.

지금 동북아농업지역에서 한국의 위치는 한층 높아져있다. 일본이 원전사고 후유증으로 농수산물에 대한 위기가 왔기 때문에 한국농업의 의미는 더욱 커지고 있다. 그래서 현재 진행 중인 농생명수도 주요사업에 시농대제와 같은 농업문화축제 부분을 포함시켜 발전시킨다면 전북은 새만금지역에 새로운 문화관광자산을 확보하고, 나아가 '아시아권농생명문화' 대표 지역이라는 권위도 함께 누릴 수 있게 될 것이다.

한국의 종자산업, 빼앗긴 들에도 봄은 오는가

씨앗은 농업의 시작이자 끝이다. '농사꾼은 굶어 죽어도 씨앗주머니를 베고 죽는다'는 속담이 있다. 아무리 먹을 것이 없어도 종자로 사용할 것은 먹지 않을 만큼 종자를 귀히 여겼다는 말이다. 농부들은 겨우내 씨앗들을 소중하게 보관했다가 봄이면 싹을 틔웠다. 그래서 씨앗을 생명의 원천이며 하나의 우주라고 한다.

종자는 한 알의 씨앗에 불과한 것이 아니라 한 해 농작물의 성패를 가르는 핵심요소다. 우량종자를 확보하지 못하면 생산뿐만 아니라 가공과 유통산업에도 큰 손실이 생긴다. 따라서 종자산업의 중요성을 먼저 인지한 국가들은 자국의 식량공급 안정을 위한 전략을 세우고, 우량종자를 확보하기 위해 치열한 경쟁을 벌이고 있다. 한 알의 종자가 세상을 바꾼다, 종자를 지배하는 자가 세계를 지배할 것이라는 말이 생길 정도다. 미국의 월드워치연구소가 '21세기 인류에 대한 진정한 위협은 핵전쟁이 아니라 식량 확보를 위한 국가 간 분쟁이 될 것'이라 경고했듯이 농업과 식량, 종자문제는 미래에도 꾸준히 성장할 산업인 것이다.

우리는 IMF의 위기 속에서 굵직한 국내 종자회사들이 외국종자기업에 인수·합병되면서 많은 종자를 잃었다. 당시에는 종자산업의 가치와 중요성에 대한 인식이 부족했던 것 같다. 세계 종자강국과 글로벌 종자기업들이 종자산업을 고부가가치산업으로 평가하여 시장을 확대해 나갈 때 우리는 농산물을 생산하기 위한 씨앗 정도로 생각했던 것이다. 그 결과 해마다 로열티를 지불하고 많은 종자를 사와야 한다. 초국적종자기업들이 자신들이 보유하고 있는 농화학제품에 맞춰 종자를 개발하고 있기 때문에 종자와 함께 농약과 비료마저 사와야 하는 처지가 되었다. 세계종자시장은 핵심국가인 미국과 중국이 50% 점유, 한국시장은 1% 대로 아직 미미한 상태라고 한다.

종자산업은 어떤 산업보다도 중요하게 관리되어야 하는 국가산업이다. 식량안보차원에서도 중요한 의미를 갖기 때문에 식량주권을 지켜내는 소중한 자산으로 봐야 한다. 더구나 에너지와 의약품, 재료산업 등 첨단소재산업으로써 큰 부가가치를 창출하고 있으므로 결코 포기해서는 안 되는 산업이고, 시장에만 맡겨서는 안 되는 최고의 국익사업이다. 종자산업은 먼 미래를 보며 투자해야 하는 산업이다. 신품종 종자를 개발하는 데는 짧게는 10년, 길게는 20년의 긴 연구기간이 필요하다고 한다. 곧바로 결과가 나오지 않기 때문에 지루하고 더딘 작업일 수 있으나 지속적인 투자와 연구가 있어야만 발전할 수 있다. 종자산업분야에 투입될 전문 인력도 매우 중요하다. 종자기능사, 종자산업기사, 종자기사, 종자기술사 등의 일자리 창출을 위해서는 더욱 전문적인 교육과정인 '종자전문대학'의 필요성이 대두되고 있다.

한국의 종자산업, 빼앗긴 들에도 봄은 찾아올 것인가? 얼마 전 전북 김제에서 제1회 국제종자박람회가 열렸다. 처음 열리는 행사라서 널리 알려지진 않았지만 12개국에서 참가했고, 농업인들도 새로운 품종의 채소와 화훼에 관심을 보였으며, 종자기업들도 외국바이어를 현장에서 만날 수 있는 기회를 갖게 된 점에 큰 의미를 부여했다. 박람회에서 누군가 이런 말을 했다. '오늘은 슬프고도 기쁜 날'이라고. 관계자들에게는 박람회가 과거에 대한 반성과 미래를 향한 다짐이 교차하는 장소이자 시간이었을 것이다. 현재 우리나라는 신품종 개발로 로열티를 절감하고, 종자수출 판로확대와 시장맞춤형 신품종 보급 등의 정책으로 제법 성과를 거두고 있다. 아직 가야 할 길이 멀지만 종자박람회를 계기로 종자한류의 꿈을 실현해나갈 것을 기대해 본다.

그리고 국립해안형수목원

산림청은 산림생물종의 다양성을 유지·보존하기 위해 전국 각지에 기후·식생대별로 3개의 국립수목원을 조성하였다. 우리 지역인 김제시에도 해안형 수목원 성격의 4번째 국립수목원이 조성될 예정이다. 지난해 예비타당성 조사를 마치고 올해부터 드디어 실질적인 예산이 투여되기 시작한다. 새만금간척지 내에 2백ha 규모로 들어설 것이다. 해안형 수목원은 국내 최초이자 세계 최초이다. 도서와 해안지역의 식물뿐만 아니라 세계 각국의 해안식물을 수집하고 보전하는 해안식물연구거점으로서의 역할을 하게 될 전망이다. 다른 수목원과의 확실한 차별성이 있기 때문에 이 수목원은 새만금생태관광의 중요한 축이 될 것으로 보인다. 특히 이 해안형 수목원은 현재 김제에서 진행하고 있는 종자산업과 연계하면 더욱더 시너지효과가 있을 것으로 보인다.

남원

'아시아 향의 수도'
봄의 향기가 가득한 산업을 시작하자

지리산과 섬진강을 가진 도시 남원은 호남 동부지역을 대표하는 도시였다. 통일신라 때는 5 소경 중 하나였고, 새로운 국가가 등장하거나 각 정권에서 행정구역을 개편할 때도 호남지역을 대표하는 도시로서의 역할을 했다. 해방 이후 까지도 상권이 활발하여 막강한 영향력을 행사하는 지역이었다. 그래서 남원의 부흥은 호남 대표도시로서의 명성을 회복하는 데에서 출발해야 한다. 남원은 전라북도를 뛰어넘어 구례와 곡성 등을 아우르는 호남동부지역의 공동마케팅 중심지가 되어야 한다. 허브도시로서의 역할을 할 수 있을 때라야 옛 남원의 영광과 부흥을 찾을 수 있기 때문이다. 그리고 지난 15년여 동안 공들였던 허브산업을 성장시켜야 한다. 현재 대부분 제조업이 구조조정 중에 있으나 유일하게 20%가 넘는 성장세를 유지하고 있는 것은 화장품 관련 산업이다. 허브를 기반으로 '향의 도시'를 선언하고, 아시아를 대표하는 아로마산업을 이끌어가길 바란다. 그리고 현재 추진 중인 지리산 친환경산악철도를 통해 한반도의 새로운 산악관광의 대표도시로 도약할 것을 기대한다.

호남동부지역의 맹주, 남원의 명성을 되찾아야 한다

역사를 살펴보면 과거의 남원은 호남을 대표하는 도시였다. 호남의 대표도시로 처음 등장한 것은 통일신라시대로 보인다. 통일신라는 수도였던 경주에 견줄만한 작은 수도 5개를 전국에 설치했는데 남원은 그 5소경 중 하나였다. 이후에도 새로운 국가가 등장하거나 각 정권에서 행정구역을 개편할 때도, 남원부 등 호남지역을 대표하는 도시로서 꾸준한 역할을 하게 된다. 특히 호남의 동부지역에 있어서는 해방 이후까지도 상권이 활발하여 막강한 영향력을 행사했다.

현재 남아 있는 유물을 통해서도 남원의 영광을 짐작할 수 있다. 첫 번째가 광한루라는 전통적인 수변건축물이다. 조선시대 대표 궁궐인 경복궁의 경회루를 제외하고는 찾아보기 힘든 대형 수변건축물이 바로 남원에 있는 광한루이다. 이런 대형 수변건축물은 대부분 연회장소를 쓰였기 때문에 현대적인 의미로는 공연장과 회의장을 겸하는 공간이라고 볼 수 있다. 이런 의미에서 볼 때 남원광한루는 경회루에 버금가는 대형행사를 위해 지어졌다는 결론이 나온다. 행정규모가 더 큰 도시는 있었어도 대형행사를 치를 만한 콘텐츠가 충분한 도시로는 남원만 한 곳이 없었을 것이라는 추측이 가능하다. 지금으로 말하자면 공연자와 기획사를 충분히 확보하고 있었다는 얘기가 된다. 여기에 남원의 가치가 있다. 남원이 당시 공연자들의 대표 기예인 판소리의 고장이었기 때문에 가능한 일이었다.

증거는 또 있다. 바로 춘향제이다. 춘향제는 80년이 넘은 축제이다. 대부분의 축제는 일제강점기에 명맥이 끊어졌다. 해방 이후에도 중앙집권제가 실시되었기 때문에 지역축제들이 연속성을 갖기 어려웠다. 지역축제가 부활한 것은 지방자치제가 실시된 1995년 이후의 일이다. 그래서 대부분의 지역축제의 역사가 20여 년을 넘지 못한다. 남원은 놀랍게도 80년이 넘는 '춘향제'를 가지고 있다. 역사성도 뛰어나지만 축제의 개막식도 남다르다. 통상적으로 개막식행사는 지역 단체장이 행사 시작을 알린다. 그러나 춘향제를 알리는 징소리로 시작한다. 징을 치는 사람은 남원시장이 아니라 타 지역에서 온 단체장들이다. 곡성군수, 구례군수, 장수군수, 임실군수 등이 춘향제의 시작을 알리는 징을 친다는 것이다. 무슨 의미일까? 춘향제는 남원시 단독행사가 아니라 전남북 동부지역의 연합행사였던 것이다. 이런 행사가 가능했던 이유는 오래전부터 전남북 동부지역의 군현들이 모여서 독특한 그들만의 문화를 즐겼고, 그들만의 다양한 산업군을 형성했던 역사가 있었기 때문일 것이다. 그렇게 지역적으로나 문화적으로 통합된 성격이었으니 그에 따른 산업군 역시 여러 지역을 대표하는 지역이 남원인 것이다. 현재 지리산권 지역들로 구성된 관광진흥연합체 '지리산권관광개발조합'이 남원에 있는 것도 아마 그 이유가 아닐까?

　남원은 네트워크도시의 운명을 타고 태어났다. 그렇기 때문에 행정구역상의 남원만 생각해서는 안 된다. 남원의 자산만 가지고 남원을 알리고 마케팅해서는 안 된다. 그것은 남원이 오랜 세월 쌓아온 전통과 정체성에서 벗어나는 것이다. 앞으로 남원은 호남 동부권 전체를 마케팅할 수 있을 정도의 큰 손이 되어야 남원의 영광을 재현할 수 있을 것이다. 이미 행정구역이 고착화되어있는 상황에서 모든 것을 과거 시스템으로 돌려놓는다는 것은 불가능한 일일 것이다. 하지만 할 수 있는 한도 내에서 지금이라도 지리산권의 대표도시, 호남 동부산악권의 대표도시로서의 명성을 유지해 나갈 수 있는 다양한 사업을 스스로 만들어가야 한다.

아시아 향의 수도를 만들자

남원에 허브산업 육성계획이 세워진 지는 15년이 넘었다. 선진국에서는 오래전부터 건강과 식용을 위해 허브가 사용되었고, 관련 산업들도 이미 대중화되었다. 우리나라에서는 2000년대에 들어서서야 산업적으로 접근하기 시작했다. 이에 남원은 지리산 주변을 허브가 자생할 수 있는 천혜의 환경을 강점으로 부각시키면서 21세기 지역발전을 위한 전략사업으로 추진했다. 2005년 '세계허브산업엑스포'를 시작으로 '지리산허브밸리'를 구축하는 등 무려 10년 넘게 관심과 투자를 아끼지 않았다. 이어서 '코스메틱클러스터'라는 새로운 공약이 등장했고, 이 전략산업은 당시 획기적인 아이디어로 평가되었다. 그러나 이미 엄청난 과학적 기술축적과 과감한 투자가 진행되어온 화장품산업에서 경쟁력을 갖기란 그리 만만한 일이 아니다.

신산업에 대한 위험을 줄이기 위한 방안은 있는가? 수입허브와의 격차를 어떻게 극복할 것인가? 한번 해보자라는 식의 발상이 아니라면 이 정도의 고민은 했을 것이다. 더 깊은 고민이 필요하다. 허브생산에서는 수입허브와 엄연하게 차별화해야 하고, 영세한 가공기술은 선진국 수준으로 보완해야 하며, 끊임없는 연구로 최신 트렌드에 뒤지지 않도록 새로운 전략을 수립해나가야 한다. 그래서 아래와 같은 제안을 덧붙인다.

첫째, 현재 남원의 허브산업과 접점을 이루는 산업을 찾아보자. 현재의 산업트렌드에 맞는 허브와 화장품산업의 접점은 무엇일까? 바로 향을 중심으로 하는 '아로마산업'이다. 사회전반에 웰빙 트렌드가 대세를 이루면서 아로마 시장이 새롭게 각광받고 있다는 것은 모두 알고 있다. 문제는 국내에 주도적인 기업브랜드가 없고, 아직 지역에서도 브랜드화 하지 못했다는 것이다. 남원의 허브역사는 국내에서 뒤지는 편이 아니다. 아직 미흡하지만 지역브랜드화가 가능한 지역을 꼽으라면 남원에 견줄 만한 곳도 찾기 어렵다. 그러나 내부를 들여다보면 답답한 구석이 보인다. 아로마산업에 힘쓰자고 하면 대부분 무슨무슨 시설을 만들어서 관광객을 유치하여 돈을 벌자고 나선다. 그것은 장사지 산업이 아니다. 어떻게 특화할 것인가? 어떻게 수입제품을 넘어설 것인가? 어떤 명품을 만들 것인가? 등에 대한 고민이 우선이다. 저렴한 수입아로마와 경쟁할 수 있는 방법은 '한국의 향'을 만드는 것이다. 나아가 동양의 이미지를 대표할 수 있는 향과 디자인을 만드는 것이다. 지리산은 야생허브가 자생하는 곳으로 그 가치는 매우 크다. 먼 미래를 내다본다면 토종허브에 대한 연구지원도 필요하다.

둘째, 벤치마킹대상 도시를 찾아보자. 한국에서 허브관련 산업을 하려는 대부분의 도시들은 일본 홋가이도 후라노를 모델로 삼고 있다. 하지만 후라노는 경관중심의 사업이었기 때문에 적합한 벤치마킹대상은 아니다. 아로마산업은 '향의 수도the capital of perfume'라고 불리는 프랑스 그라스를 벤치마킹대상으로 선정하는 편이 훨씬 낫다. 중세시대 그라스는 가죽가공업이 발달한 도시였다. 가죽에서 나는 냄새를 제거하기 위해 가죽장갑에 향을 입혔는데, 향기나는 장갑이 프랑스에 새로운 유행을 만들었다. 그라스는 점차적으로 가죽가공 대신 향수생산에 집중하게 되었다. 이후 향료를 사업화하려는 조향사들이 모여들면서 점차적으로 향수산업이 발달하게 되었다. 현재는 프랑스에서 사용되는 향수원액과 아로마오일원액 대부분을 공급하는 '향의 수도'가 되었다. 벤치마킹할 도시를 찾을 때는 신중해야 한다. 겉만 볼 것이 아니라 우리 지역의 조건과 어느 정도 일치하는지를 체크해야 한다. 그리고 반드시 지역이 추진하는 산업목적에 부합하는 도시여야 한다. 또한 적극적인 교류를 통해서 노하우를 전수받은 다음에 사업을 시작하는 것이 좋다.

셋째, 산업의 성공을 위해서는 단계별 사업계획을 명확하게 구분해야 한다. 지금까지 국내에서 통용되던 산업화단계는 '1차 농산물 재배 → 2차 농산물 가공 → 3차 외식서비스업'의 단계였으나, 이러한 체제로 산업화에 성공하기는 쉽지 않다. 필자가 그라스를 방문했을 때 그라스시의 산업보좌관으로부터 들은 말이 있다. 지역에서 새로운 산업을 시작할 때는 시장과 가장 가까운 사업을 먼저 선정하라는 것이었다. 다시 말하면 '3차 → 2차 → 1차'의 순서로 바꾸라는 것이다. 3차산업인 아로마스파와 아로마테라피에서 2차산업인 아로마 및 향수제조업으로, 그리고 맨 마지막에 1차산업인 아로마 원재료 허브식물재배업을 하는 것이다. 이 말은 시장리스크가 큰 1차산업을 맨 마지막에 하라는 뜻이다. 그라스시도 아로마원액이나 향수원액의 재료는 대부분 아프리카 중남미나 호주에서 수입한다고 한다. 같은 소재로 시작하지만 무엇을 선행 조건으로 정하느냐에 따라 결과는 달라질 수 있다. 이것이 현대의 산업구상 전략이다.

넷째, 새로운 산업군을 생성하는 단계이니만큼 연구소 설립도 빠뜨릴 수 없다. 아로마산업과 함께 진행하기 위해서는 가칭 '국립천연향연구소'가 필요하다. 한국의 향에 관한 R&D를 담당할 국책연구소 설립을 건의해서 탄탄한 산업기반이 되도록 해야 한다. 인간의 후각과 관련된 아로마산업은 향후 성장정도에 따라 규모의 경제가 필요한 산업이다. 어찌 보면 남원시 단독으로 어려울 수도 있으니 지리산을 중심으로 한 호남동부산악권 지역들이 협력할 수 있는 방안을 모색해보는 것도 좋을 것 같다. 구례에도 지리산 자생꽃으로 향수를 만든 역사가 있다.

다섯째, 산업과 문화, 주민생활이 조화를 이룰 수 있는 통합전략이 필요하다. 향은 눈에 보이지 않는 옷이다. 그래서 눈에 보이는 부분에도 신경을 써야한다. 건물과 간판만 즐비한 도시가 아니라 향기 나는 도시에 걸맞은 문화를 만들어가자. 주민들의 일상에서도 향기에 대한 개념이 적용되면 좋을 듯싶다. 생활 속에 향기를 담자는 뜻이다. 예를 들어 도시의 악취를 없애는 데 집중하거나 가게마다 향주머니를 매달아 놓는 등 직접적인 산업공간 이외의 장소에도 향기를 심자는 것이다. 도시는 통일성을 지닐 때 더욱 아름다워지고 살기 좋아진다. 주민생활에 향을 접목시키면 '향기의 도시 남원'의 전략이 극대화될 것이다.

남원은 그간 여러 단체장을 거치면서도 허브라는 중심소재를 꾸준히 선택했다. 이제 그 관심이 꽃을 피워야 할 때가 온 것 같다. 개화가 늦은 이유는 '허브'라는 개념의 모호성 때문일 수 있다. 이제라도 명확한 산업군을 선정해서 고도의 집중력을 가지고 달리면 된다. 남원의 상징은 춘향이다. 춘향은 봄의 향기다. 올 봄에는 춘향의 고장 남원에서 향기 나는 산업, 향기 나는 문화, 향기 있는 사람들의 이야기가 본격적으로 시작되길 기대해 본다.

친환경 산악철도시대를 열자

남원은 몇 년 전부터 지리산에 산악철도를 놓을 준비를 했다. 지지부진했던 사업이 새 정부가 들어서면서 시작할 수 있는 일부 예산을 확보했다. 이명박 정부 때는 지리산 주변에 있는 몇 개의 지역은 케이블카를 설치하려고 경쟁한 적이 있다. 하지만 환경단체와의 갈등과 지역 간 경쟁만 고조되었을 뿐 사업은 무산되고 말았다. 남원에서 추진하고 있는 지리산 산악철도는 환경단체에서 염려하는 케이블카와 성격이 다르다. 새로 시설물을 설치하는 것이 아니라 있는 도로 위에 철도를 놓기 때문에 크게 자연환경을 훼손하는 것이 아니기 때문이다. 오히려 철도를 놓는 것이 환경을 보호하는 방법이 될 수 있다. 지리산은 노고단 정상까지 도로가 생기고 난 후 몰려드는 자동차 때문에 몸살을 앓고 있다. 만약 산악철도가 생기면 지리산의 풍경이 달라질 것이다. 마치 주차장과 같았던 도로가 제 모습을 찾게 되고, 등산객이 아닌 일반관광객들도 지리산 곳곳의 비경을 감상할 수 있게 된다. 특히 겨울 산행이 어려운 사람들도 겨울 지리산의 풍광을 즐길 수 있게 된다.

지리산은 겨울 3개월 동안 이동이 제한되어 있다. 마을주민들도 자유롭지 못하다. 철도가 놓이면 겨울에도 관광객과 주민들이 자유롭게 드나들 수 있다. 관광수단으로만 생각하지 말고 오지주민의 이동수단이라고 생각한다면 환경부와 환경단체를 설득하는 데 도움이 될 것이다. 하지만 결코 쉬운 일이 아니다. 친환경 철도라고 하지만 환경훼손이 전혀 없을 수 없기 때문이다. 대통령공약사업이긴 하지만 정부에 요구만하면 안 되고 스스로 할 수 있는 일을 찾아야 한다. 그리고 국립공원을 보존한다는 것을 전제로 최소한의 개발을 약속해야 한다. 환경부를 제대로 설득하는 일도 전북과 남원의 몫이다.

지리산이 알프스의 융푸라우가 되기를 꿈꾼다면 작은 건물 하나를 짓더라도 자연보다 튀지 않도록 조심하자. 시설물을 만드는 것이 아니라 지리산을 디자인한다고 생각하고 자연친화적인 작품을 만들면 될 것이다. 땅에서 산으로 곧장 오르지 않고 중간 역에 내려서 지리산의 속살을 볼 수 있게 하자. 간이역을 특색 있고 아름답게 만들면 될 것이다. 열차도 풍경이 될 수 있도록 꾸미자. 지리산과 남원의 개성을 드러낼 수 있도록 아이디어를 공모하면 좋을 것이다. 열차로 실어 나르는 것이 많아지도록 하자. 지리산을 찾아온 사람들에게 무엇을 선물할 것인가 고민하면 훌륭한 답들이 나올 것이다.

무주

무주(茂朱)의 진화,
無州에서 武州 그리고 舞州로

무주는 오랫동안 여름 한철 이용하는 휴양지였으나 스키장이 들어서면서 널리 이름이 알려졌다. 여름관광지에서 겨울관광지로 관광도시영역을 확장하면서 무주의 변화가 시작되었다고 봐야 한다. 그 이후에 반딧불 축제는 '생태관광도시'라는 명성을 안겨주었고, 태권도원유치는 '세계태권도성지'라는 희망을 품게 했다. 그 사이에 기업도시의 좌절을 겪기는 했지만지금까지 만들어온 자산으로도 충분하다. 마지막으로 유치한 태권도자산을 더욱 확장시킨다면 전국 유일의 특별한 산업인 '무예산업클러스터'를 완성할 수 있을 것이다.

무주의 재탄생

무주는 지역브랜드 전문가들 사이에서 대한민국 기초자치단체 중에서 수위라는 평가를 받고 있다. 그만큼 무주지역에 대한 방문객의 인지도와 충성도가 다른 지역에 비해 높다는 것이다. 특히 태권도원이 완공되면서 그 가치와 위상이 달라지고 있다. 여기까지 오는 데는 많은 지역리더들의 실험정신과 추진력 그리고 주민들의 적극적인 참여가 큰 힘이 되었다.

과거의 무주는 그야말로 내세울 것이 없었다. 겨울이면 너무 춥고, 마을마다 계곡이 있어 전북에서 가장 교통이 불편했던 곳일 뿐이었다. 아직까지도 무주를 산간오지라고 말하는 사람이 있을 정도다. 그만큼 깊고 그만큼 가기 힘들었기 때문이다. 여름 한철에만 사람들이 잠깐 다녀가던 곳, 1980년대 무주는 깨끗하고 조용한 곳이었다. 그랬던 곳이 '아태잼버리대회'를 치르면서 조금씩 알려지게 되었다. 레저산업의 붐을 타고 전북의 한 토착기업이 의욕적으로 스키장건설을 추진했다. 이와 동시에 '동계유니버시아드대회'를 준비했다. 대회 이후에는 겨울관광지로 급부상했다. 강원도를 제외하면 겨울스포츠를 즐길만한 곳으로는 무주가 유일했다.

차별화된 축제 반딧불이

무주인들의 의욕은 여기에서 그치지 않았다. 동계유니버시아드대회를 개최한 바로 그 해에 '반딧불축제'를 탄생시켰다. 무주군은 동계유니버시아드대회의 기운을 놓치지 않고 생태관광축제의 전형인 반딧불축제를 지역마케팅에 충분히 활용했다. 지역마케팅전문가들은 '무주의 반딧불이'와 '함평의 나비'를 비교하곤 한다. 행사규모나 방문객 숫자로만 보면 함평나비축제가 약간 우세하지만 역사적 콘텐츠^{나비와 관련된 함평의 역사}로 보면 좀 부족하다는 평가가 있다. 반면 무주 반딧불이의 역사는 분명하다. 1982년에 무주 설천면 일원의 반딧불과 그 먹이^{다슬기} 서식지가 천연기념물로 지정되었고, 지역의 문학지 이름 등에도 반딧불이를 활용하고 있다. 무주에서의 반딧불이는 단순히 지역을 마케팅하기 위한 수단이 아니라 주민들에게 체화된 문화적 콘텐츠로서의 가치를 지니고 있다는 것이다. 그래서 무주의 반딧불이는 다른 지역에서 쉽게 흉내 낼 수가 없다. 함평의 나비축제는 양평이나 파주 등 경기도 지역에서 얼마든지 모방할 수 있다는 결정적인 단점이 있다. 그런 면에서 반딧불이 축제는 역사성이 있는 소중한 생태축제다. 방문객 유치 또한 아직도 많은 여력이 있으니 더욱더 정밀하게 축제를 기획할 필요가 있다.

무주를 한국전통무예산업특구로 만들자

태권도는 대한민국의 국기이며, 한국현대무술을 대표하는 무예브랜드다. 무주에 있는 태권도원은 우리나라 태권도의 위상을 드러내는 대표적인 상징 공간이다. 여러 지자체의 뜨거운 경합 끝에 선정되었기에 무주군민은 물론 전북태권도인과 도민들은 그동안 많은 성원을 보냈다. 2017년 세계태권도선수권 대회는 무주태권도원에서 역대 최대 규모를 자랑하며 전 세계 8천만 태권도인에게 무주 태권도원의 성지 이미지를 각인시켰고, 태권도 종주국의 위상을 강화한 대회로 평가됐다. 행사는 잘 마쳤지만 태권도원이 앞으로도 계속해서 국내외적으로 관광명소가 될 것이라는 기대에 어느 정도 부합할지는 미지수다. 왜냐하면 태권도원은 아직 완전체가 아니기 때문이다. 태권도원 설립 당시 국기원 이전문제, 민자유치 등의 불확실성에 관한 문제가 아직도 명쾌하게 해결되지 않았다. 하지만 시간이 지날수록 희망적이라는 관측이 우세하다.

무주태권도원은 해외 관광객을 고정적으로 대규모 유치할 수 있는 전북 유일의 자산 중 하나이다. 세계관광거점지역이 될 수 있는 핵심자산을 제대로 활용하지 못한 채, 미완의 상태를 유지한다면 타 지역과 경쟁했던 과거가 무색해질 수밖에 없다. 국기원이 태권도원으로 이전해야만 태권도 성지-순례-교육의 '완전체'를 이룰 수 있다고 강조하는 이유도 그 때문이다. 무주가 대한민국 전통무예의 중심지가 되려면 공원을 조성하고, 박물관을 세우고, 놀이시설을 만드는 것에서 멈추면 안 된다. 초기의 설계가 미비했다면 대안이라도 동원해야 한다. 현재 그 논의가 진행 중이니 시기적으로는 빨리, 방법적으로는 특단의 조치가 필요하다고 본다.

가장 먼저 해결해야 할 문제는 콘텐츠 발굴이다. 태권도원을 전북의 자산으로 만들기 위해서는 단순한 공원 형태가 아니라 보다 확장된 개념으로 접근해야 한다. 확실한 사업모델을 기획하고, 그에 따른 문화구조를 갖는 새로운 모델을 구상할 필요가 있다. 첫째는 태권도원을 '테마형관광특구'로 지정하는 것이다. 기존의 특구제도에서는 태권도라는 테마를 수용하지 못하기 때문에 별도로 지정받아야 사업활성화를 모색할 수 있다. 둘째는 '지역특화발전특구'로 만드는 것이다. 도복·도구·출판·도장인테리어에 이르기까지 태권도와 관련 있는 사업을 한 데 묶는 무예클러스터를 조성하는 것이다. 셋째는 무주군 전체를 '한국전통무예산업도시'로 만드는 것이다. 마상무예·24반무·

국궁 등 전통무예 관련 기관을 유치하고, 새로운 무예산업을 개발하자. 운동의 효과를 높일 수 있는 식재료를 생산하는 농업과 식품가공업, 전통무예마을 등을 구상하면 보다 많은 콘텐츠를 얻을 수 있다. 충북지역에서 세계무술을 주제로 행사를 하고 있지만 태권도처럼 완벽하게 전통무예를 브랜드로 확보된 것은 아니다. 그렇기 때문에 운동과 관련된 음식, 가공식품에서부터 무예관련 업종까지 포괄하는 무예산업클러스터는 충분히 무주의 몫이 될 수 있다.

태권도는 이미 국가 브랜드다. 무주는 태권도원만 건설한 것이 아니라 국가 브랜드를 함께 얻은 것이라고 봐야 한다. 그래서 무주는 태권도의 본향이자 한국전통무예의 메카가 되어야 한다. 해외시장을 생각해볼 때 태권도원 만큼 강력한 전북관광자산은 없다고 본다. 전북은 태권도원을 통해 관광뿐 아니라 새로운 산업창조에 있어 기대 이상의 가치를 실현할 수 있다는 사실을 명심하자.

부안

국내 유일의
반도형 국립공원의 도시

부안은 해안가에 대단위의 숲(내변산)을 가지고 있는 유일한 지역으로 한반도 최초의 임해산업단지였다. 에너지자원이 나무밖에 없던 시절에는 산업기지로서 가장 중요한 조건을 갖춘 지역이었으므로 수출용 산업기지였던 것이다. 상감청자수출을 시작으로 부안은 국제무역항으로서의 역할을 충분히 수행했다.

또한 부안은 해변지역이면서 산악지형을 가지고 있는 독특한 지형덕분에 임산물, 해산물, 농산물 등 모든 물산이 풍부했다. 풍요의 땅에 변화가 생긴 것은 변산반도가 국내 최초로 반도형 국립공원으로 지정된 이후이다. 국립공원 보호를 위해 변산해수욕장 자원을 제대로 사용하지 못했고, 새만금간척사업으로 황금어장을 잃어버렸다. 수산업의 기반이 사라진데다가 원전폐기물저장소인 방패장유치문제로 주민 사이의 골이 깊어졌다. 하지만 아직도 생태자원이 풍부하고 뽕산업과 젓갈산업이 강건하게 버티고 있다. 아름다운 해안을 중심으로 해양관광, G2시대를 기다리며 준비한 차이나교육문화특구사업 등 미래를 열어갈 자산도 있다. 환경문제로 빚어진 주민들의 갈등은 오히려 정신적 자산이 되었으니 지속 가능한 지역을 만들기 위한 현명한 지역주민이 살고 있는 곳이 바로 부안이다.

부안의 자산

부안의 매력적인 자원은 무엇이 있을까? 먼저 부안이 가지고 있는 자원을 과거, 현재, 미래로 분류하여 찾아보자. 부안은 반도국가의 서해안에 위치한 관계로 한국사에 있어 중요한 순간들과 만났다. 우리나라가 최고를 자랑하는 3T 1.Information technology 금속활자 2.Culture technology 청자 3.Bio technology 인삼 중 고려의 청자가 있었고, 임진왜란 때는 명량해전에서 승리한 이순신 장군이 병든 몸을 이끌고 찾아와 수군을 재정비하였고, 구한말에는 한국 근대민주주의 태동의 주역인 동학혁명을 만났다. 그때마다 의미 있는 공간으로서의 역할을 해왔다. 부안의 미래를 구상하기 위해서는 과거에 부안이 어떤 역할을 했으며, 과거로부터 어떤 자산을 가지고 있었는지 점검해볼 필요가 있다.

| 글로벌 산업과 무역의 역사적 자산 | 부안의 과거에 대한 해석은 다양한 방향에서 접근해볼 수 있다. 그중에서 가장 흥미로운 접근은 부안이 국내 최초의 임해산업단지였다는 주장이다. 근대국가가 형성되기 전까지는 육로운송의 기본인 도로가 발달되지 않았고, 산악지형이 70%나 차지하고 있었기 때문에 수운을 통해서 조세와 교역이 이루어졌다. 이때 배를 건조하는 작업이 부안에서 이루어졌다는 기록이 있다. 또한 부안은 청자의 유적지로 알려져 있다. 도자기를 만들 때 사용되는 땔감으로 나무가 충분했기 때문에 도자기 산업이 가능했던 것이다. 변산반도처럼 나무가 많은 해안가는 드물다.

여러모로 유추해볼 때 부안은 임해산업단지로서 해운을 통한 글로벌 교역이 가능했던 지역이었을 것이다. 수성당의 계양할미와 같은 여신숭배는 인근의 고기잡이배를 위한 제라고 보기 보다는 더 큰 항해와 더 큰 교역사업이 있

었을 것이라는 추론을 뒷받침해주고 있다. 중국의 기술을 전수받아 전 세계의 유래가 없는 청자인 상감청자를 만들고 그 청자를 바로 본고장인 중국에 수출한 부안, 부안은 문화가 한쪽 방향으로만 흐르는 것이 아니라 서로 교류한다는 것을 증명한 가장 이상적인 글로벌문화의 역사를 가지고 있다고 봐야 한다.

│부안이 품고 있는 풍요로운 산물│ 부안은 임산물, 수산물, 농산물을 골고루 갖추고 있는 풍요로운 땅이다. 조선시대 우리나라 팔도명물 토산품과 별미를 소개한 허균의 《도문대작》은 조선시대판 미슐랭 가이드인데 여기에서 허균은 부안의 3대 진미로 녹미^{사슴꼬리}, 갑오징어, 도하^{위도 새우}를 꼽았다. 특히 복숭아빛 새우는 다른 것과 견주지 못할 만큼 맛이 뛰어나고, 차 맛도 우수하다고 했다. 부안의 식재료의 명성은 그뿐만이 아니다. 고창의 복분자로 엎은 요강을 다시 세운다는 부안의 오디와 더불어 천일염은 엄지를 치켜세울 만큼 유명하다. 요즘에는 곰소항의 젓갈류와 함께 바지락과 백합 등도 인기 있는 식재료로 관광객들이 선호하는 음식이 되었다. 이처럼 부안에 과거에서부터 현대에 이르기까지 미식가들을 유혹할 만한 다양하고 질 좋은 농수산물이 있다는 것은 축복이다.

│역사적 인물│ 유형원, 허균, 매창, 신석정 등은 부안이 낳은 인물이다. 실학의 거두로 반계수록이라는 저서를 낸 반계 유형원이 머물렀고, 허균이 최초의 한글소설인 홍길동전을 쓴 곳으로 추측되는 곳도 부안이다. 허균과 동시대의 인물로 허균과 교류한 것으로 알려진 조선 3대 여류 시인 매창이 있고, 가장 현대의 인물로는 신석정 시인이 있다. 부안은 풍요를 바탕으로 문화

적 흥취가 살아 있는 곳이기도 하고, 효율적인 산업적 가치와 새로운 질서를 고민하는 실학자들에게는 실질적인 연구대상이자 새로운 세상을 열 대안을 생각하게 하는 공간이었을 것이다. 현재도 변산에는 공동체문화를 만들고 있는 윤구병 교수 등 뜻있는 사람들이 모여들고 있다.

| 바다를 경영하는 수산업 | 부안은 반도형 지역으로 김 양식업을 비롯하여 조개류 등의 수산물이 많다. 특히 곰소를 중심으로 수산발효식품인 젓갈산업이 발달했다. 국내의 젓갈산지 중에서도 오랜 역사를 지니고 있는 곳이다. 염전을 끼고 있어서 젓갈단지로 번성하기에 안성맞춤이다. 소금과 생선 등 젓갈에 필요한 모든 재료를 외부에서 조달해야 하는 강경과는 확실하게 차별화된 곳이 부안이다. 최근에는 개인사업자가 수산발효소스연구소를 열고 반찬용 젓갈이 아닌 양념용 젓갈소스를 개발하기도 했다. 다양한 신제품들이 출시되고 있어서 한식에 어울리는 새로운 소스산업의 발달이 기대된다. 그것뿐만이 아니다. 소금과 젓갈, 그리고 부안의 풍부한 농산물을 바탕으로 배추에서부터 젓갈까지 김치에 들어가는 모든 재료를 체험할 수 있는 '김치문화체험지구사업'에 대한 논의가 시작되고 있어서 앞으로 부안은 토종한식문화에 있어 중요한 위치를 차지하게 될 것이라고 생각한다.

| 상금으로만 40여 억을 받은 부안의 뽕산업 | 부안은 2004년 이후 지역의 자율성을 존중하는 '신활력사업'에서 두각을 나타내기 시작했다. 부안이 선택한 것은 뽕이다. 뽕나무는 애초에 누에를 위한 것이었지만 양잠업의 쇠퇴로 부안에서 전혀 새로운 자산이 만들어졌다. 의류산업에서 식품산업으로 완벽한 탈바꿈을 한 것이다. 바로 뽕주다. 이에 탄력을 받은 부안은 누에를 소

재로 한 곤충테마파크를 만들어서 새로운 관광자원으로 활용하고 있다.

| 성장하고 있는 해양관광산업 | 부안에는 천혜의 자원 변산반도 국립공원이 있다. 국내 유일의 반도형 국립공원으로 산악자원과 해양자원을 동시에 품고 있으며, 내소사 등 문화자원과 해수욕장을 비롯한 다양한 해양관광자원도 포함하고 있다. 위락관광자원의 핵심이 되고 있는 대명콘도는 전국 대명콘도 중에서도 예약률이 아주 높은 곳 중 하나다. 이외에도 전북개발공사가 만든 해나루리조트나 농업생명연수원 등 대규모 숙박시설이 있고, 소규모 호텔도 지속적으로 개발되고 있으며, 곳곳에 팬션 단지들이 형성되고 있어서 관광산업지역으로 손색이 없다.

| 중국인을 맞이할 차이나교육문화특구 | 2014년 부안군은 새만금개발청을 중심으로 추진되고 있는 새만금한·중경협단지조성사업에 앞서 중국기업이 들어올 것을 대비한 준비작업으로 중국인들이 생활하기에 가장 편한 도시를 만들겠다는 구상 아래 교육문화사업을 전개하고 있다. 단순하게 중국인들의 주머니만을 노리는 얄팍한 상술이 아니라 진심으로 그들을 맞이할 준비를 하는 것이다. 그 첫 단계는 중국의 언어와 문화를 이해하고 주민들이 먼저 중국인을 배려하는 진정성 있는 대중국특구를 만들겠다는 계획이다.

부안의 미래 사회적 자산

부안의 현대사는 갈등의 역사라 해도 과언이 아니다. 중앙주도사업과 지방의 충돌을 꼽을 수가 있는데 그 첫 번째 예가 바로 국립공원변산반도에 관한 것이다. 국립공원으로 개발하면서 종합적인 관광계획을 함께 수립하지 못한 아쉬움이 크다. 해양관광에 있어 가장 중요한 부분인 변산해수욕장의 일부가 국립공원지역으로 편입되면서 변산해수욕장은 수십 년이 지난 최근에야 개발이 시작되었다. 두 번째가 새만금이다. 새만금은 지역 내에 가장 많은 갈등을 안겨준 사업이다. 보상계획에 참여한 자와 보상을 먼저 받은 자, 보상을 반대하는 자 등 돈으로 지역을 완전히 갈라놓았다. 가장 큰 갈등의 원인은 바로 갯벌의 소중함과 환경문제에 관한 것이었다. 하지만 그렇게 많은 희생에도 불구하고 새만금 문제는 아직도 출구가 보이지 않고, 부안은 '해안선만 잃게 된 것은 아니었나' 하는 우려를 떨치지 못하고 있다. 세 번째는 방폐장 사건이다. 지역발전사업으로 추진되었으나 결국에는 지역 내 갈등을 고조시키고 말았다. 당시에 사업을 추진했던 인사들이 주민들에게 진심어린 사과를 했지만 아직까지 앙금이 남아 있는 상태이다. 많은 지역민들은 이러한 갈등이 사회적 통합을 해치고 있고, 지역 발전에 장애가 된다고 생각하고 있다. 하지만 부안에서 빚어진 사회적 갈등의 핵심은 환경문제에 관한 것이었다. 어찌 보면 부안은 일찍 환경문제에 눈을 떴기 때문에 다른 지역과는 다르게 방폐장 문제에 민감하게 반응했을 것이다. 그러나 이러한 갈등은 지역 내에 새로운 자산들을 만들기도 했다. 친환경에너지를 생산할 수 있는 유채꽃밭과 에너지마을, 그리고 신재생에너지테마파크가 탄생했다.

이제 부안은 갈등의 에너지를 열정의 에너지로 승화시키는 근육이 생겼다. 그래서 갈등과 고민의 결과를 지역자산화할 수 있다. 개별적인 이권보다 지역의 환경에 대해 치열하게 고민하고 다투었기 때문에 반드시 새로운 무언가를 만들어내기 위한 기회를 찾을 것이라고 믿는다. 갈등과 고민의 결과를 자산화하기 위해서는 갈등조정위원회와 같은 상시적인 조직이 필요하다. 유럽의 경우에는 '국토개발5개년계획'과 같은 중앙정부주도의 계획은 사라졌지만 '사회갈등조정계획'은 여전히 존재한다. 국가와 지역이 종합적으로 갈등조정계획을 세워서 장기간에 걸쳐서 해결한다. 일시적인 중재가 아니라 종합적인 계획을 세워서 찬찬히 갈등을 조정해야만 갈등 에너지가 열정으로 전환되어 지역사회의 새로운 사회적 자산이 되는 것이다.

지역의 시대, 부안의 미래

지금까지 지역마케팅을 전개하기 위한 전략적 접근 방법으로 지역의 매력적인 자산에 대해서 살펴보았다. 사회갈등이라는 에너지를 지역화하면 미래자산이 될 수 있다는 것에 대해서도 이야기 했다. 그럼 향후 부안이 선택해야 하는 미래과제를 찾을 차례다. 부안의 역할, 부안이 가지고 있는 매력적인 자원이 품고 있는 다양한 가치 속에서 향후 1백년을 이어갈 강건한 부안을 만들어야 한다.

| 가장 편하게 쉴 수 있는 곳, 부안 | 부안 전략의 첫 번째는 바로 변산반도국립공원을 중심으로 전 지역을 '생태자원의 고장'을 만드는 것이다. 변산반도의 생태적 가치가 살아 있도록 하려면 국내유일의 '반도형 종합관광계획'이 필요하다. 변산반도국립공원은 국내 최초의 반도형 국립공원이자 해양자원과 산악자원이 조화를 이룬 가치 있는 국립공원이다. 한 지자체가 오롯이 국립공원을 차지하는 경우는 많지 않기 때문에 더욱 소중하다. 부안의 아쉬

움은 국립공원으로 지정될 당시 지역을 아우르는 관광비전이 없었다는 것이다. 따라서 부안은 국립공원이라는 생태자원을 중심으로 지속 가능한 보존과 활용이 공존하는 관광계획을 세우고 해양관광과 산악관광의 조화로운 모델을 만들어가야 한다. 이 계획에는 외부관광객 중심이 아닌 주민들이 먼저 즐길 수 있는 생활공간으로서의 가치를 포함하여 균형을 이루어야 한다.

| 세계와 소통하는 지역, 부안 | 둘째는 글로벌지역으로의 회복이다. 부안은 차이나 교육문화특구를 구상하고 있다. 중국의 영향력은 우리의 상상보다 더 커져가고 있는 때여서 현재 준비 중인 '차이나교육문화특구'는 그 의미가 크다. 중국의 언어와 문화를 이해하고 중국인들이 생활하기 편한 곳을 만든다는 구상 자체가 글로벌문화를 준비하는 것이다. 새만금경협단지의 점진적인 추진과 부안의 차이나교육문화특구사업이 계속된다면 부안은 청자로 세계를 호령하던 시대의 영광을 다시 누릴 수 있을 것이다.

| 식품산업생태계 완성 지역, 부안 | 셋째는 부안의 지역문화를 반영한 식품산업생태계의 완성이다. 부안은 풍요로운 농산물의 고장이자 수산발효식품인 젓갈류에 대해서는 타의 추종이 불가할만한 역사를 지니고 있다. 바지락죽처럼 특화된 음식이 있기는 하지만 음식으로 명성을 얻기에는 아직 부족하다. 식품산업의 경우에는 뽕의 고장이라는 브랜드를 갖게 되었지만 여기에 만족해서는 안 된다. 예를 들자면 젓갈도 어쩌다 먹는 찬거리에서 한 단계 진화시켜야 한다는 것이다. 태국의 남플라나 베트남의 느억맘을 능가하는 피쉬소스를 개발해서 한식은 물론 세계음식에 적용할 수 있도록 해야 한다. 그런 모델을 만들기 위한 '부안형 식품산업생태계조성을 위한 계획'이 필요하다.

┃새로운 주민들이 넘치는 지역, 부안┃ 넷째는 새로운 인적자원 유치전략이다. 부안의 미래 청사진을 수행하기 위해서는 새로운 인적자원이 필요하다. 각 지역마다 귀농귀촌을 유도하기 위한 다양한 정책들이 나오고 있다. 어느 지역에서는 10년 사이에 전체 인구의 10%가 늘어나기도 했다. 귀농귀촌인들은 농업뿐 아니라 도시민들을 대상으로 새로운 비즈니스를 만들어 내며 새로운 영역을 개척하고 있고, 한편으로는 지역민들과의 화합을 위하여 자신들의 재능을 기꺼이 기부하면서 지역에 활력을 불어넣고 있다. 귀농귀촌인을 농촌의 보충인력 정도로 생각하는 정책은 쓸모가 없게 되었다. 지역이 필요로 하는 다방면의 인력, 즉 자원을 유치한다는 개념의 정책개발이 시급하다. 부안은 귀농귀촌정책에 있어 다소 늦은 감이 있다. 그렇기 때문에 '부안군 新인적자원유치 5개년 계획'과 같은 적극적이고 획기적인 정책개발이 필요하다.

┃부안은 지역주도적인 사업이 절실한 지역이다┃ 국가가 시도한 부안의 전략과 신규자원 문제는 상당부분 부안과 마찰이 있었다. 그렇기 때문에 부안은 그 어느 곳보다도 지역주도적인 정책과 사업이 필요한 지역이다. 국가가 하지 못하는 일이기에 지역이 한다는 강한 추진력으로 부안의 역사가 새롭게 써지기를 바란다.

순창

식품가공산업에서
음식관광산업으로

순창은 발효식품의 고장이다. 그동안은 가공·제조부문에 집중해서 식품가공산업 인프라 구축을 마쳤다. 그리고 강천산을 유료관광지로, 섬진강을 수변관광자원으로 만들었다. 순창이 브랜드 관광지를 만들 수 있었던 이유는 남다른 노력을 기울였기 때문이다. 순창은 섬진강을 끼고 있는 지자체 중에서 최초로 섬진강관광종합계획을 세워 체계적인 관광개발프로그램을 운영하고 있는 유일한 지역이다. 그러나 불행하게도 옆 도시인 담양과 딱 한 부분에서 비교된다. 바로 음식이다. 그래서 '관광은 순창 강천산, 식사는 담양 떡갈비'라는 말이 생겼다. 순창마케팅의 1단계가 가공식품과 관광지개발이었다면 이제 다음 단계로 진입해야 한다. 음식관광산업으로 영역을 확대하고, 음식클러스터를 만들어 진화하는 것이다. 즉 순창고추장에서 순창고추장비빔밥, 순창고추장순대국, 순창고추장매운탕으로 새로운 음식관광 자원을 개발하자는 것이다. 상다리가 휘어질 정도로 상을 차렸다는 것은 자랑이 아니라 대표음식이 없다는 것이다. 단순하게 고추장을 만들어 파는 곳이 아니라 고추장을 이용한 음식을 먹을 수 있는 곳, 음식을 배우는 곳, 맛있는 음식으로 힐링하는 곳, 그 음식을 먹으면서 살고 싶은 지역으로 전환해야 한다.

식품가공에서 음식관광으로

순창고추장은 아마 지역 특산물 중에서도 가장 높은 가치를 지닌 지역브랜드중 하나일 것이다. 엄밀히 따지자면 이제는 순창고추장이 아니라 순창전통고추장이라 해야 맞을 것 같다. 순창고추장과 순창전통고추장의 차이는 무엇일까? 순창에서 만든 모든 고추장은 순창고추장이다. 그러다보니 고추장제조업자들이 줄줄이 순창으로 이주했고, 상표등록 문제에 무관심했던 순창군은 타지에서 이주해 온 고추장 사업자들의 고추장과 구분 짓기 위해 뒤늦게 순창고추장 대신 순창전통고추장을 지리적 표시 단체표장으로 등록했다. 그러니 순수하게 순창의 장인들이 빚은 고추장은 순창고추장이 아니라 순창전통고추장이라 불러야 한다.

되돌아보면 순창이 최고의 지역특산브랜드를 얻기까지 여러 사람들의 많은 노력이 있었다. 고추장을 중심으로 된장, 간장 등을 지역특화상품으로 만들기 위해 장류연구소, 미생물연구소 등의 연구 인프라를 구축했고, 최근에는 '장수'라는 컨셉으로 '순창건강장수연구소'를 운영하고 있다. 이곳에서는 노후준비교육과 함께 지역 농특산물로 'The 건강한 밥상'과 '바른먹거리 당뇨 학교' 등 다양한 건강 교육프로그램도 진행하고 있다. 또한 순창고추장마을을 중심으로 6차산업지구에 선정되어 순창이 지니고 있는 자산을 모아 6차산업화를 이루려는 꾸준한 노력을 하고 있다. 새로운 관광자원을 만드는 일도 게을리 하지 않았다. 강천산 일대를 맨발로 걸을 수 있는 편안한 트래킹코스로 만들었고, 살아 있는 유일한 섬진강을 친환경적인 관광자원으로 개발하기 위한 준비도 끝마쳤다. 최근에는 관광패러다임을 문화 중심으로 바꾸겠다는 포부를 밝히고 있어 무척 반가운 소식이었다. 내친김에 한 가지 제안을 하자면 음식관광 영역을 확대하면 좋겠다. 사실 순창은 맛의 고장이다. 순창이란 말만 들어도 입 안에 군침이 돈다는 사람도 있다. 매콤하고 짭짤한 고추장이나 장아찌 생각이 나서 그런 사람도 있고, 한상차림 밥상이 생각나서 그런 사람도 있을 것이다. 어찌 보면 순창고추장은 지금까지 '맛의 도시'를 만들기 위한 기초를 닦기 위한 것이었는지도 모른다. 이러한 기반을 바탕으로 다음 단계로 가야한다. 고추장 다음 단계는 음식이다. 즉 가공식품에서 음식관광으로 발전시켜야 한다는 것이다. 순창 옆에는 담양이 있다. 순창여행을 마치고 난 관광객들이 담양으로 가서 떡갈비와 대통밥을 먹는 경우가 많다. 담양에서 소문난 이 두 가지 음식은 전통적인 음식이라기보다는 최근에 상품화된 것이다. 순창처럼 우리나라 음식의 역사와 전통을 자랑할 수 있는 곳에서 찾아온 관광객을 놓친다는 것은 자존심 문제다.

이제 순창은 한국 최고의 양념과 밑반찬을 기반으로 하여 음식관광지로 진화해야 한다. 현재도 섬진강변의 매운탕과 읍내의 한정식, 장터의 순댓국이 있긴 하지만 그 지역에 가면 반드시 찾아야 하는 음식브랜드로 성장하진 못했다. 유명 음식점에는 '킬러메뉴'라는 것이 있다. 소비자들의 만족도를 극대화시켜줄 수 있는 핵심메뉴를 말한다. 새로운 지역대표음식을 만들고자 하는 경쟁이 과거 어느 때보다 치열해지고 있는 시점이기에 핵심메뉴를 개발하는 것은 매우 중요하다. 킬러메뉴는 매출 비중이 클 뿐만 아니라 입소문을 타기에도 안성맞춤이다. 지역브랜드를 구축하는 데도 큰 힘이 된다. 거듭 강조하건대 부디 '장류'라는 작은 울타리 안에 갇히지 말고, 그것을 기반으로 음식관광지로서 거듭나길 바란다.

핵심메뉴 개발 못지않게 중요한 것은 주변 환경이다. 요즘 사람들은 자동차로 한 시간 거리에 멋진 식사 장소가 있으면 기꺼이 시간을 투자한다. 예를 들면 섬진강을 배경으로 한 '강가레스토랑' 같은 것이다. 강의 물줄기를 따라 '맛있는 강'을 연출하는 것이다. 섬진강변에 있는 주택을 리모델링하거나 농가레스토랑을 활성화하는 것도 좋을 것이다. 참게와 다슬기, 민물고기 등이 주요 식재료가 되겠지만 토속메뉴와 퓨전메뉴로 구분지어 다양화시킬 수도 있다. 제주의 바닷가에는 줄을 서서 기다리는 유명한 우동집이 있다고 한다. 강가에 장아찌김밥집이면 어떠랴, 강가에 두부집이면 어떠랴. 대신 경치 좋은 곳에 마련하되 전문건축가가 세련되게 리모델링하고, 음식연구가가 맛있는 음식을 개발하고, 전문가가 멋있게 플레이팅한 음식이라면 더욱 좋겠다. 왜냐하면 섬세하고 까다로운 소비자의 욕구를 충족시키는 일이 무엇보다 중요하기 때문이다. 섬진강을 끼고 있는 어느 지역보다 앞서서 순창에서 '딜리셔스리버' 계획을 세우고 추진하길 바란다.

그리고 사라질까봐 안타까운 음식을 되돌아보자. 예를 들면 장터음식 같은 것이다. 재래시장은 음식관광요소 중 매우 중요한 부분을 차지한다. 순창 5일장은 역사도 깊고 과거에는 꽤 번창했던 장이다. 순창 장에서 가장 유명한 음식으로는 순댓국을 꼽는다. 순창처럼 순댓국밥집이 여럿이 모여 있는 곳도 드물다. 집집마다 독특함이 살아있고 맛도 수준급이다. 주말이면 앉을 자리가 없어 길게 줄을 서야 하는 전주 남부시장의 순댓국과는 비교가 되지 않을 정도의 맛이고, 전골류는 고급요리에 가깝다. 굳이 새롭게 메뉴를 개발하지 않아도 되겠지만 순창의 개성을 살리기 위해서는 새로운 음식 이름을 만들어보는 것도 좋을 것 같다. 또한 춘천의 닭갈비처럼 조리도구를 특색 있게 개발한다거나, 거부감 없이 누구나 먹을 수 있도록 부재료를 넉넉히 넣는 방법도 있을 것이다. 또 한 가지 짚고 싶은 것은 장류의 고장이면서 장류를 대표할 수 있는 음식이 아직 없다는 것이다. 고추장비빔밥, 청국장찌개, 된장찌개 등 장류를 이용한 순창브랜드가 있을 법도 한데 아직은 없다. 순창의 청국장은 정말 맛있다. 그래서 남원추어탕, 북창순두부처럼 '순창청국장찌개'를 만들었으면 한다. 상표등록은 반드시 하자.

　음식은 곧 약이라고 한다. 식품의 으뜸은 발효식품이라고 한다. 온갖 자극으로 혀가 지치고 몸이 망가지는 시대에 살고 있는 우리가 위로받을 곳은 건강한 밥상이다. 편안한 곳에서 좋은 음식을 먹는 일이 그만큼 중요하고 가치있는 일이 되어가고 있다. 현재 순창의 건강장수연구소에서는 건강에 좋은 음식, 질병에 좋은 음식 등을 구체적으로 개발하여 방문객들이 머물면서 체험하는 기회를 제공하고 있다. 순창에서 오랜 기간 공들여온 결과이니만큼 순창 전역에서 맛있고 건강한 밥상이 구현되기를 기대한다. 이런 기대와 바람들을 성취해나가려면 기존 연구기관이나 시설들을 정비하여 활용을 극대화해야 한다. 한 가지 방안을 예로 들자면 사람들을 모이게 하는 프로그램을 만드는 것이다. 프로그램 마케팅 대상은 음식과 관련된 사람들로 잡으면 된다. 조리사협회, 요식업협회, 조리학과 학생, 음식전문가의 회의나 연수를 순창에서 갖게 하는 것이다. 모임공고 및 보도자료 하나하나가 홍보 수단임을 알고 있다면, 서둘러 관련 시설을 정비하고 프로그램을 가동시켜야 한다. 굳이 대학을 유치할 필요는 없겠지만 이렇게 많은 전문가들과 순창의 숨겨진 음식자원들이 결합하면 자연스럽게 음식관광전문대학이 순창에 세워질 수도 있을 것이다. 매일매일 새로운 제품이 사람들을 유혹하던 20세기에는 제조업이 융성했지만 우리는 지금 문화서비스산업이 지배하는 21세기에 살고 있다. 순창도 여기에 맞게 변신하면 된다. 자연스럽게 제조업에서 서비스업중심으로, 그리고 음식교육사업 등을 펼치며 작은 퍼즐을 하나씩 맞춰 큰 그림을 만들 듯이 음식관광도시를 향하여 그렇게 가자.

완주

___

인문학도시,
그리고 지역정책의 메카

완주처럼 최초라는 수식어를 많이 달고 있는 지자체는 없다. 전국 최초로 공무원을 시민단체에 파견했고, 전국 최초로 커뮤니티비즈니스센터를 만들었고, 전국 최초로 로컬푸드사업을 성공시켰다. 그리고 최근에는 작은도서관, 책읽는모임, 책박물관, 책마을센터 등 인문학도시의 모형을 완성했다. 그래서 완주를 '지역정책의 메카'라고 부른다. 게다가 현재 완주는 새로운 산업중심지로서의 책임을 부여받았다. 농업용기계 생산기업인 LS엠트론, 국내상용차의 90%를 생산하는 현대자동차 봉동공장, 건축자재 생산기업인 KCC 등 다양한 기업들이 들어와 있기 때문이다. 그리고 농생명과 식품산업 최고 R&D기관인 식품연구원과 농촌진흥청이 완주군에 속해 있다. 전북혁신도시의 모델이었던 네덜란드의 식품산업클러스터 '푸드밸리'와 덴마크의 농산업클러스터 '아그리콘밸리'처럼 전북의 미래 산업지도를 그려야 하는 역할 또한 완주의 몫이 되었다. 그동안 전북의 산업을 책임져왔던 군산이 무척 어려워졌기 때문에 완주 산업도시의 역할이 더욱 커졌다고 볼 수 있다.

완주군의 다음 전략은?

완주는 유명하다. 로컬푸드사업으로 농촌활성화 정책을 성공시킨 지역이다. 국내 최초로 커뮤니티비즈니스센터를 설립하여 '사람중심·가치중심'의 사회적 경제를 구현하는 데에 큰 몫을 했다. 특히 지역인재들이 참여하는 지역공동체사업은 우수사례로 뽑혔고, '파워빌리지사업'을 추진하여 공동체가 살아있는 마을을 만들어냄으로써 마을재생에도 성공하였다. 성과 부분은 전문가에 따라서 다소 이견이 있기는 하지만 현재 상당부분이 진행 중에 있는 사업이기 때문에 아직 속단은 이르다. 사실 사업의 성과는 지역주민들이 앞으로 얼마나 꾸준히 진행시켜 나가는지에 따라 달라질 수 있기 때문에 나머지는 주민들의 몫이기도 하다. 하지만 대부분의 전문가는 완주의 새로운 시도와 도약정신에 대해서는 높은 점수를 줘야한다는 것에 동의하고 있다.

이렇듯 완주는 새로운 지역정책을 생성해 내는 대표적인 지역이라는 브랜드를 획득하였지만 대부분의 성과들은 '농촌활력사업'에 집중되어 있다. 엄밀하게 분류해보면 완주군은 도농복합도시이다. 게다가 공단이 조성되어 정착단계에 있으며, 혁신도시에 공공기관이 이전되면서 도시공간의 확장속도가 빠르게 진행되고 있는 미래형 도시의 면모를 갖춰나가고 있다. 따라서 완주는 그간에 이루어졌던 '농촌활력사업' 성과만큼이나 향후 많은 과제를 수행해야 하는 책임을 가지고 있다. 이에 따라 현재 논의되고 있거나 논의되어야 할 과제의 핵심을 크게 두 가지로 나누어볼 수 있다. 첫째는 이미 기초를 다져놓은 '농촌활력사업'의 성과를 결과가 아닌 과정의 단계로 보고 재도약의 발판으로 삼아 새로운 결실들을 맺어나가야 한다. 둘째는 농촌에서 시작한 공동체의 가치와 성과를 확장시켜 도시화하는 작업을 해야 한다. 완주는 로컬푸드정책으로 영세농과 고령농의 경제활동에 일조했고, 마을만들기정책으로 공동체의식을 함양시켜 사회적경제를 실현하는 성과를 거두었다. 그 결과 어느 지역에서도 따라잡을 수 없는 독특한 지역문화가 생성되었다. 이제는 그다음을 생각하고 도농복합도시로서의 면모를 다질 새로운 구상들이 나와야 한다. 도심형 공동체가 만들어지는 역사를 쓰는 것이 바로 완주의 미래다.

완주의 사회적 자산

완주는 앞서 언급한대로 사회적 자산부분에서 타 지역과 구분이 될 만큼 월등한 성과를 거두었다. 로컬푸드사업을 통해서 영세농과 고령농의 안정적인 사회적 기반을 만들었고, 커뮤니티비즈니스센터를 중심으로 공동체비지니스를 개발했고 또 그를 실천함으로써 지역인재들이 지역사업에 참여할 수 있도록 하였다.

그리고 마을기업사업으로 마을공동체의 일정부분을 재생시키는 성과도 있었다. 그래서 지금까지 완주군이 거둔 성과는 '농촌공동체 회복'이라는 아주 중요한 사회적자산의 기반을 형성한 것이라고 볼 수 있다. 완주는 이런 성과 위에 그 이상의 사회적 자산을 덧붙여 한 차원 높이 끌어올리는 도약이 필요하다. 다음 장에서는 완주가 이끌어내야 할 사회적 자산에는 어떤 것들이 있는지 살펴보도록 하겠다.

| 책 읽는 도시 완주 |

공간 확보

완주군은 책 읽는 지식도시 사업을 추진했다. 사업초기부터 도서관 공간 확보에 주력해서 읍·면지역에 한 개 이상의 작은도서관을 만들었다. 어디에서나 책을 읽을 수 있도록 각별한 문화공간을 만든 것이다. 최근에는 혁신도시 아파트단지에 '별마루작은도서관'을 설립하면서 총 20여 개의 도서관을 가지고 있는 도시가 되었다.

알찬 프로그램

완주군은 단순히 도서관이라는 공간 확보에 그치지 않고, 다양한 프로그램을 운영하면서 그 공간에 활기를 불어넣었다. 방학 중에는 어린이들을 대상으로 독서교실을 열었고, '평생학습, 북적북적페스티벌'이라는 책 축제를 운영하고 있다. 평생학습 강좌와 동아리 활동을 통해 얻은 재능발표회와 학습결과물 전시회, 독서골든벨 등이 열리는데 군에서 주도하는 것이 아니라 각 도서관의 동아리를 중심으로 초청강연과 토론회 등 다양한 프로그램을 운영하고 있다. 독서문화보급이라는 초기 목표를 향해 달리고 있으며, 책이란 소재 하나로 장관상과 국무총리상을 받는 지자체가 되었다.

책박물관

완주는 책 읽는 도시를 만들어가는 과정에서 아주 멋진 선택을 했다. '책박물관'을 유치한 것이다. 활동이 미흡했던 영월군의 책박물관을 삼례예술촌에 둥지를 틀게 하고 책 읽는 도시 완주의 상징으로 삼았다. 책박물관은 상징적 의미도 지니지만 실질적으로 책에 생명을 불어넣고 있다. 도서들을 진열해 놓는 것으로 끝난 것이 아니라 각종 전시회 및 심포지엄을 열어 책이 꾸준히 움직이도록 하고 있다. 완주의 책박물관은 지식교환 뿐만 아니라 감성이 자극받는 새로운 형태의 도서환경을 창조해내면서 책을 읽는 도시를 표방하는 완주의 또 다른 얼굴이 되고 있다.

책마을문화센터

책박물관이라는 빼어난 상징공간을 확보한 완주군은 주민들로 하여금 책 읽는 문화시민이라는 정체성을 북돋아주기 위해 새로운 사업을 전개했는데 바로 '책마을문화센터사업'이다. 이 사업은 쓸모없이 방치된 노후시설인 삼례농협 비료창고를 도서가 중심이 되는 문화시설로 조성했다. 1960~1970년대 학술서적부터 어린이 만화책까지 10만여 권의 책이 있고, 마을주민들이 직접 운영하는 자그마한 서점이 있다. 종일 책에 묻혀 살수 있도록 컨테이너를 개조한 북스테이도 만들었다. 지역주민+관광객+전문가+학생이 서로 소통할 수 있도록 만든 문화허브공간으로 신선한 아이디어가 돋보이는 사업이라는 평가를 받고 있다. 완주가 문화예술도시로 거듭나기 위한 앵커시설로 활용하고자 시작한 것이니만큼 그 용도가 매우 다양해질 것으로 기대된다.

책 읽는 도시로의 전이

책마을센터의 완성으로 완주의 책 읽는 문화는 본격적으로 주민들 속으로 파고들어 지역에 체화될 것으로 보인다. 작은도서관, 책박물관 그리고 책마을문화센터라는 이 세 개의 공간은 바로 책 읽는 지식도시 완주의 지식기반을 견고하게 하는 트라이앵글이 될 것이다. 이 사업에는 지역대학과 협력하여 아카이브_{정보창고}를 구축한다는 내용도 포함되어 있다. 이제 책 읽는 인문학도시로 기초가 완벽하게 조성되었다. 이제는 그곳에 책 읽는 주민으로 채워지면 되는 것이다. 완주는 지금부터 지역주민들만 책을 읽는 도시로 만들 것이 아니라 한국인 모두가 책을 읽는 문화가 되도록 선도해나가는 도시로 발전해 나가길 바란다. 이 부분에 속도를 더하기 위해서는 '완주독서대상'과 같은 시상제도를 만들어 대상을 전국 단위로 확대시키는 방법을 활용해 보는 것이 도움이 될 것 같다.

그럼 '작은도서관, 책박물관, 책마을문화센터'라는 이 세 개의 자원을 어떻게 활용할 것인가에 대해 생각해 보자. 1단계는 인문학을 위한 공간조성인데 이미 어느 정도 완성된 것이라고 보면 그다음 단계는 인문학공간으로 확실하게 자리매김하는 것이다. 지금까지의 전략이 몇 개의 작은 도서관을 만드는 사업이었다고 하면 다음 사업은 이러한 공간을 바탕으로 얼마나 의미 있고 얼마나 많은 책 읽는 모임을 만들어 내느냐가 될 것이다. 책 읽는 모임의 활동여부가 인문학도시로 가는 데 중요한 역할을 할 것이다.

| 전국 최초 시빌미니멈 5개년 계획을 세우자 |

시빌미니멈

시빌미니멈이란 도시가 당연히 갖추어야할 최저한의 조건을 말한다. 시민들이 안전하고 쾌적한 도시생활을 유지하는 데에 필요한 최저기준 한도를 도시가 갖추어야 한다는 뜻으로, 압축하자면 '시민생활의 최저기준'이 된다. 말과 구호로만 행복을 외칠 것이 아니라 구체적이고 현실적으로 최저한

도를 보장하자는 의미에서 시작되었다. 선거철이면 지역발전을 위한 최고도의 목표와 전략들이 나온다. 완주는 도농복합도시로 다양한 사람들이 모여 살기에 정책 또한 더욱 복잡해질 수밖에 없다. 도시의 미래를 위한 거창한 계획도 필요하지만 일상생활에서 시민으로서 누려야 할 최저한도의 안전과 쾌적한 환경에 대한 보장이 그 무엇보다도 우선되어야 한다. '시빌미니멈'을 보장하는 것은 그 도시에 살아가는 시민의 자긍심을 높이는 데도 중요한 요소가 되기 때문이다.

복지미니멈

일본에서 시작된 시빌미니멈은 국내외 여러 사례에서 나타나듯이 복지미니멈을 포함하고 있다. 퍼주기식 복지로 주민들의 인기 영합으로만 사용되지 않는다면 복지미니멈은 반드시 필요하다. 복지정책을 세분하여 아동복지미니멈, 여성복지미니멈, 산업종사자근무환경에 대한 미니멈 등 다양하게 최소단위의 미니멈을 개발해야 한다. 여기에 덧붙여서 환경에 대한 미니멈도 추가해야 할 것이다. 환경미니멈의 경우도 공기청정도, 소음, 악취 등 다각도 접근이 필요하다.

완주미니멈을 만들자 '경제·문화 미니멈'

그간 완주는 로컬푸드정책을 통해 고령농과 영세농의 경제 미니멈을 실천한 곳이다. 이러한 시빌미니멈의 선도적인 경험을 바탕으로 완주미니멈을 체계적으로 구상해야 한다. 현재 성남시의 경우, 의무교육의 확장에 대한 청소년교육미니멈, 출산율확대를 위한 산모복지 미니멈, 그리고 지역 청년들의 미래를 위한 준비자금지원의 하나로 최저문화생활 등을 보장하는 청년월급제 등 청년문화비미니멈을 실행할 계획이다. 완주에서 눈에 띄게 성과를 낼 수 있는 부분은 문화미니멈정책이다. 완주문화미니멈은 '완주군민이라면 누구나 이 정도의 문화는 누려야한다'는 것으로 문화에 대한 다양한 해석과 분석을 통해 꼭 필요한 문화미니멈을 만들어야 할 것이다. 각 지역에서 사활을 걸고 추진하고 있는 귀농귀촌 등 주민유치사업에 있어서도 완주미니멈은 대표적 사회제도로 주목 받게 될 것이다. 여러 지자체에서 집들이 비용을 지원하고 있는 것도 여기에 속한다. 적은 비용으로도 감동을 줄 수 있는 감성적인 제도들이 만들어져야 한다.

미니멈을 비롯한 삶의 질의 최저기준을 마련하고 실행하기 위해서는 무엇보다도 예산이 수반되어야 하기 때문에 예산을 확보하기 위한 자체 노력이 필요하다. 장수군이 장수한우와 장수사과라는 특화브랜드를 만들기 위해 지난 10년 동안 1천억이 넘는 예산을 농업소득과 관련된 사업에 편성하였고, 그 예산을 확보하기 위해 토목관련 예산을 최소로 조정해서 운영했다고 한다. 완주군도 예산부분에 있어 획기적인 구조조정이 필요하다. 예산 확보와 함께 치밀하고 장기적인 계획을 수립해야 하는데 복지·환경·문화 미니멈정책을 부분별·단계별로 나누고 차근차근 진행해가며 새로운 모델을 만들기 바란다.

완주인미니멈을 만들자 '자본·복지·교육의 순환'

주민의 의무도 미니멈을 만들자. 완주에 살고 있는 지역주민으로서 앞서 언급한 복지, 환경, 문화의 미니멈을 지원받기 위해서라면 이 정도의 일은 꼭 지켜야 한다는 기준을 만들자는 것이다. 예를 들어 최소 주1회 재래시장이나 로컬푸드직매장에서 장보기, 지역에서 생산된 물품을 먼저 구매하기 등

지역의 자본순환에 대한 구체적인 행동에 대한 요령을 제시하는 것도 방법
이 될 수 있다. 복지제도를 유지하기 위해서는 상당한 예산이 들어간다. 따
라서 자원봉사활동과 연계하거나 공공교육기관과 연계할 수 있는 구상을
하면 좋겠다. 지역 내에서 복지와 자원봉사가 순환될 수 있도록 하는 완주
만의 복지순환체계를 만든다면 비용을 어느 정도 줄일 수도 있고 효과도 크
게 나타날 것으로 보인다. 미니멈은 학교교육에 접목시킬 경우 사업성과가
훨씬 빠르게 진행될 수 있다. 학교교육과 평생교육 과정에서도 완주미니멈
을 교육하고, 전입자들에게도 '완주인선서' 등의 의례를 통해 완주주민이
되는 것이 자랑스러운 일이 될 수 있도록 하는 의식도 필요하다.

새로운 지역정책의 선도도시, 완주

완주는 최근 전국에 새로운 지역정책으로 이름을 알렸다. 지역 리더들의 역
할에 따라 지역이 변화할 수 있다는 것을 보여준 모범적인 사례들을 많이 만
들었다. 그 기반 위에 이제 새로운 정책을 준비해야만 한다. 한 단계 더 도약
하지 않으면 지금까지의 성과들이 그 가치를 유지할 수 없게 되기 때문이다.
완주에는 타 지역에서 쉽게 모방할 수 없는 '지역공동체'라는 자원이 있다.
타 지역과 같은 소재를 놓고 경쟁하지 않아도 되는 장점을 이미 보유하고 있
는 것이나 마찬가지다. 그래서 사회적 자산을 완성시켜 가는 것을 새로운 정
책의 핵심에 두고 집중한다면 지역정책 차별화에도 성공하고, 또 지역정책을
선도하는 완주가 될 것이다. 떠나지 않는 지역주민, 새로 오는 지역주민, 새
로운 기업, 돌아오는 2세들이 바로 완주를 새로운 도시로 만들 것이다.

완주(完州)에서 완주(完酒)로

완주군 구이면에는 '술박물관'이 있다. 요즘처럼 전통주가 각광을 받기 이전부터 충주 '리쿼리움'이나 고양 '배다리', 안동 '소주박물관' 등 10년 이상 준비해서 술박물관을 연 곳도 있고, 가깝게는 전주 한옥마을에 '전통주박물관'이 있다. 그래서 새삼스러울 것 없다는 생각이 들지 모르겠지만, 완주의 술박물관은 가지고 있는 자료의 규모가 다르다. 술과 관련된 대한민국을 대표할 만한 자료5만 5천여 점를 가지고 있는 공간으로, 농진청 등 공공기관에서 술과 관련된 자료를 수집하기 위해 자주 찾는 곳이기도 하다. 술만 전시되어 있는 것은 아니라 술과 관련된 다양한 유물도 전시되어 있어, 우리나라 술의 역사를 한눈에 종합적으로 볼 수 있는 곳이다.

술은 사람들의 주식과 밀접한 관계를 가지고 있기에 우리나라 최고의 곡창지대인 전북은 길고도 깊은 술의 역사를 지니고 있다. 재료 생산지로서의 가치뿐 아니라 농경문화의 중심지가 누리는 풍요로움이 소비를 촉진시키고, 여유로움이 여러 문화를 생성시키는 역할을 한 것이다. 그래서인지 지금도 전북은 술에 관한한 독특한 문화를 유지하기도 하고 또 새롭게 만들어가기도 한다. 전국 어디에서도 찾아볼 수 없는 막걸리 전문점의 거리, 술로 지친 속을 달래는 대규모의 해장국문화는 물론 맥주에 관해서는 아주 색다른 공간인 '가맥'이라는 재미있는 소비 공간을 만들어낸 유일한 지역이다. 이처럼 술의 과거와 현재가 잘 어우러져 있는 전북이기에 완주군이 구상하고 있는 이 사업에 박수와 격려를 보낸다.

곡창지대라는 환경요인이 뿌리였다면 우리에겐 그에 준하는 튼실한 가지도 있었다. 기억하겠지만 30여 년 전 가장 애용되었던 명절 선물로 군산의 술, 정종 '백화수복'과 익산의 '보배소주'가 그것이다. 대부분 지역을 대표하는 브랜드는 하나지만 전국적인 지명도를 가진 술을 두 개나 가지고 있었던 고장, 바로 우리가 아닌가? 이런 저런 사연으로 두 회사가 대기업에 인수된 이후, 국내 술 시장에서 전북의 이름은 사라져갔지만 이제 다시 전북이 해야 할 몫이 생겼다. 술은 단순히 산업 상품 이외에 문화와 예술영역에 있어서도 많은 스토리를 가지고 있다. 관혼상제와 종교의식에 쓰인 술, 희로애락을 나누던 생활 속의 술, 선인들이 남긴 예술 소재로서의 역할도 대단하다. 중국의 대표시인 이태백은 술에 관한 많은 시를 남겼고, 천상병 시인과 같은 문인에게는 생활이었다. 이렇듯 술은 많은 이야기를 낳았고 앞으로도 소중한 문화 콘텐츠로서의 역할을 할 것이다.

그래서 완주군에 조금 더 큰 그림을 그려야 한다고 요청한다. 단순한 주류 테마파크건설이 목표가 아니라, 지역주민들의 생활 속에 술이 있어야 한다. 술을 빚을 수 있는 재주가 있어야 하며, 술을 제대로 즐길 수 있는 건강한 정신 또한 공존해야 한다. 그 바탕 위에 술과 관련된 문화콘텐츠가 있어야 한다. 즉 술의 재료를 생산하는 밀밭에서부터 출발하여 술공장의 집적체인 '주류산업클러스터', 그리고 술과 관련된 축제는 물론 마지막으로 술의 남용과 오용으로 발생하는 문제점을 해결하고 치유하는 알콜치료센터까지를 포괄하는 대규모의 전략을 세워보기를 권고한다. 건강한 나무에 새잎이 돋고 꽃이 핀다. 물도 있고 해도 있어야 한다. 열매를 따기 위해서는 기다리기도 해야 한다. 이제 완주에는 술의 명맥을 유지하려는 최소한의 에너지가 아니라 국내 주류시장에서 본격적인 경쟁을 할 투지와 지원제도가 필요하다. 지금은 이미지나 의미만으로 만족할 때가 아니다. 적극적인 산업정책주류산업진흥5개년계획 등 이라야 전북이 그동안 추구해온 맛의 고장을 완성하는 데 가까이 갈 수 있다.

그렇게 된다면 완주는 이러한 전략의 중심도시로서 완벽한 술의 땅 완주完酒가
되리라.

완주와 혁신도시

완주군의 핵심자원 중에 빠질 수 없는 것이 바로 혁신도시이다. 특히 농식
품관련 기관인 농촌진흥청과 그리고 식품연구원이 바로 완주군 이서면 지역
에 위치한다는 점에 주목하자. 처음 혁신도시가 탄생할 때 전북은 전통과 첨
단을 잇는 생물·생명산업의 메카로서 '식품산업중심지역'을 표방했다. 그런
관점에서 보면 완주군은 혁신도시 공공기관 중에서도 핵심자원을 보유하고
있는 셈이다. 식품산업지역을 구상할 당시에 가장 이상적인 모델로 네덜란드
와 덴마크를 꼽았었다. 식품R&D기업들이 중심산업을 형성하고 있는 네덜
란드의 푸드밸리와 농업관련 기계·기구사업이 핵심인 덴마크의 아그리콘밸
리가 결합되는 모형이었다. 완벽하진 않지만 만약 농촌진흥청의 농생명관련
R&D가치와 식품연구원의 핵심가치인 식품R&D능력이 결합하고, 완주에 있
는 LS엠트론 등 농기계관련 기업들이 결합하면 그야말로 완주는 혁신도시 건
설 시 이상적인 모형으로 꿈꾸었던 네덜란드의 푸드밸리와 덴마크의 아그리
콘밸리를 꿈꿀 수 있게 될 것이다.

그리고 그 주인공이 완주가 될 수밖에 없는 이유가 있다. 사실 전주시는 공
업용지로 쓸 수 있는 용지가 많지 않다. 그래서 혁신도시에 신산업지구를 조
성하거나 지역특화전략사업을 추진하기 위해서는 완주군의 역할이 절실하
다. 그 역할 중 하나는 산업용지나 비즈니스용지로 활용될 수 있는 땅을 찾

는 일이다. 현재의 혁신도시용지는 일반공업단지용지 가격보다는 더 높은 가격이므로 식품 관련 제조업체를 유치하는 것은 어려운 일일 것이다. 따라서 R&D중심의 벤처기업을 유치하는 편이 나을 것으로 보인다. 아파트형공장 등 현대적 의미의 사무실과 콤팩트한 공장이 함께 있는 모델을 구상해도 좋을 것이다.

익산

백제의 화려함을 간직한 도시
그리고 섬유산업

전라선과 호남선의 교차지점인 익산은 전북의 상업과 교통을 책임졌던 도시다. 쌍방울을 비롯한 한국 최고의 섬유기업이 있었고, 보석가공산업이 발달하여 보석의 도시라는 타이틀도 얻었다. 2007년도에는 한국식품산업을 대표할 국가식품클러스터로 지정되었다. KTX 익산역까지 있으니, 산업도시로서 성공할 수 있는 충분한 조건을 가지고 있다고 볼 수 있다. 그러나 KTX 익산역도 살리지 못했고, 국가식품클러스터도 지역개발사업 중심에서 벗어나지 못하고 있으며, 보석산업도 단순 가공산업단계에 머물고 있다. 익산의 역사를 더듬어보자. 부여가 백제의 패망의 역사를 간직하고 있는 도시라면 익산은 가장 활동성 있는 역사를 간직한 지역이다. 석재산업, 서동마, 국화축제 등 모두 백제유산이다. 익산은 백제의 화려한 문화유산을 품고 있는 지역이기에 이 문화를 기반으로 산업생태계를 조성해나갈 수 있다.

익산의 기회 그리고 위기

익산은 이리와 익산군이 통합하여 형성된 도농통합도시로 오랫동안 전북을 대표하는 교통과 상업의 중심지였다. 전북출신 기업인 중에 유독 익산출신이 많은 것은 이런 지역특색의 영향일 것이다.

2015년 4월 호남선 고속철도가 완성되어 서울 진입이 1시간 10분대로 줄어들었기 때문에 과거의 영광을 되찾을 수 있다는 기대를 갖고 있다. 하지만 교통허브로서 지닌 가치가 얼마나 될지는 두고봐야할 일이다. 교통허브가 되려면 주변인구가 많아야 한다. 그런데 전북 인구가 2백만 이하로 떨어진 지 오래 되었고, 익산역사의 위치도 썩 좋지 않아서 인근지역의 인구를 흡수할 만한 허브기능을 유지할 수 있을지 염려되는 것이 사실이다. 이런 열악한 요소들은 고속철도를 통한 유동인구의 도시유입효과를 오히려 약화시키게 될지도 모르는 일이다.

일본 고속철도 신칸센의 경우를 보면 알 수 있다. 고속철도가 지나가는 도시들 중에는 예전에 비해 더 쇠락한 도시가 많았다는 결과가 나왔다. 고속철도 개통 도시권에 있는 도시라고 다 좋아진 것이 아니라 그 도시가 얼마나 도시의 경쟁력이 있느냐에 따라 결과 값이 달라진다는 얘기다. 쉽게 얘기하면 '흡수할 것인가? 흡수당할 것인가?'라는 두 가지 명제 중 하나를 갖게 된다는 것이다. 이미 천안, 대전, 대구는 명품시장과 의료시장의 상당부분이 수도권에 흡수되었다. 위의 예에서 배울 수 있는 것은 외부 조건이 유리하게 변한다 할지라도 각각의 경쟁력을 갖추지 못한 도시는 쇠퇴의 길을 걸을 수밖에 없다는 것이다. 그렇기 때문에 익산은 사람을 끌어들일 수 있는 자체적인 산업자산개발과 정밀한 산업전략이 없이는 치열한 경쟁에서 승산을 바라보기 어려울 수도 있다. 고속철도는 익산이 가지고 있는 그 나마의 자산마저도 흡수해가는 빨대가 될 가능성이 높기 때문이다.

익산시는 그동안 지역경제를 살리기 위해 많은 일을 했다. 국가식품클러스터 유치, U-turn기업 유치, 보석도시선언을 통한 신 특수산업도시 건설, 서동요와 왕궁을 통한 문화마케팅 등 다양한 도시정책을 펼쳐왔던 것이 사실이다. 하지만 아직까지는 관광도 산업도 도시의 주력산업으로 자리 잡지는 못하고 있다. 도시경쟁력강화를 위한 확실한 전략과 실천이 없다면 KTX의 개통은 위기가 아니라 재앙이 될 수도 있다는 사실을 알아야 한다.

익산의 지역산업과 백제문화의 가치

일본의 미야자키현 난고손 백제마을을 다녀온 재일교포 학자를 만난 적이 있다. 그는 백제의 고도인 부여에 대해 불만을 갖고 있었다. 일본의 작은 마을 난고손에서는 백제문화의 화려함을 느낄 수 있는데 정작 백제의 본고장인 부여에는 왜 패망의 슬픔만 있냐는 것이다. 듣고 보니 백제유물은 국립박물관에서나 볼 수 있을 뿐 부여의 관광안내도 대부분은 백제의 패망유산으로 채워져 있었다.

우리 지역에도 백제문화의 고장인 익산이 있다. 과연 익산은 백제의 무엇을 간직하고 있을까? 우선 눈에 띄는 것은 '석재산업'이다. 기록에 의하면 백제출신 석공 아사달이 무영탑의 전설에 나오는 석가탑을 만들었다고 전해진다. 아사달은 아마도 석재산업의 주산지인 익산출신일 가능성이 높다. 한국 최고의 화강암 산출 지역이자 석재산업의 전통을 잇고 있는 곳이 바로 익산이기 때문이다. 현재에도 익산은 백제의 석공예를 그대로 이어가고 있다. 두 번째는 '보석산업'이다. 백제의 금속세공 기술은 향로와 장신구 등 유물을 통해 널리 알려졌다. 특히 미륵사지석탑에서 발견된 사리장엄도 금속세공술에 한몫하고 있다. 오늘날에도 익산은 전국 유일의 '보석의 도시'라는 타이틀을 보유하고 있다. 세 번째는 '마요리'이다. 익산은 백제 무왕과 선화공주와의 사랑을 노래한 '서동요'의 고장으로 현재 서동마를 테마로 한 마요리가 인기를 얻고 있는 곳이다.

백제의 화려한 유산을 지역산업 속에서 제대로 이어가고 있는 유일한 곳이 익산이다. 익산에는 부여에 없는 백제의 화려한 콘텐츠가 있고 그것을 살려내어 그대로 이어가고 있는 사람들이 있다. 그러나 아직은 조금 부족하다. 이 세 가지를 기초로 하여 석재산업, 보석산업, 식품산업으로 승화시켜야만 백제의 문화콘텐츠를 대표하는 도시가 될 수 있다. 21세기는 문화의 시대이며 지역의 문화적 자산이 지역산업으로 이어질 때 정체성과 개성을 지닌 지역특화를 이룰 수 있게 된다.

어떻게 백제문화콘텐츠를 만들것인가

첫째 석재문화콘텐츠이다. 즉 우리역사상 최고의 석공인 아사달의 이야기를 구체적이고 현실감 있게 표현해서 완벽하게 익산의 것으로 만들자. 먼저 아사달을 기릴 수 있는 공간으로 아사달사당을 만들고, 돌축제도 아사달을 주인공으로 삼아 행사의 시작을 알리자. 아사달의 뒤를 이어가는 스토리도 필요한데 이것은 이 시대 최고 석공예가의 이야기를 만들면 될 것이다. 현재도 석공예를 이어가고 있는 사람들이 있으니까 '익산돌문화축제'에서 최고의 석공예장인을 선발하는 '아사달석공예대회'를 개최하여 최고의 석공을 뽑는 스토리를 만들자는 것이다. 이어서 제2, 제3의 아사달 스토리가 만들어지면 익산은 흥미로운 석공의 이야기가 있는 석공예도시로 우뚝 서게 될 것이다.

둘째는 보석문화콘텐츠이다. 익산은 아직 관광도 그렇고 산업도 딱히 도시 주력산업으로 자리 잡고 있는 것이 없다. 그렇지만 이미 익산의 많은 홍보물에 보석도시라는 타이틀을 사용하고 있다. 보석이라는 이름이 붙은 도시는 익산밖에 없다. 보석광산으로 유명한 남미와 아프리카를 빼놓고는 보석도시라는 별칭을 쓰는 도시는 없다. 아무튼 보석도시라는 이름을 선점했다는 것이 중요하다. 아주 의미 있는 시작일 수 있기 때문이다. 영화=부산, 과학=대전, 전자=구미처럼 보석=익산 이라는 등호를 성립시켰다는 것은 매우 큰 가치가 있다. 그로 인해 향후 미래산업군으로 발전시킬 가능성이 열려 있기 때문이다.

보석시장은 두 가지 형태가 있다. 생산지에서 제조와 판매가 이루어지는 시장과 소비자가 있는 곳으로 옮겨가는 시장이 있다. 전자가 익산이라면 후자는 종로의 귀금속상가다. 익산을 전자에 비유했는데 사실은 전자에 속할 만큼 충분조건을 확보한 것은 아니다. 소비자들이 보석을 구매하기 위해 불편을 감소하면서까지 먼 곳으로 오지 않기 때문이다. 그렇다면 익산이 무엇을 선택해야 하는지 조금 분명해졌다. 사람들이 많은 곳, 즉 고객이 있는 곳에다 시장을 만들어보는 것이다. 익산역 앞에 보석상가를 유치하자는 생각은 어떤가? 고가의 보석을 구입할 사람들은 충분히 고민해야 하기 때문에 시간이 좀 걸릴 것이다. 하지만 작은 액세서리를 중심으로 부담없이 구입할 수 있는 금속공예품을 파는 경우라면 가능할 것이다. 익산역을 지날 때는 애인이나 사랑하는 사람을 위해서 작고 보석을 살 수 있는 곳으로 인식시킬 수 있으면 된다. 제품에 의미를 부여할 수 있는 스토리를 만들면 더욱 흥미로워질 것이다.

셋째, 서동마콘텐츠다. 스토리가 있는 마를 활용한 음식문화의 범위를 만들어가자. 예를 들자면 '익산마약밥' 같은 것을 '전주비빔밥' 이상으로 키울 수 있는 스토리를 만드는 것이다. 몇 년 전 익산의 서동마가 농림축산식품부에서 추진하는 향토산업육성사업에서 최대생산지인 다른 지역을 제치고 선정된 이유는 바로 '스토리가 있는 마'였기 때문이다. 같은 마라 할지라도 재료에 얽힌 재미있는 스토리가 있고, 백제인의 섬세한 손길을 거치면 그 가치는 배가 될 것이다. 익산에서 그 가치를 만들어내자. 이 외에도 홍길동전을 쓴 허균에게도 관심을 가져보자. 각 지의 특산물과 음식을 기록한 허균의 '도문대작'은 바로 함라현 소재지에서 쓰였다. 함라는 삼부자집이라는 독특한 전통건축이 살아 있는 유서 깊은 곳이다. 이런 문화 소재들을 엮어 음식스토리를 만들면 좋을 것이다.

익산의 전통산업, 섬유산업

전북은 해방 이후 산업화 과정에서 늘 소외되고 뒷걸음질 쳤다고 주장하지만 유일하게 전국을 제패한 산업이 하나 있다. 섬유산업 중 내의류 산업군이다. 많은 사람들이 쌍방울의 명성을 기억할 것이다. 쌍방울섬유의 전성기는 '쌍방울레이더스'라는 프로야구구단이 증명하듯이 전국의 내의시장을 평정했던 브랜드이다. 지금도 전북은 전체 내의류시장의 상당부분을 점유하고 있고, 익산은 그 중심에 있다. 섬유산업은 공장에 소속된 종업원뿐만 아니라 사회적 약자인 주부와 노인들에게 끊임없이 일거리를 제공하고 있다. 고정적이지는 않지만 일자리 파급효과가 큰 산업군이라는 것이 특징이다. 우리가 우려하는 것처럼 섬유산업은 결코 사양산업이 아니다. 어느 산업전문가가 이런 이야기를 했다. 우리는 계속해서 새로운 트렌드와 새로운 사업을 찾고 있는데 정작 중요한 것은 10년이 지나도 20년이 지나도 남아 있을 산업을 찾는 것이 훨씬 더 중요한 것이라는 얘기다. 익산의 섬유산업의 가치에 대한 새로운 인식과 함께 진화시킬 의지가 필요하다고 본다.

임실

임실치즈스토리,
그 정신과 지역산업

임실은 치즈다. 50년 전 벨기에 출신의 지정환신부가 낙후된 지역을 활성화시키기 위해 산양의 젖을 짜서 치즈를 만들었던 곳이다. 치즈 외에 유명한 것이 있다면 주인을 화재로 부터 구한 충견인 '오수의 개'이야기다. 이렇게 임실은 사람에게 도움을 주는 동물과 인연이 깊은 도시다. 최근 농축산업분야에서 관심을 끌고 있는 분야는 동물복지다. 가축과의 인연이 깊고, 가축을 통해 특산물을 만든 지역이 임실이기에 동물복지에 더 깊은 관심을 보여야 할 것 같다. 동물복지는 동물의 생명권과 생활권을 존중하는 것 외에도 축산물의 부가가치를 높이는 기준으로 활용되는 측면도 있다. 그렇기 때문에 임실치즈가 소비자들에게 인정받기 위해서는 임실이 지향해야할 산업전략 중의 하나가 동물복지이다. 그래서 현재의 '낙농특구'에서 '동물복지산업특구'로 전환하면 좋을 것 같다. 섬진강을 따라서 신부님이 처음 키웠던 산양이 마음대로 뛰어다니는 '섬진강 생태목장'을 조성하여 이 공간이 동물복지의 상징공간이 될 수 있는 날을 기대해 본다.

최고(TOP) 보다는 오직 하나인 치즈(ONLY ONE) 스토리가 핵심이다

전북은 음식의 맛과 멋에 있어 국내 으뜸이다. 그중 임실치즈는 우리 고유의 식품이 아니면서도 우리나라 치즈의 상징이 되어 전북이 식품수도의 꿈을 키우는 데 한 몫을 하고 있다. 임실치즈의 역사는 지정환 신부로부터 시작되었다. 뚜렷한 특산물이 없는 임실군을 위해 치즈를 만들기 시작한 것이 1967년이니까 이제 그 역사가 50년이 넘었다. 그러나 우리나라 최초의 치즈라는 역사성은 있지만, 쟁쟁한 유제품기업과의 상품경쟁에는 아직 무리가 있다. 더욱이 질과 다양성, 가격 면에서 볼 때 외국치즈들과는 경쟁은 불가능하다고 볼 수 있다. 그렇기 때문에 지금은 최고를 지향할 것이 아니라, 임실치즈의 강점인 역사성에 주목해야 한다.

치즈는 와인처럼 생산지 고유의 가치와 맛을 지닌다. 세계적으로 유명한 치즈는 균주의 차별성을 바탕으로 지역의 고유한 가치들이 엮여져서 만들어진다. 그러므로 임실치즈에는 임실이 지니고 있는 유일한 가치와 특성을 찾아서 치즈에 얹어야 경쟁력이 생긴다. 이때 가장 중요한 것이 스토리다. 제품과 브랜드에 감성적 동요를 일으킬 만한 스토리를 부여하면 일회적 소비가 아닌 반복적인 구매, 더 나아가서는 충성에 가까운 구매를 일으킬 수 있기 때문이다. 임실치즈는 최고TOP보다는 오직 하나인 치즈ONLY ONE를 지향해야 한다고 생각한다. 최고는 불가능할지라도 유일한 것을 만들기 위한 조건을 임실은 이미 가지고 있다. 바로 지정환 신부다. 임실이 지정환 신부와 임실치즈의 스토리텔링을 완성한다면 치즈라는 식품과 함께 치즈와 관련된 임실의 문화를 통째로 팔 수 있다. 그렇게 하기 위해서는 첫째, 신부님의 소중한 가치를 인식하는 것이 가장 중요하다. 우리 지역을 위해 큰일을 하신 분의 뜻을 기리기 위한 일들을 시작해야 한다. 둘째는 임실치즈의 원류를 찾는 일이다. 신부님의 고향이 벨기에이므로 그곳의 치즈 맛이 기준이 되었을 것이다. 임실치즈에 벨기에치즈의 기술과 가치를 부여한다면 어떤 신기술보다도 효과적일 수 있다. 셋째는 벨기에 치즈조합과의 협력사업의 개발이다. 임실치즈조합과 벨기에 치즈조합과의 협력을 통해 새롭게 임실치즈산업 활성화를 모색해볼 수 있겠다.

최근 임실군은 임실치즈기념공간사업을 추진했다. 옛날 치즈공장을 리모델링하여 기념관을 조성했고, 마을 입구에는 임실치즈 스토리를 벽화로 그려 넣었다. 그러나 공간 조성 사업이 끝이어서는 안 된다. 공간보다 중요한 역사적 상징성은 곧 사람이다. 지정환 신부의 정신을 배우고 전하는 일이 기념사업의 핵심요소가 되어야 한다. 치즈 관련 사업을 하는 사람은 물론이고, 임실 사람 모두가 지정환 신부의 철학을 배우고 전하는 일에 힘을 쓴다면 임실치즈는 철학과 진정성이 있는 식품으로서 가치를 더하게 될 것이다. 다소 늦은 감은 있으나 이제라도 기념사업이 이루어지니 다행한 일이다. 거듭 강조하지만 임실치즈가 가진 최고의 경쟁력은 역사성이며, 그 역사성이야말로 임실의 소중한 문화자산이다. 고객에게 감동을 주지 못하고 상업성에만 집중된 브랜드의 생명력은 그 누구도 장담 못하기 때문이다.

호국의 길을 만들자

6월 한 달은 추모와 감사, 그리고 화합과 단결의 기간이다. 국립서울현충

원, 전쟁기념관, 독립기념관 등 순국선열들의 숨결이 묻어 있는 장소를 찾아 호국영령의 넋을 기리는 의미 있는 나들이가 이어진다. 우리민족의 반만년 역사에는 시대상황에 따라 고구려의 상무정신, 신라의 화랑정신, 고려의 저항정신, 조선의 의병정신, 일제강점기의 독립정신, 그리고 반공정신으로 이어진 호국정신이 있었다. 특히 1백년 동안은 항일투쟁과 한국전쟁으로 인한 무수한 희생을 치러야 했기 때문에 추모의 마음과 자세가 더욱 경건할 수밖에 없다. 국가에서는 국가보훈기본법에 따라 본인과 가족들에게 여러 모로 지원을 하고 있다. 최근에는 역사에 대한 존중과 호국선열에 대한 예우의 방법도 달라졌다. 호국보훈의 방법도 단순한 물질적 지원에서 정신적 예우로 전환되었고, 공로에 보답한다는 차원에서 한층 더 나아가 그 뜻을 기리는 일에 중점을 두고 있다. 보훈은 살아 있는 사람의 책임, 호국은 우리 모두의 의무라는 인식이 확대된 것이다.

　전북 임실에도 국립묘지인 임실호국원이 있어 현충일은 1년 중 가장 많은 사람들이 임실을 찾아오는 '임실 방문의 날'이 되었다. 우리나라 8개의 국립묘지 중 하나가 왜 임실에 조성된 것일까? '생거남원, 사거임실'이라는 말처럼 풍수지리학적으로 명당이기도 하지만, 그에 못지않은 역사적인 배경도 있다. 특히 임실은 3.1운동의 33인 중 박준승, 양한묵 선생이 독립운동가 김영원 선생 밑에서 동문수학했던 역사적인 장소이다. 운암면 선거리에는 그들의 스토리를 연상할 수 있는 터가 고스란히 남아 있으며, 근처에는 3.1운동 당시에 투옥되어 끝까지 비밀을 지키며 스스로 목숨을 끊었던 한영태 열사의 묘소가 있었다.

　이쯤 되면 임실은 호남 최적의 호국성지로서 대대로 애국정신이 살아 숨 쉬는 곳이라야 마땅하다. 그런데 연달아 지방정부 수장들이 부패혐의로 임기를 채우지 못하는 부끄러운 지역이라는 오명을 안고 있다. 숭고한 정신유산이 지역에 체화되지 못했기 때문에 물질적 유혹에 점령당한 것이다. 해방 이후 각 지역들은 독립운동가들의 성역화작업을 진행하면서 지역의 정신적인 유산을 고취시켜 자긍심을 일깨웠고, 그러한 자긍심이 바로 주민자치와 지방자치의 독립성과 투명성을 담보하는 기반이 되었다. 따라서 그동안 더디게 진행되었던 정신유산을 기념하는 사업에 속도를 낼 필요가 있다.

이에 국립임실호국원을 중심으로 박준승 선생의 생가, 김영원선생의 애국청년교육의 산실인 삼요정, 3.1운동가 두 분의 숨결이 남아있는 선거리의 교육장을 연결하는 '호국의 길'을 조성하자는 제안을 하고자 한다. 임실을 전국의 청소년들이 호국정신을 함양하기 위해 찾는 교육관광지로 만들자는 것이다. 우리 국민들의 보훈의식을 1% 증가시키면 사회갈등요인을 1.59% 감소시키고, 이를 통해 약 11조 9천억 원의 경제성장 증가 효과가 있다는 발표도 있다. 특히 호국활동은 일방적으로 국민행동만 요구되어서는 안 된다. 국가의 주인은 국민이므로 국민은 나라를 보호하고 지키며, 국가는 국민을 보호하고 지켜야 한다. 호국의 개념을 확대하여 안전과 화합·단결을 교육하는 장으로 만들자. 6월의 임실은 '임실호국의 길'을 걷는 전국의 청소년들로 활기를 얻게 될 것이다.

동물문화복지산업특구 구상

임실은 인간과 동물의 역사가 깊은 곳이다. 최근의 역사 중에도 임실주민과 함께 한 동물이 있다. 산양은 최초의 임실치즈를 만들 수 있게 해주었고, 젖소는 치즈 대량생산을 가능하게 했다. 역사를 거슬러 올라가 보면 동화 속 '오수의 개' 이야기가 있다. 인간을 위해 목숨을 버렸던 동물과의 역사를 기념하기 위해 임실에는 의견공원, 의견비와 의견동상이 있고, 충견의 넋을 기리기 위해 의견제를 지내고 있다. 오래전 의견문화제 행사에서는 동물학대에 해당하는 프로그램이 있어서 물의를 빚기도 했지만 차츰 애견 동호인들의 참여가 늘면서 애견문화제, 애완동물문화제의 성격을 갖춰가고 있다.

이미 애견산업은 당당히 산업으로 자리를 잡았고, 육류 소비량이 증가함에 따라 가축은 축산업이라는 이름으로 지역농업의 중요한 부분이 되었다. 최근 들어 동물복지라는 개념이 익숙해지기는 했지만 사실 아직도 무관심에 가까운 편이다. 우리가 동물복지에 대해 관심을 가져야 하는 이유는 동물복지가 바로 사람의 문제이기 때문이다. 비윤리적이라거나 학대, 또는 공장식 축산 환경만 문제가 되는 것이 아니다. 밀집사육에 따른 전염병, 항생제 남용은 농장동물을 먹는 사람의 건강에 직간접적인 영향을 미친다. 동물복지란 인간의 편의대로 해석하고 제공하는 것이 아니라 각 동물들의 습성을 고려해서 적절한 생활환경을 보장하는 것을 의미한다.

우리가 동물복지라는 말을 쓰지는 않았지만 밀식사육 전까지만 해도 가축은 충분히 존중받는 존재였다. 예를 들어 인간과 함께 농업노동에 종사했던 소는 그만큼의 대우를 받았다. 집 근처에 별도의 우사가 있었고, 우사 옆에는 쇠죽을 끓이는 큰 쇠솥이 걸려 있었다. 새벽이면 소에게 먹이려고 짚, 콩, 풀 따위를 섞어 정성껏 죽을 끓이는 일로 하루를 시작했다. 어찌 보면 인간의 식사보다 중하게 여겼던 것이 바로 소의 식사였다. 하지만 육류생산량을 증대시키기 위해 밀식사육이 시작되면서 이러한 전통은 사라졌다. 공장식 밀집사육으로 인한 동물면역력 저하로 곳곳에서 문제가 발생하자 식탁의 위험성과 동물들에 대한 관심이 높아지면서 동물의 서식환경, 생활환경은 물론 복지적 관점에서 동물들에 대한 논의가 이루어졌다. 이에 축산업자들 사이에서 동물의 본성에 맞게 습성대로 키우자는 동물복지사육이 등장하면서 동물복지농장을 지정하는 사업이 시작되었다. 임실에서도 낙농특구라는 이름으로 가축관련 산업을 특화하려고 한다. 이왕 특화하려거든 개와 산양, 젖소 등 임실과 인연이 깊은 동물들을 토대로 동물과 관련된 산업을 재구성해보자. 인간에게 많은 것을 내어준 동물들을 위한 복지문화도 만들어보자. 그 이름을 가칭 '동물복지문화산업특구'로 정하자. 미래의 가축산업과 애견산업을 선도해나간다는 동물복지의 키워드로 지역의 산업을 업그레이드해보자.

이런 산업을 만들기 위해서는 동물들이 살기 좋은 환경을 만들어야 한다. 첫째는 제한을 완화하는 것이다. 국가에 동물사육에 대한 제한이 있다면 그 제한을 완화하는 시도를 해보자. 인간을 위해서가 아니라 애완동물을 위한다는 관점에서 보면 가능한 일들이 많다. 섬진강을 따라서 동물과 산책하기 좋은 공간을 만들고, 애완동물의 배변활동을 제한하는 현행 법률을 완화하는 것도 포함된다. 그렇게 해서 임실을 '애완동물특별자유구역', '애완동물규제프리존'으로 만들어보자. 임실의 섬진강변을 동물과 사람이 교감을 즐기는 곳으로 만들기 위해서는 제한을 완화하는 일이 반드시 필요하다. 둘째는 법률은 강화하는 일이다. 현행 법률에서 규정하고 있는 동물학대 부분 등의 법령을 임실에서는 더 강화하는 것이다. 스위스의 동물보호법은 다양한 방식으로 행해지는 동물학대를 막기 위해 구체적이고 세부적으로 학대유형을 명시하고 동물별로 학대 행위를 금지하고 있다. 위반 시에는 3년 이하의 징역이나 2천만 원 정도의 벌금형이 내려지기도 한다. 이에 비하면 우리나라의 동물보호법 조항은 터무니없이 간소하고 내용도 모호하다. 동물학대를 처벌하고 근본적으로 이를 막아낼 수 있도록 동물보호법 개정안 하위법령 내 학대 조항을 세분화할 필요가 있다. 셋째는 임실군만의 동물복지산업 지원조례를 새롭게 만드는 것이다. 예를 들어 로드킬에 대한 조례를 만들어, 다른 지역처럼 로드킬을 당한 동물들의 사체가 도로변에 방치되는 일이 없도록 한다거나, 그러한 동물들의 사체를 모아 제를 지내주는 날은 지정한다거나하는 동물들의 죽음에 예를 표하는 지역이라는 이미지를 심고, 동물전용화장장, 동물메모리얼파크 등의 사업에 대한 내용이 담길 수 있다. 우리나라 반려동물 가구 수가 1천만이 넘는다고 한다. 그들이 반려동물과 함께 자유롭게 여행하고 싶은 임실, 이별 후에도 다시 찾아오게 되는 임실을 만들자.

장수

농가 70% 중산층, 장수군의 비밀 그다음은

장수는 농가전체의 70%인 3천 가구의 소득을 5천만 원으로 목표를 정한 다음, 꾸준히 농업 목표소득정책을 펼쳐서 10년 만에 그 목적을 달성한 지역이다. 그 기간에는 하나의 특산물을 특화하기도 어려운데 장수는 농산물로는 장수사과를, 축산물로는 장수한우를 특화상품화하는 데 성공했다. 순환농업의 기틀을 잡으면서 연차적으로 오미자와 토마토 등으로 확장하여 레드푸드의 고장을 만들어 가고 있다. 장수군의 성공에는 다양한 전략들이 숨겨져 있다. 가장 중요한 선택은 그들은 오직 농업소득을 올리는 데 모든 예산을 투여했다는 것이다. 다른 지역처럼 토목사업에 예산을 낭비하지 않은 것이다. 두 번째는 현장에서 필요한 모든 것을 지원했다. 농기계임대제도, 농기계배달제도, 농기계대리운전제도까지 현장에서 요구하는 모든 제도를 새로 만들어냈다. 농업경영인회생제도라는 금융제도까지 만들어서 농업인들을 지원했다. 그 결과 전체농가의 70%를 중산층으로 끌어올렸다. 지자체에서 노력하면 전체 농가의 70%가 실질적인 중산층이 될 수 있다는 사실을 증명한 지역이다.

우리만의 농촌지역 성공모델은 없는 것일까?

지방자치제 실시 이후에 각 지역은 고민이 깊었다. 작지만 경쟁력 있는 지방정부를 만들기 위해 독자적으로 정책을 개발해야 하는 무거운 과제를 안았기 때문이다. 새로운 상황을 맞이하게 된 지역들은 자립도를 높이고자 선진지를 벤치마킹하느라 동분서주했다. 그러나 선진지 벤치마킹 열풍은 그리 오래 가지 못했다. 외국의 성공 사례를 도입했으나 이식하기도 전에 낭패를 본 지자체가 있는가 하면, 견학을 빌미로 호화여행을 다니는 등 부정적인 면이 더 많아서 실망을 주었다. 어려운 문제를 쉽게 풀려고 했기 때문에 생긴 일들이다. 성장 모델을 발굴하여 사용하기까지는 충분한 지식과 시간, 경험뿐만 아니라 내재적 자원에 대한 조사와 분석이 필요하다. 따라서 굳이 환경이 다른 해외사례를 접목시키려고 애를 쓸 일이 아니다. 둘러보면 우리나라에는 어려운 상황 속에서도 자생력을 갖추기 위해 꾸준히 노력하여 성공한 마을들이 있다.

전라북도 장수군은 한우와 사과로 이름이 알려진 작은 지자체다. 첩첩산중에 있는 두메마을 장수는 불과 10년 전까지만 해도 타 지역에서는 아는 사람이 드물 정도로 인구도 적고, 특산물조차도 변변한 것이 없는 가난한 마을이었다. 그런 깊은 골짝마을이 농민 평균 생산소득을 대한민국 중산층 수준으로 끌어올리면서 전북 최고의 부농이라는 신화를 만들면서 화제가 되고 있다. 장수군이 잘 살게 된 것은 농업생산물을 중심으로 한 소득정책이 성공을 거두었기 때문이다. 농민은 농업으로 돈을 벌어야 한다는 단체장의 의지에 따라 장수군은 불안정한 농산물시장에서 살아남기 위한 방법을 모색했다. 지역들 간에 벌어지는 치열한 경쟁에서 버티려면 특화상품과 상품차별화가 필요하다는 결론을 내렸다. 그래서 선택한 것이 고원지대에서 재배하기 유리한 한우와 사과였고, 결국 한우와 사과를 국내 최고급브랜드로 만들었다.

농업목표소득정책 '5·3프로젝트'

장수군은 과연 어떻게 농가의 70%가 중산층 수준의 소득구조를 갖게 되었을까? 바로 농업정책이다. 장수군이 선택한 '5·3프로젝트'는 시작부터 타 지자체의 정책과 달랐다. 첫째는 전 농가를 대상으로 실시했다는 점이다. 일반적으로는 정책의 효과를 높이기 위해서 특정계층만을 선택해서 목표치를 설정하는 데 반해, 장수는 전체농업인을 대상으로 정책을 계획한 것이다. 둘째는 농가의 실태를 정확하게 조사하여 분석했다는 점이다. 몇 개의 설문조사로 측정 결과를 얻어내는 형식적인 조사가 아니었다. 전체 공무원 수백 명을 동원하여 전 농가의 실정을 낱낱이 조사했고, 그 데이터를 철저히 분석한 후 계획에 들어갔던 것이다. 셋째는 각 농가별로 구체적이면서도 실질적인 컨설팅을 해서 맞춤지원을 한 것이다. 획일적인 중앙정부의 농업정책을 흉내 낸 것이 아니라, 각 농가에 맞는 다양한 지원방법을 찾아 권유하고 농업인이 스스로 선택하도록 도운 것이다. 넷째는 어느 지역에서도 유래를 찾을 수 없는 농업경영인회생제도를 만든 것이다. 갈수록 줄어들고 있는 농업인, 장수는 실패한 농업인도 지역의 소중한 인적자원으로 보고 이들을 현장에 복귀시키는 놀라운 금융정책을 편 것이다. 다섯째는 집중육성품목을 정하고, 이에 따른 교육과 지원을 아끼지 않았다는 점이다. 장수군의 농산물이 명품이 될 수 있었던 이유는 농업인들의 배움에 대한 실천의지와 군의 기획력이 잘 맞물려 돌아갔기 때문이다.

장수의 농업목표소득정책은 실로 무서운 성과를 거두었다. 일부 부농만을 육성하고 있는 타 지역의 목표와 엄연히 달랐기 때문이다. 전체 농가 수의 70%에 이르는 3천 가구가 연 5천만 원 이상의 소득을 올린다는 것이었으니 계획수립 당시에는 너무나 비현실적인 정책처럼 보였을 것이다. 그러나 결과를 보면 현실적이면서도 구체적인 농업정책이었다는 것을 인정할 수밖에 없다. 인구 2만 3천에 불과한 산골짜기 장수군, 고령화율이 34%에 이르는 지역이라는 점을 감안하면 더욱 놀라울 뿐이다. 한계 영농가구(농토와 노동력 상실)를 제외하고는 대부분의 농가가 목표에 이르렀을 뿐 아니라, 억대 이상의 소득농가는 30%에 달한다. 2013년 12월 현재 통계는 프로젝트 참여농가 90%가 목표를 달성한 것으로 나타났다.

지속 가능한 순환

장수군은 국내 최초이자 유일하게 '지역순환농업'을 실천하는 지자체로서, '화학비료 제로선언'을 앞두고 있는 안전식품지대다. 땅에서 얻은 것들로 잘 살게 되었으니 땅을 지키는 것이 농업인의 본분이기에 비료에서부터 사료에 이르기까지 자신들의 땅과 생산물에 대한 책임을 다하고 있다. 장수군은 '화려한 것이 명품이 아니라 안전한 것이 명품'이라는 증거를 만들어가고 있는 것이다.

오로지 농업소득만으로 전 농가의 70%를 중산층으로 만든 장수, 그들은 새로운 시작을 알리는 작업을 진행 중이다. 최고와 최초라는 수식어를 단 뉴스들이 다시 등장할 것이다. 그리고 우리는 또다시 장수에 집중할 것이고 부러워할 것이다. 과거 10여 년 동안 장수군이 키워온 근력을 바탕으로 그들은 더 높이 점프할 것이다. 60이 넘어서도 공부하는 농업인, 70이 넘은 이장님의 콧노래, 열정적인 공무원들의 활동, 그리고 2세들의 귀환이 있기 때문이다. 오늘의 장수가 진정성 있는 고민과 실천들이 만들어낸 하나의 지역드라마였다면 내일의 장수는 대한민국 대표 농촌이 만드는 다큐멘터리가 될 것이다.

장수에서 본 한국농촌의 희망

첫째, 장수에는 우리나라에서는 전례를 찾아볼 수 없는 '장수한우지방공사'가 있다. 다른 지방공사와는 그 시작부터 다르다. 장수한우지방공사는 공공과 민간이 협력해서 운영해오던 한우유전자연구소를 기반으로 공사화에 성공한 최초의 모델이다. 대부분의 공사설립은 시작단계에서부터 거액의 시설투자비 부담으로 결국 운영에 어려움을 겪게 되지만, 장수는 이미 성공한 사업을 기반으로 출발했다. 이는 그동안 부실했던 지방공사의 이력을 뒤집는 획기적인 일이 될 것이다.

둘째, 장수가 지역 최초로 탄생시킨 개봉영화관 '작은영화관'을 보자. 지역의 문화예술소외 현상이 심각하다는 비판을 일축시켜버린 '작은영화관'은 현재 벤치마킹되어 여러 지역으로 번져나가는 문화현상의 기류를 만들었다. 문화정책이라고 해서 거창하게 생각할 필요는 없다. 장수는 목표소득정책에서 시작하여 차츰 주민밀착형 문화정책을 구상했다. 그 첫 번째 결과물이 작은

영화관인데 이는 소득과 소비 사이에 물꼬를 터놓은 셈이다. 소득정책을 문화와 사회정책으로 연결시키지 않으면 지역의 역외유출은 심해진다. 장수는 소득역외유출을 막기 위해 공간적으로 낙후된 시골마을에 '작은영화관'을 세우는 방법으로 소득정책과 문화정책을 순환시켰다. 또 다른 시설 '승마체험장'과 '작은목욕탕'도 마찬가지다. 장수는 그동안의 소득정책의 효과를 높이기 위해 앞으로도 작지만 많은 일들을 벌이게 될 것이다. 산골짝 문화마을이 아니라 '문화소재지 장수'로 살아갈 것이다.

셋째, 장수에서 자라고 있는 새싹들을 보자. 장수군의 시선과 행동은 소득정책에서 시작하여 문화정책 그리고 교육정책으로 확대되어 옮겨가고 있다. 장수는 최근에 일본의 홋카이도에 있는 지자체와 교육협약을 체결하였다. 홋카이도는 과수와 축산으로 유명한 곳이기 때문에 단순히 학생들의 교류에서 그치는 것이 아니라 실질적인 교육협력이 이루어진다면 넓은 '인적순환'의 기틀을 갖게 될 것이다. 장수학생들이 유학을 마치고 돌아와 날개를 펼 곳은 물론 장수다. 머지않아 그들이 농업지방공사와 축산유전자관련 벤처기업, 선진기업농가에서 일하게 되리라 기대한다. 특히 장수한우지방공사의 꿈은 세계적인 장수한우 유전자자원을 완성하는 것이라고 한다. 장수한우 유전자를 세계에 수출하는 날, 그들이 주인공이 되어 있을 것이다.

넷째, 누가 다시 장수로 돌아오는지 보자. 장수에는 농업인 2세들만 돌아오는 것이 아니라, 지역을 떠났던 자영업자들이 하나둘 돌아오고 있다. 인근 도시로 떠났던 어떤 이는 고향으로 돌아오면서 장성한 아들을 데리고 와 중화요리집을 열었다. 자영업자가 증가한다는 것은 그간의 농가중심 소득정책의 효과가 지역전체로 확산되고 있다는 증거다. 소득이 오르게 되니까 지역 내에 소비가 증가하고, 따라서 자영업이 활기를 갖게 된 것이다. 또 하나의 중요한 변화는 자영업자들의 소득자원 포트폴리오가 일어나고 있다는 것이다. 인터넷쇼핑과 할인마트의 상권 확대로 도시·농촌 가릴 것 없이 자영업은 어려워졌다. 그래서 장수의 자영업자들은 작게나마 농사를 짓는 투잡의 형태로 안정된 수입을 얻는다. 새로운 형태의 유연한 업종포트폴리오가 생기고 있는 것이다. 이 현상은 도시의 종속적인 투잡 형태와는 달리 독립적이고 자율적이기 때문에 강한 내성을 지닌다. 즉, 장수는 농업소득증대를 기반으로 서비스소득이 연계되어 올라가는 업종 간 순환경제시스템이 작동하는 단계에 진입했다고 볼 수 있다. 따라서 장수에는 앞으로 이와 같이 정책순환을 통한 산업순환이 계속 이어질 것으로 보인다.

다섯째, 늦게나마 장수에 터를 잡은 귀농·귀촌인들을 보자. '장수하늘소마을'을 비롯하여 많은 사람들이 제2의 고향을 만들었다. 중요한 것은 그들이 장수 사람보다 더 장수스럽게 살아가고 있다는 것이다. 땅을 먼저 생각하고, 사람을 먼저 생각하고, 때때로 어려운 일도 있지만 큰 욕심 없이 가진 것을 즐기며 산다. 그리고 번암면 동화학교에는 도시의 학생들이 농촌유학을 와서 동네가 다 들썩거렸다. 사람 귀한 곳에 사람이 찾아드니 그야말로 '인적순환 체제의 완성'이다.

전주

전북의 큰 그림,
전주에서 시작하라

전주는 수도작 농경문화가 시작된 이래 호남의 최고의 도시로 한반도의 문화와 경제의 중심지였다. 조선시대에는 한강 이남에서 가장 많은 가구 수를 가진 도시였다. 한때는 많은 사람들이 자신들의 꿈을 이루기 위해 모여 들었던 곳이었지만 해방 이후에는 쇠락의 길을 걸었다. 지방자치제가 시작되고 겨우 이름을 알린 것은 도심생태하천복원사업에 성공하면서 부터다. 이어서 전주한옥마을이 탄생했다. 엄청난 방문객이 모여들었고, 농생명산업과 식품산업으로 특화된 혁신도시가 들어섰다. 또다시 멈춰서면 안 되고 여기에 안주해서도 안 된다. 전통자원과 새로운 자원을 효율적으로 활용할 수 있는 방안과 이를 지속발전시킬 수 있는 정책이 필요하다. 도시의 정체성 회복과 상징공간 조성, 한옥마을 위기극복, 농식품전문 컨벤션센터 건립, 도심교통의 획기적인 전환, 전주완주의 새로운 결합 등 해결해야 할 과제들도 많다. 그래야 한국문화관광 대표도시, 한국농식품 대표도시로 우뚝 설 수 있다.

전주성(全州性)을 회복하라

앞서 호남을 소개하면서 1백년 전 호남은 한반도의 경제적 문화적 수도권이라는 말을 꺼냈다. 조선시대 통계치를 인용하면 전주는 한양을 제외하고는 한강 이남에서 가구 수가 가장 많은 도시였다고 한다. 전주는 호남의 물산이 모이는 중심지였고 이러한 풍요를 바탕으로 여러 산업이 성숙하게 되었다.

전주는 전국 최고의 음식문화를 만들어가고 있는 도시다. 이런 음식문화를 뒷받침하고 있는 것이 바로 뛰어난 농산물이고, 농산물이 일찍이 산업화되었기 때문에 음식문화가 발달할 수 있었다. 봉동생강을 예로 들어보자. 전주 인근에서 생산되는 봉동생강은 지역브랜드를 달고 산업화된 지 오래되었다. 전국 어디에도 봉동생강과 같이 역사가 있는 생강브랜드는 없다. 충남 서산 등의 생강브랜드는 최근에 생긴 것이다. 왜냐하면 생강은 음식의 주재료가 아닌 부재료로 사용되는 양념이었기 때문에 특산품으로 취급하지 않았던 것이다. 유일하게 봉동생강만이 역사적인 브랜드를 가지고 있다. 이것은 전주의 음식시장이 오래 전부터 산업화 되었다는 것을 반증해주는 것이기도 하다.

또한 현재는 전통산업으로 분류되고 있는 산업군이다. 인근 지역의 장인들이 전주로 모여들어 다양한 산업군을 형성했는데 그중 하나가 바로 출판산업이다. 조선후기 소설본 중 가장 큰 줄기는 바로 한양에서 출판하는 경판본과 전주에서 출판하는 완판본이 있었는데 그중 완판본의 인기가 훨씬 높았다고 한다. 출판에 있어 가장 기본적인 것은 종이와 인쇄기술이다. 전주의 흑석골과 전주인근 소양에는 한지산업이 있었고, 전라감영에는 인쇄를 하는 장인들이 있었다. 전주성 인근에는 지금의 서점과 같은 서적포가 즐비했다고 한다. 어떤 전문가가 전주의 출판문화에 대해 얘기를 한 적이 있다. '전주는 다른 지역과 같이 예향이라 부르면 안 된다'고 했다. 그가 본 전주는 '인문지향'라는 것이다. 전주에는 종이제조업인 한지산업부터, 완판본을 새기는 장인, 먹물로 인쇄하는 인쇄기술, 유통업인 서적포에 이르기까지 출판산업문화가 지역에 체화되어 있었다. 인쇄물, 기록물이 얼마나 소중한지를 알고 있었기에 유일하게 전주사고만이 남아있었을 것이라고 추측해볼 수 있다.

전주의 인근지역인 완주를 보면 아주 독특한 지역브랜드체계를 가지고 있다. 통영나전칠기, 임실치즈, 고창복분자 등을 보면 알 수 있듯이 대부분의 특산물이나 특산품은 도시나 군 단위의 이름을 달고 있다. 그러나 경천대추, 동상곶감, 소양한지, 봉동생강, 이서배 등을 보면 전주인근의 면 단위 지역브랜드를 가지고 있다. 이상하지 않는가? 이것은 바로 전주가 메가시티였다는 것을 증명하고 있다. 또한 전주를 중심으로 근교에 특화된 산업지역이 있었다는 것을 증명하고 있다. 역사를 보면 현재의 완주지역은 1934년까지 전주부에 속해 있었으니 이 모두는 전주부에 속한 근교 산업지역이었던 것이다.

전주남부시장을 보자. 남부시장은 당시 최대 규모의 농산물 도소매시장중 하나였다는 기록들이 있다. 그럴 수밖에 없는 이유는 전주가 최고의 농산물 산업지역이자 소비지역이기 때문이다. 남부시장 끝에 위치한 전주 용머리고개에는 아직도 6개 정도의 대장간이 성업 중이다. 당시의 농기계생산을 총괄했던 곳으로 지금의 농기계산업클러스터와 같은 곳이었을 것이다.

이렇듯 전주는 수천 년 동안 한반도의 문화와 산업 중심지로서 그 역할을 톡톡히 했던 곳이다. 그러나 영광은 오래가지 않았고, 해방 이후 쇄락의 길을 걷게 되었다. 산업화정책에서 멀리 밀려나게 되었던 것이다. 중공업정책에서도 소외되었고, 경공업정책에도 소외되었고, 산업자원이 없기 때문에 각종

사회적 인프라도 갖출 수가 없게 되었다. 그런데 어느 날 기적과도 같은 일이 일어났다. 전주관광도시, 그것도 그냥 관광도시가 아니라 문화관광도시가 된 것이다. 전주와 같이 몇 년 만에 문화관광지가 된 곳은 전 세계 어디에서도 찾아볼 수 없다. 갑자기 매립문화재가 발견된 폼페이와 같은 곳을 제외하고는.

전주가 문화관광지로 부상한 시기는 묘하게도 21세기를 문화의 시대라 부르기 시작한 시기와 일치한다. 또한 한국의 저성장기의 시작과도 일치하고, 스마트폰의 시작과도 일치한다. 풀어서 얘기하자면 세계사에 문화라는 새로운 가치가 등장하고 새로운 변화가 시작될 때 전주가 지켜온 자산이 빛을 발하게 되었다는 것이다. 여기에서 주목해보자. 옛날에 전주가 번영한 시기는 사람이 많이 모여들었을 때였다. 지금 전주는 전주한옥마을의 부상으로 사람이 모여들고 있다. 이 점에서는 일단 옛 영광의 한 단초를 찾은 셈이다. 전주가 지켜온 전통문화가 시장이 원하는 관광트렌드와 맞아떨어진 시점, 즉 지역자산과 시장트렌드가 접점을 이룬 시점이라는 것이다.

전주의 재건, 전북의 재건은 여기서부터 출발해야 한다. 발전의 실마리를 여기서 찾자는 것이다. 새로운 출발은 새로운 자원이 필요한 것이 아니다. 우리가 가지고 있던 것, 우리가 지켜왔던 것이 얼마나 소중한 것인가를 인식하는 것에서 시작되어야 한다. 그 자산을 새롭게 해석하고, 확장해야만 모처럼 다가온 전주의 시간, 그 기회를 오래 지켜갈 수 있을 것이다. 자산을 수평적으로 확산하는 일은 별 효과가 없다는 사실을 우리는 이미 알고 있다. 전주한옥마을 다음으로 덕진공원을 대표관광지로 정했으나 사람들은 움직이지 않았다. 멋진 호수공원은 수도권에도 있기 때문에 독특한 테마가 있거나 규모 면에서 크게 차별화가 되지 않으면 관광지로서의 가치가 떨어지게 마련이다.

전주 사람에게는 추억의 공간이라서 특별하지만 관광객을 유혹하기에는 뭔가 부족함이 있다. 다른 차원의 새로운 매력을 만들지 않으면 굳이 일부러 찾지는 않을 것이다.

세계민주문화유산, 동학혁명 그리고 전주감영의 복원

전주가 가장 먼저 해야 할 일은 상징공간을 찾아서 보여주는 것이다. 전주여행의 시작점을 정하자는 것이다. 근대민주주의가 시작되었다고 볼 수 있는 전주 감영터가 적합할 것 같다. 비록 오래가지는 못했지만 유일하게 민과 관이 협력하여 의사결정체계를 만든 것이 바로 집강소이기 때문이다. 수많은 동학혁명군들이 사라져간 자리에는 동학혁명의 정신을 기리고 그들을 기념하는 의미에서 꺼지지 않는 등불을 달았으면 좋겠다. 프랑스의 개선문처럼 상징의 공간을 갖고 싶다.

전주는 한국의 음식장인들이 모여드는 네트워크 도시

전주는 전북을 대표하는 도시이다. 음식에 있어서는 전국을 대표하는 도시가 되도록 하자. 그러려면 전주의 것만을 팔려고 고집하면 안 된다. 앞에서 살펴보았듯이 전주는 여러 곳의 사람들이 모여들었고, 여러 지역의 다양한 문화를 포용하여 전주의 것으로 만들어왔다. 융복합의 결과가 바로 전주의 전통이자 영광스러운 전주의 과거였다. 그래서 이런 정신을 바탕으로 도시전략을 세워 네트워크도시로서의 면모를 갖추자는 것이다. 맛에 있어서도 전북의 것 이외에도 한국의 모든 맛을 다 볼 수 있는 곳이 되도록 하자. 전주비빔밥축제를 예로 들어 보자. 다른 지역들과 마찬가지로 지역특산품만 홍보하지는 말자는 것이다. 음식의 고장이라고 자처할 수 있으려면 전국 음식들을 다 모아서 맛을 볼 수 있게 하고, 한국의 맛 중 으뜸이 전주음식이라는 것을 보여줄 수 있을 때 전주비빔밥축제가 더욱 빛을 발하게 될 것이다. 기꺼이 통영김밥, 보성녹차, 의성마늘, 남해시금치에 공간을 내어주자. 전북 내 각 지역의 음식도 팔면서 홍보하자. 각지의 것이 모두 한 곳에 모여 큰 장을 서게 하는 것, 그것이 전주의 가치이자 전주생존의 비결이 될 것이다. 이렇게 축제가 확대되면 앞에서 제안했던 전주세계한식대회도 더 빨리 개최할 수 있을 것이다.

교통비가 가장 적게 드는 도시

네트워크도시의 기반은 교통체계이다. 전주는 대중교통 이용률이 10% 내외 일정도로 교통이 불편하다. 서울 시민의 경우 지하철·철도의 수송분담율은 38.8%, 버스는 27.1%, 승용차는 22.9%, 택시가 6.8%로 조사되었다. 전주시 대중교통 정책이 낙제점을 받고 있는 이유는 대중교통시설 미흡과 장기적인 버스파업에 있다. 대중교통 환승체계 구축 및 대중교통 경쟁력 강화, 우수시책 발굴 등도 미흡하다는 평가여서 행정 및 정책지원에서 모두 최하위를 면치 못했다. 대중교통체계를 개편한다고 지간선제 도입 등을 검토한다고는 했지만 제대로 이루어지지 않았다.

당장 개선해야 할 문제를 앞에 두고도 나 몰라라 하는 건 그렇다손 치더라도 시민에게 도로를 돌려준다는 명분을 내세워 도로를 줄이고 있는 건 정말 답답하기 이를 데 없는 노릇이다. 특히 가장 교통량이 많은 철도역 앞 도로를 줄이는 사업은 정말 이해하기 어렵다. 기존 도로 안에 광장과 인도를 만들어 차선을 줄이고, 차량의 속도를 조절하기 위해 도로를 곡선으로 만들었다. 이런 도로는 마차가 주요 교통수단이었던 옛 유럽의 도시에서나 볼 수 있는 것이다. 굳이 도로교통을 불편하게 만든 이유가 무엇일까 모두들 궁금해한다. 광장을 멋지게 꾸며서 볼거리와 놀거리를 제공하려 했다면 분명 오산이다. 도심의 도로는 편리함과 안전함이 우선되어야 한다. 도로를 개선하기 전에 도시의 교통정책이 합리적인지를 먼저 따져봐야 했다. 시민들이 이용하기 편하도록 대중교통체계를 개편한 다음 도로를 줄이는 것이 순서일 것이다.

전 세계의 도시들은 도시경쟁력을 높이기 위한 수단으로 대중교통 이용률을 늘리기 위해 노력하고 있다. 전주와 규모나 문화적 환경이 비슷한 도시들을 살펴보자. 미국의 포틀랜드를 비롯하여 유럽의 20여 개 도시는 도심교통을 무료로 운영하고 있다. 이런 획기적인 도심교통체계 개선이 지역경제활성화에 기여한 정도가 무려 4배라는 통계도 있다. 성과의 핵심은 대중교통을 이용하게 함으로써 상권의 노출을 늘려서 도심상권을 살렸다는 것이다. 대중교통을 늘리면 시민들이 거리에서 머무는 시간이 많아져서 도심 내 상가들의 매출이 늘어난다는 것이다. 한편으로는 시민들의 교통비를 줄이고 줄어든 교통비를 지역상품구매에 활용할 수 있는 여건을 마련한 것이다. 도시환경도 좋아지게 된다. 대중교통 이용률이 증가하면 미세먼지도 줄어들고, 자동차이용률이 감소하면 도로 파손율이 줄어들어 도시의 인프라예산이 줄어든다. 이 같이 하려면 준공영제가 최선이다. 필요하다면 교통기금이나 교통세를 다시 걷는 방법도 있을 것이다. 교통비를 줄일 수 있다면 그 비용의 일부를 시민들이 낼 수도 있지 않겠는가? 교통수단도 바꿀 필요가 있다. 전기를 이용한 무궤도 버스나 트램 등 다양한 형태의 교통수단이 개발되고 있어서 이를 도입하면 좋을 듯싶다.

농식품전용컨벤션센터

전주는 컨벤션산업이 불가능하다는 얘기들을 한다. 방문객 수도 적고, 수요도 없기 때문이다. 하지만 10년 전 전주와는 달라졌다. 한옥마을 연간 방문객은 1천만을 넘고 있으니 일단 기본적인 방문객 수는 넘었다고 볼 수 있다. 다음은 컨벤션 수요다. 혁신도시 12개의 공공기관에서는 2백여 개의 국제회의를 주도하고 있어 수요 또한 확보되었다고 볼 수 있다. 염려했던 조건들은 충족되었으나 정작 현실은 참담하다. 전주는 천막을 치고 박람회를 하고 있는 유일한 곳이다. 국제발효엑스포와 같은 행사도 매년 천막행사 신세다. 천막 설치 및 철거비가 행사비의 절반에 이를 정도라고 하니 기가 막히다. 마치 20세기에 살고 있는 것 같은 형편이다. 최근 농촌진흥청에서 연 농기계박람회 역시 천막행사였고, 종자박람회도 다를 바 없었다. 언제까지 컨벤션센터건립 문제를 방치할 것인가. 2016년도에는 컨벤션관련 정부지원자금을 반납했다고 한다. 이유야 있었겠지만 더 이상 미뤄서는 안 되는 시점이라는 것을 알아줬으면 좋겠다. 다른 도시에서 다 하고 있는 것조차 하지 못한다면 정말 기본적인 것조차 하지 않으면서 폼만 잡는 꼴이 되고 만다. 서둘러 이 문제를 해결해야 다음 일들도 진행이 가능할 것이다.

컨벤션산업도 다른 산업과 마찬가지로 특화해야 한다. 건립 계획을 세우기 전에 전주는 무엇으로 특화할 것인가를 고민해야 한다. 도움이 될 수 있을 것 같아서 모 지역에서 개최된 국제요리대회의 에피소드를 들려줄까 한다. 대회에 참가신청을 했던 상당수의 요리사들이 본 대회장에 나타나지 않았다고 한다. 불참 이유를 알아봤더니 조리시설이 대회용으로 부적합했기 때문이라고 한다. 음식을 조리할 때 화력은 매우 중요한데 대회를 개최하면서도 이런 조건들을 충족시키지 못했던 모양이다. 사전 점검 때 이 사실을 알게 된 일부 참가자들이 음식대회의 의미가 없다면서 참가하지 않았다고 한다. 전주는 음식의 도시로서 앞으로 식품박람회나 음식대회 같은 굵직한 행사들을 치르게 될 것이기 때문에 이 점을 잊지 말자는 의미에서 위의 사례를 들었다. 그렇다면 전주컨벤션센터의 특화 문제는 어느 정도 가닥을 잡았다고 볼 수 있겠다. 조리대회가 가능하려면 별도의 전문시설을 갖춘 컨벤션센터라야 하고, 식품의 경우는 냉장설비가 필요할 수도 있을 것이다. 전주에 딱 어울리는, 전주에서 특화할 수 있는 '농식품전용컨벤션센터'를 만드는 것이다. 그렇게 된다면 천막을 치느라 아까운 예산만 낭비했던 초라한 행사들을 모두 이곳에서 할 수 있게 된다. 국제발효엑스포, 종자박람회, 축산박람회, 농기계박람회, 식품박람회를 비롯하여 국제음식대회 까지도 개최할 수 있다.

트램을 타고 한옥마을로

한옥마을이 관광지다 보니 사람들은 체험요소를 찾는다. 그래서 한지체험이나 도자기체험 등 전통문화체험거리가 등장했고, 간식거리를 만드는 체험들도 생겨났다. 하지만 손놀이 중심의 체험활동은 어디에서나 할 수 있는 것이어서 특별한 체험거리라고 볼 수 없다. 온 몸으로 즐길 수 있다거나 공간을 이동하면서 변화를 체험하는 등의 굵직한 체험도 필요하다. 한복체험은 좋은 사례가 될 수 있겠다. 그리고 투어를 위한 자전거와 스쿠터, 전동마차 등 탈 것들도 새롭게 등장했다. 여기에서 중요한 점은 사람들이 무언가 타고 싶어한다는 것이다. 새로운 이동수단에 대한 욕구는 바로 시장수요이다.

다른 지역에 없는 이동수단을 찾아보자. 왜냐하면 우리의 목적은 타 지역과의 차별화가 가능한 아이디어가 필요하니까. 전주한옥마을 근처에는 자그마한 기차길이 있었다. 원래는 곡성의 기차마을처럼 기차가 다녔던 길인데 현재는 산책로로 활용되고 있다. 만약 이곳에 다시 미니 기차나 트램이 다닌다면 어떨까 생각해보았다. 물론 출발지와 목적지가 있어야 한다. 그래서 생각한 것이 색장동에 대형주차장을 만들고 기찻길을 따라 한옥마을까지 트램이나 미니기차를 타고 이동하는 것이다. 주차난도 해소하고, 관광객들의 체험거리도 늘릴 수 있으니 한 번 시도해볼 만한 일이다.

전주·완주 상생을 위한 결합, 창조적 접근이 필요하다

몇 년 전 다시 거론되었던 전주·완주의 통합이 무산되었다. 돌이켜보니 접근방식에 문제가 있었던 것 같다. 양 지역의 단체장이 합의한 내용의 핵심은 전주·완주 상생사업이었다. 말은 상생사업이었지만 사실상 어느 지역에 무엇을 더 얹을 것인가에 집중되어 있었다. 공공시설을 완주에 재배치하는 것에 관심이 쏠리다보니 더 이상 확장된 생각을 하지 못하고 그 수준에 머물렀기 때문에 해결점을 찾지 못했던 것이다. 전주와 완주는 원래 하나였다. 출발은 그런 인식에서부터 시작되어야 했다. 주고받고 나누는 관계가 아니라 하나가 되어 움직여야만 했던 것이다. 전주와 완주는 묶음이다. 두 도시는 다른 지역처럼 인근에 접해있는 것이 아니라 완주가 전주를 에워싸고 있는 형태여서 공공시설 이전 문제보다는 통합 후 도시경쟁력을 높일 수 있는 방안이 먼저 모색되어야 했다. 따라서 전주와 완주는 단순 통합만을 목적으로 할 것이 아니라 '통합'이라는 재료를 활용하여 이 시대가 요구하는 도시재창조의 방향을 잡는 것이 필요했다는 것이다.

그와 관련하여 그 해 전주시에서 개최한 '1백만 도시 건설을 위한 도시재생 포럼'에서 발표된 '전주·완주 통합소재를 활용한 도시재창조방안'에 주목할 필요가 있다. 발표 내용이 기존의 틀을 깬 새로운 구성이어서 참석자들의 관심을 받았다. 첫째는 통합 공간정책이다. 전주천과 만경강, 기린봉이 연결되는 새로운 생태순환 축을 만들어 주민들의 생활교통을 접목시키자는 것이다. 둘째는 통합 산업정책이다. 혁신도시의 농식품자산과 전주의 음식문화 그리고 완주의 농기계생산기업을 기반으로 네덜란드의 푸드밸리와 덴마크의 아그리콘밸리의 통합모델인 '농식품산업비즈니스벨트'를 만들고, 이에 따라 전주시에 식품산업국을 신설하자는 것이다. 셋째는 통합 문화정책이다. 전주의 비빔밥축제, 완주의 와일드푸드축제 등의 경험을 바탕으로 한식을 대표하는 '세계한식대회'를 개최하여 '한식의 도시'를 만들자는 제안이다. 마지막으로는 통합 사회정책이다. 전주의 문화의집과 도시재생의 경험, 완주의 로컬푸드와 마을기업은 새로운 공동체 모형을 만들 수 있는 큰 자산이다. 이것을 통합전주시의 제1의 사회적 자산으로 만들자는 내용 등이다.

통합은 두 도시뿐만 아니라 전북발전에도 중요한 의미를 갖는다. 단순배분

방식이 지양되려면 혁신과 창조를 표방할 만한 창의적인 논의가 필요하다. 최상의 비전은 결과가 아니라 통합의 시작에 있다. 비전을 설정한 다음에 자원배분을 논의해도 늦지 않다는 뜻이다. 어찌 보면 통합이라는 용어는 각기 정체성이 다른 두 도시가 합쳐지는 데 있어 적합한 용어는 아니다. 통합보다는 상생을 위한 결합이 맞는 용어로 보인다. 어찌됐건 상생을 위한 결합이라 할지라도 모든 계획은 단계적으로 추진해야 무리가 없다. 처음에는 교통과 같은 생활연계, 그다음은 농생명산업과 식품산업을 연결하는 산업연계 등을 시작하는 것이다. 제도적인 연계로부터 시작해서 마지막에 공간결합을 해야 하는 것이다. 시간이 걸리더라도 지역민들이 서로 상처 없이 자연스럽게 결합할 수 있도록 유도해야 한다.

정읍

색깔 있는 도시,
그리고 소나무클러스터

정읍은 아름다운 내장산 국립공원과 조선왕조실록을 지켜냈던 선조들, 소나무 조경시장, 전국 최대 규모의 한우생산지, 진상품의 명성을 잇는 자생차단지 등 무궁무진한 자연자산과 문화자산을 보유한 지역이다. 천연염색지역, 당뇨에 좋은 여주특화단지 등을 특화했고, 전북연구개발특구의 농생명융복합 거점지구이기도 하다. 한국원자력연구원 첨단 방사선연구소, 안전성평가연구소 전북흡입안정성연구본부, 미생물연구에 집중되어 있는 생명공학연구원 분원도 가지고 있다. 그리고 전북혁신도시에 있는 한국전기안전공사의 연수원과 실증센터를 유치했고, 최근에는 철도전동차생산공장까지 유치해서 새로운 산업도시를 꿈꾸고 있다. 정읍은 농촌지역 지자체에서 정말 꿈꾸기 어려운 미래 산업자산과 특화농업자산이 균형을 이루는 도시가 되었다.

정읍, 색깔 있는 도시

| 역사와 문화자산 | 정읍은 동학농민혁명의 첫 횃불이 타올랐던 곳이다. 혈전의 대명사로 불리는 황토현 전투가 벌어졌던 곳이다. 정읍에는 농민혁명을 통해 한반도에 근대민주주의 씨앗을 뿌린 녹두장군의 흔적이 많이 남아 있다. 장군이 살았던 집, 처음 군사를 일으킨 말목장터, 관군과 싸워 이긴 황토현 등의 공간과 이야기가 남아 있어 녹두장군 전봉준의 고장으로 불리기도 한다. 그리고 정읍은 현존하는 유일한 백제 가요인 '정읍사'의 고장이기도 하다. 정극인이 만년에 태인에서 봄경치를 읊은 한국 최초의 가사 '상춘곡'의 고장이기도 하다. 황소의 난 때 '토황소격문'으로 문명을 떨친 통일신라시대 최고의 문장가이자 정치가였던 최치원의 고장이다. 현재 최치원을 기리는 무성서원은 유네스코 세계문화유산 등재를 앞두고 있다. 이외에도 이순신 장군이 무과급제 후 최초로 현감으로 부임했던 곳이고, 조선왕조실록 등 전주사고에 있었던 책을 정읍으로 이전·보관하여 기록을 보전했던 안의와 손홍록의 고장이다. 3.1운동의 33인 중 한 분인 박준승 선생의 묘가 있는 곳이기도 하다. 고대와 중세 그리고 근대를 이어가는 역사에 이렇게 다양한 문화적 자산을 가진 곳도 흔치 않다.

| 자연자산 | 내장산국립공원은 어떤 수식어를 붙여도 다 설명할 수 없는 공간이다. 내장산 너머에 있는 장성의 백양산까지 포괄하여 '내장산국립공원'이라 하는 것이 공식적인 영역이지만, 내장산 자체는 온전히 정읍의 산이다. 가을관광지로서는 최고로 손꼽힌다. 산내면 일대는 가을 야생국화인 구절초를 소재로 구절초테마공원을 조성하여 구절초축제를 통해 새로운 경관

농업의 시작을 알리고 있다. 정읍은 이곳을 '국가정원'으로 만들기 위해 준비하고 있다. 국가정원이 되면 자연자원을 국가가 운영하고, 입장료 및 시설사용료를 받을 수 있다는 이점이 있다. 하지만 대부분 가을철 관광지이기 때문에 계절적 한계를 넘어서야 하는 등 극복해나가야 할 일들이 있다. 흉물로 남아 있던 내장산해동관광호텔이 공사에 들어가서 그나마 묵은 과제를 하나 해결한 느낌이다. 내장산이 사계절 관광지로 거듭나기 위해 탄력적으로 움직이고 있다고 하니 반가운 소식이다.

| 특화자산 | 전북의 평야지대를 적시는 동진강의 발원지는 내장산의 까치샘이다. 그래서인지 정읍에는 다양한 농업자원이 있다. 첫째는 자생차이다. 1천년의 역사를 지닌 정읍차는 일본, 인도 등의 차나무 품종과 섞이지 않은 자생품종을 보존하고 있다. 차 생산지로 전남 보성이나 하동, 제주도를 떠올리지만 예로부터 차의 풍미가 좋고 맛이 깊은 것으로 유명한 것은 정읍차다. 고부의 작설차는 임금께 진상한 지방특산품이었던 만큼 그 품질이 우수하다. 현재는 기후온난화 영향으로 차나무 재배지가 점차 북상하고 있기 때문에 정읍의 차산업은 옛 명성을 되찾을 날이 올 것이다. 둘째는 귀리이다. 슈퍼푸드라 불리는 귀리는 대부분 수입에 의존하는데 정읍에서는 전국 귀리 생산량의 70%를 차지한다. 정읍은 일찌감치 귀리 재배에 눈을 떴고, 새로운 소득작목으로 선정하여 귀리의 육종 연구와 함께 다양한 가공식품을 개발하고 있다. 셋째는 조경수이다. 2013년에 조경수 전시판매장이 문을 열었다. 소나무를 중심으로 규모도 전국 최고수준이다. 조경수는 곧 돈이다. 잘 키우고 잘 팔면 된다. 하지만 5년 후에 어떤 품종이 인기가 있을지, 과잉공급의 우려는 없는지, 어느 시점에서 팔 것인지에 대한 전략이 필요하다. 모든 농수산물이 그렇

듯이 유통망이 복잡하다는 것이 가장 큰 문제인데 대량판매 시 최종 구매자는 조경회사이므로 적절한 마케팅 전략이 필요하다. 직거래를 할 수 있는 지원정책이 세워지면 더 좋겠다. 넷째는 약재로 쓰이는 특화품목들이다. 옹동면의 지황, 정우면의 여주 등은 집중육성 유망작목으로 선정됐다. 여주의 경우, 1년 2기작을 할 수 있는 재배기술이 개발되었다고 하니 수확기간을 연장하고 생산성을 향상시킬 수 있는 방법을 터득하여 경쟁력을 갖출 수 있도록 해야 한다. 다섯째는 천연염색이다. 입암면 소재지는 광목산업의 발달이 활발하던 지역으로 1970년대에는 직물공장 호황으로 정읍의 발전을 이끌었던 곳이다. 아직까지 섬유공장이 남아 있고, 천연염색 등으로 특화된 지역이다. 현재 남아 있는 직물공장과 주민들이 함께 지역의 상생을 위해 천연염색을 배우기 시작하여, 농업기술센터에서 천연염색교육을 실시하고 전시회를 여는 등 활발한 활동이 이루어지고 있다. 여느 지역의 천연염색체험과 차별화가 가능한 이유는 입암면의 광목산업 역사가 배경이 되기 때문이다.

│산업자산│ 전동차와 의료기기 생산부문에서 국내 초우량 기업으로 평가받고 있는 ㈜다원시스가 정읍시에 철도산업특화단지 조성사업을 시작했다. 다원시스는 1단계로 2018년까지 3백억 원을 투자해 연간 3백량 이상의 전동차를 생산할 수 있는 완성차 제작공장을 신축할 예정이다. 2단계는 2020년까지 정읍시 노령역 일원의 부지에 전동차 제작공장 건설 및 부품 협력업체를 이전시키고, 5천량 가량의 전동차를 생산할 예정이다. 향후 10년간 국내 전동차 수요시장은 노후 전동차 5천량, 6조 원에 육박할 것으로 전망되고 있다. 협력업체까지 이전하여 철도산업특화단지가 조성될 경우에는 지역경제에 미칠 영향이 크다. 또한 인구이동과 일자리문제가 다소 해소될 것으로

보여 여기에 거는 기대가 사뭇 크다.

또 3개 지역이 전북연구개발특구로 지정되었는데 정읍은 농생명융복합 거점지구이다. 신정동 일대 정읍특구는 한국원자력연구원 첨단방사선연구소와 한국생명공학연구원 전북분원, 안전성평가연구소 전북흡입안전성연구본부 등 국책연구기관이 있어 전북연구개발특구 지정에 결정적 역할을 했다. 3대 국책연구소가 있는 정읍은 연구소의 첨단기술을 기업에 이전하여 특구로 지정된 첨단과학산업단지 내에 연구소기업 설립과 첨단기술기업을 창업하는 데 총력을 기울이고 있다. 하지만 우리가 대덕연구단지를 통해서 익히 알고 있듯이 R&D를 통해 산업단지를 성공시키는 일이 결코 쉬운 일이 아니다. 그렇기 때문에 단기간의 성과에 연연해할 것이 아니라 지역체화를 위해 필요한 시간만큼은 기다려야 한다. 그러나 농촌진흥청과 식품연구원 등의 농생명기관이 전북혁신도시에 입주해있기 때문에 이를 잘 활용하면 시너지효과로 결과물의 성과가 훨씬 더 앞당겨질 수도 있을 것이다.

정읍특화

여러 모로 고려해볼 때 정읍은 지금 어느 지역보다 희망적이다. 미래자산이 있기 때문이다. 하지만 미래자산만 믿고 있을 것이 아니라 속도에 맞게 차근차근 준비해야 한다. 미래산업의 경우를 보면 20세기에 비해 선점효과가 크지 않다는 단점이 있고, 기업의 이전도 비교적 자유로워서 기업유치를 했다고 끝난 게 아니라는 점을 염두에 두어야 한다. 기업유치 후 그 기업과 가족들이 만족할 수 있도록 이주민들의 삶의 질에 대한 전략도 필요하다는 것을 잊지 말았으면 좋겠다.

미래보다 중요한 것은 현재다. 정읍의 현재를 면밀히 들여다보고 집중해야 한다. 정읍이 전북의 다른 지역과의 비교에서 우위를 차지하고 있는 것이 있다면 KTX역이 있다는 사실이다. 이러한 지정학적인 강점이 바로 신산업유치에 크게 영향을 끼쳤고, 앞으로도 유리한 조건으로 작용할 것이다. 21세기는 작은 기업과 단체들이 다양한 일자리를 만들어내고 경제구조를 형성하는 것이 특징이라는 점을 감안할 때, 생산량은 적지만 경쟁력 있는 특산물, 작은 공장 하나라도 소중히 지키고 성장시켜 나가는 것이 중요하다. 지키고 성장시킨다는 것은 단지 생산을 늘리자는 얘기가 아니다. 예를 들어 정읍의 특산물로 이름을 올린 정우면 여주의 경우에는 '항당뇨특화지구'를 생각해볼 수 있다. 여주뿐만 아니라 당뇨에 좋은 다른 농산물을 겸하여 재배하면서 특화품목을 확장해보는 것도 고려할 만하다. 그리고 입암면의 천연염색과 섬유업체를 바탕으로 미니클러스터 형태의 '유기농의류특화단지'를 고민해 볼 수 있을 것이다. 작지만 독특하고 매력적인 유기농의류단지를 조성해보자. 경관작물의 하나로 목화를 선택하면 목화재배에서부터 유기농의류제조와 천연염색에 이르는 멋진 유기농의류단지가 될 것이다.

언급했듯이 정읍의 특징은 다양한 자원을 보유하고 있다는 점이다. 소중한 과거를 찾아내고, 현재의 장점을 살려 관리하여, 미래를 준비하자. 거기에 필요한 것은 정읍의 환경에 맞는 조직과 시스템이다. 관광을 예로 들자면 관광자원 개발단계에서 그치지 말고 개발한 관광자원을 상품화하려면 전문적인 운영집단이나 운영조직이 있어야 한다는 것이다. 진안의 '풍덩'이나 완주의 '마을통'이라는 회사가 그 예가 될 수 있다. 정읍이 가지고 있는 자원으로 정읍만의 관광회사를 만들어 운영해보면 좋을 것이다.

정읍 소나무의 날을 선점하라

우리는 예로부터 소나무를 남달리 예우해왔다. 고려는 송도에 도읍을 정했고, 조선시대에는 소나무만큼은 함부로 벌목할 수 없게 관리하는 특별한 제도를 운영해왔다. 여러 명사들은 '소나무 국목國木추진협의회'라는 모임을 만들어 20년 가까이 운영하고 있고, 몇몇 국회의원들을 중심으로 소나무를 국목으로 지정하자는 움직임도 있다. 그만큼 소나무는 우리 민족에게 상징적 의미가 있는 나무이다. 이런 상징성 외에도 우리는 오래 전부터 소나무를 실생활에 응용하여 사용해 왔다. 한옥을 짓는 건축 재료로 가장 선호하는 나무였고, 송하백일주, 송편의 재료로 우리 곁을 함께해왔다. 또한 황토방에 소나무가지를 놓아 병의 치료를 도왔던 전통적 방법은 아로마 요법의 효시이기도 하다. 이처럼 산업적인 측면에서 볼 때, 소나무는 나무 자체를 상품화하는 조경수산업에서부터, 주류, 식품 등의 제조업은 물론 문화콘텐츠사업과 관광서비스산업에 이르기까지 알찬 클러스터를 만들 수 있는 아주 소중한 지역의 산업자산이다.

정읍의 소나무를 단순한 조경수로 머물게 하지 말고 정읍을 '소나무문화도시'로 만드는 작업을 함께 진행시켜보자. 소나무산업을 전북의 새로운 녹색성장산업으로 특별히 관리하도록 만들자. 그러기 위해서 먼저 '소나무의 날pine tree day'을 지정하자고 제안한다. 정읍이 소나무산업을 선점하기 위해서 가장 먼저 서둘러야 할 일이기 때문이다. 소나무의 날에는 전국 유일의 '정읍 소나무박람회'를 열어서 한국 최대 규모의 소나무조경수 유통시장으로 활용하면 좋을 것이다. 행사에는 소나무를 재료로 한 식품이나 요리, 소나무를 잘 키운 사람에게 '국목 소나무대상大賞' 등 각 부문별 시상을 포함시키고, 사진전이나 그림전 등 문화콘텐츠산업까지도 확장이 가능할 것 같다.

정읍은 이미 단풍나무를 통해 나무도시로서의 브랜드를 지녔다. 그 성과를 바탕으로 한다면 소나무의 가치를 재발견하는 작업도 가능할 것이다. 소나무는 한국인의 기상을 대표하는 나무이며, 우리가 닮고 싶은 나무이기도 하고, 우리가 먹을 수 있는 나무이다. 가장 한국적인 전통 테마를 지향하는 전북이기에 정읍에서 가장 한국적인 나무인 소나무산업을 선점한다면 전북의 한스타일을 완성하는 데 중요한 역할을 하게 되는 것이다. 소나무문화와 소나무산업의 메카로서 한스타일에 마침표를 찍는 정읍의 역할을 기대해본다.

진안

홍삼
그리고 고원식품클러스터

진안은 대한민국 최초로 홍삼을 특화하였다. 대부분의 인삼재배지는 인삼자체를 특화했는데 진안은 가장 먼저 인삼가공산업을 특화했다는 것이 다르다. 한 단계 더 앞서 나가긴 했어도 가공산업은 발전이 더딘 탓에 히든챔피언이 나오지 않으면 정체기가 길어진다. 빨리 진안홍삼연구소 등과 연계해서 한국지역농산업의 새로운 역사를 쓸 수 있는 선도지역이 되었으면 한다. 아쉬운 지리적 자원은 바로 진안고원이다. 한국의 건강식품을 대표하는 상징은 홍삼과 녹용이다. 홍삼은 이미 특화되었으므로 진안고원에 사슴이 마음껏 뛰어다니는 생태형 사슴목장이 있었으면 좋겠다. 그리고 남부지역 고원의 기후특성이 살아 있는 진안만의 새로운 식품산업단지인 진안고원식품클러스터를 기대해본다.

건강한 축제, 홍삼축제

일조시간이 짧아지고 기온이 낮아지면서 농작물들은 인간을 위한 열매를 내줄 준비를 하는 시간, 가을이다. 농작물만큼이나 예민한 것이 사람의 몸이다. 우리 몸도 이제 다가올 추운 겨울을 준비해야 하기 때문에 특별히 건강을 신경 쓰게 되는 계절 또한 가을이다. 평소에 건강하던 사람마저도 혹시나 하는 생각에 이것저것 챙겨 먹기도 한다. 그중 제일 많이 찾는 것이 인삼제품이다. 때마침 고원의 가을풍경과 함께 건강을 챙길 수 있는 홍삼축제가 진안에서 열린다. 금산을 비롯하여 강화, 영주 등 우리나라 대부분의 인삼특화지역에서는 사실 인삼축제를 한다. 하지만 유독 진안만은 홍삼축제를 연다.

최근 진안홍삼축제는 홍삼기업의 참여와 부스를 늘리고, 행사프로그램을 다양화하는 등 운영규모를 확대하며 성장해가고 있다. 그러나 지역특화상품을 주제로 축제를 성공시키기 위해서는 아직 갖추어야 할 것들이 많다. 지속가능한 축제가 되려면 장삿속을 가진 축제가 아니라 콘텐츠가 풍부한 문화축제가 되어야 하기 때문이다. 특히 홍삼은 웰빙, 슬로우푸드다. 몇 년을 기다려야 얻을 수 있는 우리나라의 대표적인 건강식품이다. 따라서 진안홍삼의 역사와 전통이 담긴 지역스토리와 함께 성장해야 한다. 홍삼브랜드는 진안이 으뜸이지만 긴장을 늦춰서는 안 된다. 진안홍삼축제에 앞서 서울 등에서 대규모의 인삼·홍삼 박람회가 열린다. 특히 '스마트한 홍삼구매' 문화 정착을 위해 합리적인 가격에 우수한 제품을 가려낼 수 있도록 정보를 제공하기도 한다. 이렇게 되면 지역은 고객접근성과 가격 면에서 경쟁력이 떨어질 수밖에 없다. 홍삼축제를 동네잔치로 끝낼 것이 아니라면 무엇으로 경쟁할 것인가를 고민해야 한다.

첫째, 글로벌 프로그램을 만들자. 전북에서 글로벌 접근이 가능한 특산품은 홍삼이 유일하다. 한옥마을 방문객을 홍삼축제로 유도하고, 지역의 중국유학생을 활용하여 홍보하는 방안을 모색할 필요가 있다. 둘째, 홍삼문화콘텐츠를 만들자. 축제의 위상을 높이기 위해 홍삼기술·홍삼문화상을 제정하여 홍삼대표지역으로 자리매김을 할 필요가 있다. 셋째, 축제와는 별도로 홍삼문화콘텐츠를 담은 작은 홍삼도서관이나 홍삼카페 같은 특색 있고 개성이 있는 공간을 마련하자. 특산물판매도 중요하지만 진안을 홍삼문화의 중심지로 인식시킬 필요가 있기 때문이다. 그러면 진안은 서울박람회를 경쟁대상이 아니라 홍삼홍보의 장으로 활용하는 지혜를 발휘하게 되는 것이다. 한국 홍삼에 대해서 알고 싶고 느끼고 싶다면 진안으로 와야 된다는 인식을 심어주자. 진안홍삼축제가 한국의 가을을 알리고, 건강한 삶을 선물하는 '가을건강축제'로서 웅장한 마이산과 함께 우뚝 서기를 기대한다.

매력적인 고원도시 진안

한반도의 대표 고원은 개마고원이다. 북한에는 부전고원 등 상당히 큰 규모의 고원지역이 있지만 남한에는 태백고원, 진안고원, 운봉고원이 전부이다. 그동안 태백시는 청정지역임을 강조하기 위해 고원지대임을 강조했다. 진안은 최근 들어서야 고원이라는 용어를 사용하기 시작했다. '북은 개마고원, 남은 진안고원'이라는 말이 있을 만큼 진안이 가지고 있는 지역적 특성 중 가장 중요한 것임에도 지금까지 쓰지 않고 있었다. 현재 '고원'은 농·축산물 생산에 있어 매우 중요한 의미를 지닌다. 왜냐하면 기후변화가 현실로 나타나고 있기 때문이다. 그렇다면 진안은 고원의 특성을 살려 무슨 사업을 펼쳐야 할까?

첫째는 특산물에 고원의 이름을 넣는 것이다. 이제부터 진안삼을 '진안고원삼'이라 부르는 것도 좋을 것이다. 고원지역의 특징을 설명하면 타 지역 제품들과 약효 등의 차별화에 상당히 도움이 될 것이다. 다른 특산물도 마찬가지다. 고원흑돼지나 진안고원수박은 이미 상당 수준 브랜드화가 진행되었다. 가격과 맛에서 높은 수준을 유지할 수 있는 요소를 갖추었다는 뜻이다. 현재의 특산물에 고원이라는 명칭을 붙이는 것도 가능하고, 고원지역에 맞는 특별한 고원작물을 선정하여 이제까지 없던 새로운 것을 지역의 특산물로 키워나가는 것도 좋겠다.

둘째는 상징공간을 만드는 것이다. 현재 진안고원길을 걷는 사람들이 많아졌다. 그 길목 어딘가에 고원사슴목장과 같은 것을 조성하면 된다. 넓은 지역, 즉 고원으로 인식할 수 있는 적당한 장소를 찾아서 열린 공간의 사슴목장을 만드는 것이다. 사슴은 한의학 약재로 귀하게 쓰이는 뿔을 가지고 있기 때문에 전통건강식품의 핵심인 인삼과 녹용을 함께 홍보할 수 있는 기회가 될 것이다. 가급적이면 토종사슴을, 사람들이 친근하게 사슴을 만날 수 있도록 체험형·개방형 동물원의 형태로 운영하면 더 좋다.

셋째는 고원식품클러스터로 확장하는 것이다. 단순히 고원이라는 이미지를 지역의 특산물에 적용하는 수준을 넘어서야 한다. 본격적으로 고원식품을 생산하고 그 농·축산물을 가공하여 '고원식품'으로 특화하는 것이다. 즉, 고원식품들을 결합시켜 클러스터의 형태로 만들자는 것이다. 특히 모든 과정에서 차별화가 가능하도록 해야 한다. 키우는 곳이 다르면 무엇이 달라지는지, 식품을 만드는 과정이 어떻게 다른지를 설명할 수 있도록 준비하자. 그래야 소비자가 고원식품 선택하는 데에 있어 설득력을 갖게 된다. 지자체연구소인 홍삼연구소나 인근 지역의 복분자연구소와 한우지방공사, 혁신도시의 농진청 등의 도움을 받는다면 유의미한 연구결과를 수집할 수 있을 것으로 보인다.

고원이라는 환경은 이미 차별화가 가능한 조건이지만 동물복지 관점에서도 차별화가 필요하다. 진안고원의 축사는 여름철 평균온도가 얼마여서 가축들이 활동하기에 좋은 온도라든지 환경적인 요소를 강조하고, 축사도 개량해서 새로운 차별점을 만들어서 식품의 소재인 농축산물의 가치를 높일 수 있어야 한다. 이런 관심과 노력으로 진안고원을 홍보한다는 단순성에서 벗어나 진안의 농축산물의 품질을 높이는 계기가 되기를 바란다.

보물 같은 섬진강

섬진강은 국내에서 유일하게 살아 있는 강이고, 진안에는 섬진강의 시작인 데미샘이 있다. 섬진강을 따라서 걷다보면 백운면에 있는 우리나라에서 가장 오래된 물레방앗간을 만나게 된다. 흔히 영화나 그림에서 보는 그런 물레방앗간이 아니라 수력발전으로 돌아가는 물레방앗간이다. 특이한 점은 수차가 밖에 있지 않고 건물 안에 있으며, 수차의 낙차를 높이기 위해 건물 깊숙한 곳에 수차가 들어갈 수 있는 공간을 만들었다. 수차가 썩지 않도록 매일 물로 수차를 돌린다. 그렇게 하면 수차의 수명이 30년, 그 수차로 정미소기계를 돌린다. 아직은 시스템만을 유지하고 있지만 언제든지 물레방아수차로 정미기계를 돌려서 방아를 찧을 수 있다. 진안은 물레방아로 쌀을 찧을 수 있는 유일한 지역이다. 여기에서 진안이 잡아야 하는 포인트는 물레방아가 아니라 '물레방아로 찧은 쌀로 만든 떡'이다.

계속 섬진강을 따라가보자. 백운면에는 옹기가 있다. 전라북도 무형문화재도 살고 있고, 강변에서 조금 떨어진 마령에는 귀촌인이 일가를 이루며 도기를 굽기도 한다. 마령을 지나서 성수면에 도달하면 유명한 정미소사진관이 있다. 운영이 어려워서 문을 닫았다가 최근에 다시 개관을 했다. 관심이 필요한 지역의 문화자산이다. 다음은 현재 청자제작지로 발굴된 지역을 지난다. 지금까지의 청자제작지로서는 가장 오래된 지역으로 알려져 있다. 발굴학자에 따르면 견훤의 후백제시절에 오월국과의 교류가 있었는데 그 때 만들어진 것으로 보인다고 한다. 고려시대가 시작되기 전에 청자를 만들던 곳이다. 강 상류지역인데도 인근에 좌포라는 포구의 이름이 있는 걸 보니 여기서 만들어진 청자를 강을 통해서 날랐을 것이라는 짐작이 가능하다. 청자제작지를 지나면 여름철관광지로 각광을 받고 있는 냉천이 나온다. 허준이 냉천의 차가운 물로 약을 다렸다는 전설을 가지고 있는 곳이다. 냉천 밑으로는 체육시설과 캠핑장이 있다. 곳곳에 팬션 등 일부 관광객을 수용할 수 있는 시설도 만들어졌다.

하지만 아직까지 섬진강문화지도는 만들어지지 않았다. 4대강 개발로 인해 섬진강의 가치가 무척 높아졌음에도 진안은 섬진강의 최상류지역에 위치하고 있는 진안은 아직 보물을 발견하지 못한 모양이다. 물레방앗간에서부터 냉천에 이르기까지 한 꾸러미의 이야기가 있는데 말이다. '섬진강문화벨트'는 아름다운 강변문화를 간직하고 있는 곳에서부터, 바로 진안에서 시작해야 한다.

전북지역과 나의 인연

나는 학이 많이 살아서 학암리라고 불리는 동네에서 태어났다. 임실군 운암면 학암리 옆에는 신선들이 살 만큼 좋았다는 선거리와 마을 뒷산의 형태가 반달 같아서 이름 붙여진 월면리가 있다. 모두 섬진강이 품고 있는 강가의 마을들이다. 그래서인지 내 감수성 언저리에는 항상 섬진강이 있다. 그리고 내 변산의 칠흑 같은 숲과 도청리의 하얀 모래도 지금까지 기억 속에 남아 있는 풍경이다. 어린 시절 나는 아버지의 직장을 따라 이사를 자주 다녔다. 전주와 익산을 거쳐 부안에서는 초등학교와 중학교를 다녔다. 중학교 때 전주로 전학을 와서 고등학교는 전주에서 다녔는데 일찍부터 민주주의를 고민했던 친구들을 만나 새로운 세상을 꿈꾸곤 했다. 서울에서 대학을 졸업하고 나서는 서울과 경기도를 오가면서 직장생활을 했다. 수도권에서 생활하는 내내 고향이 그리웠다. 1995년, 지방자치제가 시작되자 이듬해에 고향으로 돌아가고 싶은 마음을 담아 《신사고로 펼치는 지방시대》라는 지방정부마케팅에 관한 책을 냈다. 그리고 28년 만에 귀향했다. 오자마자 '지역발전'이라는 화두를 들고 지역을 돌아다녔다. 전북인들의 바람이 무엇인지 확인도 했고, 함께 고민도 했다.

임실에서는 임실치즈의 탄생 스토리와 임실치즈문화에 주목하고, 기회가될 때마다 임실치즈역사와 기념사업의 중요성을 강조했다. 임실치즈가 지역브랜드로 자리를 잡았으니 그 명성을 오래 이어가기 위해서는 역사와 문화를관리해야 하기 때문이었다. 임실치즈를 탄생시켰던 최초의 성가리 공장을 기념공간으로 조성하는 사업의 자문위원장을 맡기도 했다. 이를 계기로 임실치즈 초창기 원로들을 만날 수 있었고, 그들의 역사를 기록하는 일을 했다. 특히 임실치즈역사의 주인공인 지정환 신부님의 기록을 찾고 남기기 위해 벨기에의 가족들을 만나 인연도 쌓았다. 최근에는 섬진강 자원을 어떻게 지역의문화로 체화할 것인가, 관광 자원으로 개발할 것인가에 관한 문제를 지역민들과 함께 고민하고 있다. 올해는 임실치즈 탄생 50주년이 되는 해이다. 기념행사로 임실치즈조합과 지역대학생들이 함께 하는 '임실치즈문화관광아이디어발표회'를 진행할 계획이다.

부안과는 2006년에 뽕산업이 시작될 때 가까워졌다. 오디가공사업을 시작할 때 나는 국가균형발전위원회에서 근무를 하고 있었다. 사업 설명 차 올라온 담당 공무원은 조만간 고창의 복분자를 따라 잡을 것이라며 자신감을 보였고, 나는 응원을 보냈다. 그의 말대로 부안의 뽕주는 3년 만에 고창복분자주와 어깨를 겨루는 술이 되었다. 지역에 내려와서는 곰소젓갈 향토산업육성사업과 소스문화 정착사업 등을 자문했다. 김치 관련 학술대회를 통해서는 부안군을 김치체험종합지구로 선정할 것을 제안했고, 지역주도사업을 고민하던 중에 '차이나교육문화특구'를 제안했다. 이후 관광통역사 교육과정에도 참여했고, 부안군 정명 600주년 기념행사에서는 미래비전 '부안군의 미래100년'을 발표했다. 최근에는 세계잼버리대회에 발맞춰 '캠핑산업클러스터'

를 제안하기도 했다.

고창은 복분자 브랜드사업이 시작될 때부터 깊은 인연이 싹텄다. 참여정부 시절에 국가균형발전위원회에서 근무하고 있었기 때문에 고창복분자연구소를 만드는 작업에 힘을 보탤 수 있었다. 지역에 돌아와서는 복분자융복합미니클러스터사업과 복분자 6차산업화사업 등 굵직한 사업구상에 참여했다. 가장 큰 관심을 갖고 있는 건 '고창의 귀농귀촌정책'이다. 귀농귀촌협의회장과 함께 新인적자원유치전략을 고민하면서 알게 된 사실인데, 지역들이 인구 유치에만 관심을 보이고 열을 올릴 때 고창의 귀농귀촌협의회는 귀농귀촌인들이 고창에 정착하면서 지속적으로 할 수 있는 일을 찾아주는 것을 가장 중요하게 생각한다는 것이다. 고창의 귀농귀촌사업은 다른 지역과 분명 차별화되어 있다.

정읍은 시장님과 오랜 인연이 있다. 정읍시 정책자문위원과 농촌중심지사업 공동위원장을 맡았다. 소나무, 쌍화차, 자생차, 찔레꽃, 천연염색, 여주 등 특산물을 상품화하는 과정에도 참여했다. 특히 신문 칼럼을 통해 혁명의 고장으로서 한국민중혁명역사의 중심이 되어야 한다고 주장했다. 동학혁명을 민주교육문화유산으로 지정하자는 보고서를 만들어 민주당 대선 공약사항으로 제안하여 민주당 전북도당의 우수 공약상을 받기도 했다.

전주와의 인연은 비빔밥축제, 단오제 등의 행사 자문위원으로 시작되었다. 이후에 가장 집중했던 부분은 도시재생 분야이다. '도시재창조 시민포럼'을 만들어 시민들과 모여서 전주시 재창조 방안을 모색했다. 삼양다방을 살리는 일, 한복데이 행사 등 젊은이들과 함께 의미 있는 일을 도모하기도 했다. 특히 한복데이는 22년 전에 쓴 내 책 속의 내용을 전주의 한 젊은이가 현실에 재현해주어서 더욱 감회가 깊었다. 한옥마을 행사 이후에 한복체험관광이 전국에 유행처럼 번져나갔고, 한복임대업이 새로운 관광업종으로 자리 잡게 되었다.

장수와의 인연은 장수한우클러스터산업단이 만들어질 때 시작되었다. 신활력사업은 참여정부의 우수농업정책이었는데 그 사업의 취지와 목적을 그대로 이어가고 있는 곳이 장수한우공사이다. 나는 설립 준비위원장, 초대 이사회의장을 맡아 봉사했다. 지금은 고인이 되었지만 1대 성영수 사장과 함께 설립초기의 어려운 난관을 잘 헤쳐 나왔고, 지방공사로서는 드물게 첫해부터 흑자를 기록하기도 했다. 그리고 장수군의 소득정책을 다룬《농가 70% 중산층, 장수군의 비밀》이라는 책을 썼다. 이 책은 문화관광부의 추천도서인 세종도서에 선정되었고, 영문판까지 출판되어 전북의 성공한 농업정책을 전국은 물론 전 세계에 알리는 계기가 되었다.

순창도 신활력사업이었던 장류사업에 대해 오랫동안 지켜보면서 순창장류사업 6차산업화사업을 자문했었다. 동부권사업과 관련해서는 강천산관광자원화사업 자문을 했다. 특히 순창군의 섬진강관광개발계획에는 직접 참여해서 맛있는 강이라는 뜻의 '딜리셔스리버'라는 말을 만들어냈고, 축제 등 관광산업을 활성화하는 데에 작은 힘이나마 보탤 수 있는 기회가 있었다.

남원은 신활력사업으로 추진했던 허브 관련 사업과 인연이 있다. 공무원들과 함께 문제점 해결 등 발전방안에 대해 고민했다. 향의 수도인 프랑스의 그라스시를 방문하여 해법을 모색했고, 남원허브식품클러스터 자문위원을 맡기도 했다. 최근에는 지리산 친환경산악철도사업 성공을 위하여 군과 머리를 맞대고 있다. 얼마 전에는 서남대 문제 해결을 위해 국가균형발전특별법에 지역대학활성화를 명시하였다.

익산은 국가균형발전위원회에 근무하던 중에 국가식품클러스터가 공모사업에 채택되었다. 지역에 돌아와서는 도심재생위원회인 원도심위원회 위원과 시정자문위원, 서동마향토산업육성사업 자문위원을 맡은 바 있다. 익산의 섬유산업과 익산역의 역할에 대해 심도 있는 이야기를 나누었다. 섬유사업을 하는 친구의 창업 30주년 기념식을 함께 준비했고, 역사가 있는 기업을 기념하는 조례를 만들어야 한다고 비서실에 부탁도 했다. 이후에는 보석도시 익산마케팅전략과 익산산업전략에 대한 연구에 참여했다.

무주는 《국토이노베이션 시대가 열린다》라는 책을 내면서 지역브랜드 성공사례에 무주의 이야기를 담았다. 무주의 브랜드가치에 대해서 여러 지역에서 강의를 하기도 했다. 태권도공원 선정작업이 진행될 때는 초조한 마음으로 응원했으며, 선정된 후에는 태권도원을 활용한 지역산업화방안에 대한 연구발표를 했었다. 참여정부 농촌활력브랜드사업인 신활력사업 2기에서 무주군이 탈락했을 때 아쉬워하던 군수님의 얼굴이 지금도 생각난다. 기업도시의 좌절에 함께 슬퍼하고 아쉬워했다. 이후에는 새로운 농산물 브랜드로 등장한 호두와 천마에 대해 애정을 가지고 오랫동안 자문을 했었다. 그런 인연으로 농촌관광자문위원회 위원직으로 일하기도 했다.

　　진안은 새로운 도시를 만들기 위해 1999년에 '건강진안 개발계획'을 세웠
는데, 국내 최초의 테마도시 개발계획에 도시마케팅전문가로 참여하게 되었
다. 그때 섬진강 발원지 데미샘의 가치를 발굴해서 관광자원으로 활용했다.
뿐만 아니라 '인삼보다는 홍삼'이라는 인삼가공식품특화전략도 바로 그 보고
서에서 출발되었다. 지역에 돌아와서는 지역발전위원회 위원, 축제자문위원
회 부위원장 등 정책자문을 맡았다. 최근에는 박근혜 정부 때 외면당한 산림
치유원사업이 성공할 수 있도록 지역국회의원과 협조했고 관련 부처와의 협
의를 통해 국가사업으로 시작할 수 있도록 노력했다.

　　김제와의 인연은 농촌활력사업인 총체보리한우로 시작되었다. 새로운 관
광자원을 만들기 위해 노력한 지평선축제의 성장과정과 광할면의 연근식품
화사업 등 향토자원의 산업화 과정을 가까이서 지켜보았다. 김제문화관광발
전발표회에서는 해학 이기 선생의 역사문화콘텐츠를 어떻게 문화관광상품화
할 것인가에 대한 연구발표를 했다. 최근에는 종자산업클러스터와 종자산업
박람회를 계기로 종자산업발전에 대해 앞장서는 사람이 되었다. 종자산업을
농식품부의 혁신성장사업으로 인식시키는 데도 각별히 애를 썼다. 생태관광
산업의 핵심자원인 새만금수목원사업이 빠르게 진행될 수 있도록 관계부처
와 협력하여 올해 사업을 시작할 수 있도록 노력을 하기도 했다.

　　군산은 '새만금 그리고 관광전략'이라는 제목으로 공무원 강의를 시작하면
서 다시 만났다. 나는 관광전문가들이 전북을 방문하면 항상 군산의 근대문
화유산을 설명하는 것으로 전북의 관광안내를 시작한다. 새만금사업으로 어

려워진 지역어민들의 목소리도 놓치지 않고 기록하고 있기 때문에 군산의 수산자원에 대해서도 애정이 깊다. 학교로 돌아온 후에는 학생들과 새만금관광 아이디어 개발에 관한 프로젝트를 진행하면서 선유도 등 군산의 해양관광자원에 대해서도 자세히 관찰할 수 있었다. 고군산열도를 '서울에서 가장 가까운 다도해'라고 이름을 붙여주기도 했다. 농산물 향토자원화사업인 찰쌀보리 향토산업육성사업의 자문위원을 맡기도 했고, 박대를 활용한 향토산업육성사업이 잘될 수 있도록 꾸준히 자문하기도 했다. 최근에는 새만금개발청의 군산 이전 문제와 새만금개발공사설립 등 여러 부분에서 지역과 함께 노력했다.

완주는 내가 근무하는 학교가 있는 곳이라 가장 오랫동안 지켜본 곳이다. 전국 최초 사회적경제지원공공기관인 커뮤니티비니니스재단의 이사직책을 맡으면서 완주와의 직접적인 인연이 시작되었다. 전국 최초로 면단위 종합개발계획이 세워졌을 때의 감동을 잊지 못한다. 로컬푸드가 완성되기까지의 힘든 과정과 끊임없는 노력을 알기에 어디에 가서든 열정적으로 완주 이야기를 했다. 완주는 전국 최고의 관상어 집산지인 물고기마을이 있고, 향어최대양식지라는 명성이 있다. 그래서 '민물고기양식업의 6차산업화'에 대한 연구와 '혁신도시의 지역산업화' 연구보고서 등을 썼다. 특히 가르치고 있는 대학생들을 완주군 공모사업에 참여시킨 일은 보람 있는 일 중 하나다.

이렇듯 현장에서 만난 전북인들의 열정과 땀은 지난 8년 동안 내 삶의 원동력이 되었다. 새삼 내가 전북인임이 자랑스러운 시간이었다. 그래서 그간의 일들을 정리해서 책으로 내게 되었다. 새 정부의 균형발전정책개발이 끝나자

전북으로 내려와 곧장 원고 정리를 시작했다. 오래된 글도 있고, 더 다듬어야 하는 생각과 아이디어도 있지만 새로운 지역발전의 동력을 만드는 데 단초가 되었으면 하는 바람으로 용기를 낸 것이다. 이 글 속에 문제의 답이 있는 것이 아니라 이제부터 지역문제를 철저히 고민하자는 뜻이니 지역이 스스로 자립할 수 있는 길을 함께 찾아갈 수 있기를 염원한다.

지역의 시간

초판 1쇄	2018년 4월 12일
초판 2쇄	2018년 6월 29일

지은이	황태규
발행인	이재교
제작	신사고하이테크(주)

펴낸곳	굿플러스커뮤니케이션즈(주)
출판등록	2013년 5월 7일 제2013-000136호
주소	서울특별시 마포구 동교로17길 51(서교동) 4층
대표전화	02-6080-9858
팩스	0505-115-5245
이메일	goodplusbook@gmail.com
홈페이지	www.goodpl.net
페이스북	www.facebook.com/pages/goodplusbook

ISBN 979-11-85818-35-1(03300)

「이 도서의 국립중앙도서관 출판시도서목록(CIP)은
서지정보유통지원시스템 홈페이지(http://seoji.nl.go.kr)와
국가자료공동목록시스템(http://www.nl.go.kr/kolisnet)에서 이용하실 수 있습니다.
(CIP제어번호 CIP2018010521)」